国家的中国开始：一场革命

李鸿谷 著

生活·讀書·新知 三联书店

图书在版编目（CIP）数据

国家的中国开始：一场革命 / 李鸿谷著. – 北京：生活·读书·新知三联书店，2012.6
ISBN 978-7-108-04000-8

Ⅰ.①国… Ⅱ.①李… Ⅲ.①辛亥革命–研究 Ⅳ.①K257.07

中国版本图书馆 CIP 数据核字（2011）第 253870 号

责任编辑　张　荷
装帧设计　康　健
责任印制　郝德华
出版发行　生活·讀書·新知 三联书店
（北京市东城区美术馆东街 22 号）
邮　　编　100010
经　　销　新华书店
印　　刷　北京市松源印刷有限公司
版　　次　2012 年 6 月北京第 1 版
2012 年 6 月北京第 1 次印刷
开　　本　635 毫米 × 965 毫米　1/16　印张 17.25
字　　数　213 千字
印　　数　00,001 – 10,000 册
定　　价　29.00 元

目 录

绪论：与历史和解

经常，新闻从业者会这样来定义自己的职业：新闻是历史的第一份草稿。做一个“写历史”的人，即使是草稿，也是新闻人成就感的来源。

如果，有一个机会，让新闻人去真的写一次历史，比如辛亥革命，挑战何在？或许，新闻的方法论能否对历史的发现与叙述有所贡献，才是这个职业自我价值最好的证明。

当我可以去为杂志连续写五个辛亥革命封面故事时，这当然是一个机会。

现　场

新闻，更准确地说新闻事件，源自现场。辛亥革命的现场何在？

1911 年 10 月 10 日，武昌首义。四个月后，1912 年 2 月 12 日，宣统逊位，辛亥革命以推翻中国几千年的君主专制制度而告结束。百年之后，再来看那段历史，四个月零两天的革命，当然是一场事件，只不过后世读史者得将其命名为“历史事件”。

武昌首义，确系仓促，擦枪走火，起义爆发。孙中山评论：“武昌之成功，乃成于意外，其主因则在瑞澂（湖广总督）一逃……初不意一击而中也。”武昌首义系出偶然，甚至辛亥革命也由于偶然，在相当长时间里，即或当下，是“假设史学”立论的始点。

只是“偶然”论无可解释，武昌首义之后，很迅速，南中国竟有十二个省份独立或光复，再加上陕西与山西的独立，十四省离析。一起偶发事件，半个中国决裂清廷。即以偶然为始，而有如此结果，也当深思为何格局如此巨变。

在更长的时间里，这一历史事件我们沿着清廷反应、袁世凯崛起以及孙中山返国……来观察并叙述事件的走向。这符合传播要素，但却忽视了历史现场里关键却未必有足够传播性的事实。武昌首义，如何定义其成功？总督瑞澂的逃亡，意味着抵抗者放弃了抵抗，是起义未有激烈战斗的原因，它只是成功的条件而非成功本身。军事起义，若言成功，则必须由军事而行政，或者两者合一，成立独立于清廷有自己政治主张的政府，才是成功。那么，武昌首义之后，湖北以何种方式建立“独立政府”？

总督瑞澂以及朝廷命官之外，此际各省均已成立谘议局，作为未来清廷“立宪”组织上的准备。按理，瑞澂等逃亡之后，谘议局才是保存并延续清廷政制的关键力量所在。回到武昌的历史现场，起义后的第二天，以湖北谘议局议长汤化龙为首的湖北立宪派，即与起义军进行了联络。汤氏表示：“革命事业，鄙人素表赞成。”——这才是历史走向关键性的因素所在。晚清末年，刚刚兴起，正待成长，代表传统文人集团的“立宪派”，不为捍卫清廷，而竞自反正，湖北独立有了组织保障。所以，从政治的角度观察，武昌革命，新军先发，谘议局附议，这种合作，才是首义能够成功，尤其是社会能够稳定的重点。

随后十四个省份独立或光复，其遵循的路线，莫不如此。由传统中国士绅构成的“立宪派”这一政治力量，与起义军若不取合作而择对抗，清末之格局如何，还真未可知。

在历史现场里，忽视“立宪派”合作的这一事实，历史逻辑殊难拼接。也正是因为“立宪派”的合作，十四省独立。那么新问题则是：半个已经独立的中国，由谁？以及由何种方式来组织“中央政府”？黎元洪与黄兴的大元帅之争，就是这种临时政府组织之争的序幕。机缘巧合，孙中山此际听闻革命，从美国去欧洲，然后由香港转至上海，在必须而且迫切成立的临时中央政府这一组织上，他当然是不二人选。

孙中山自1895年第一次广州起义，倡导并实施革命，历十六年，终由武昌起义而导致清廷崩盘。虽则武昌首义并非孙中山以及同盟会直接领导，但它却是孙中山革命思想的一个结果。也因如此，1912年1月1日，孙中山当选临时大总统。这断非偶然。

独立的省份以及在此基础上的临时政府的建立，清朝未来之存亡走向，可以由革命派与立宪派合作而成的临时中央政府，与清廷或者战争或者谈判来决定。清廷的代理人袁世凯尤其是其所领导的军人集团，将做何种选择，遂成关键。

如果将曾经的历史现场比如成一场“球赛”，那么，新军起义、谘议局附议、各省独立，然后以孙中山为首脑成立临时中央，视为辛亥革命的上半场。以1912年元旦为转折，下半场开始，谁将主导？“非袁莫属”，在当时几乎舆论一律。后来，袁世凯称帝，北洋军阀混战，反差之巨，那个短暂的四个月的历史现场里，袁世凯面目由此难以索解。可是，如果我们不寻找并确定历史现场的真事实，历史将真无可避免地成为被任意打扮的小女孩。

这场“球赛”的下半场，延续十多年之争的“君主立宪”与“共和”，必须作一了断。

袁世凯的本意当是“君主立宪”政制。军机处前同事世续指着自己脑后的辫子问他：“大哥，你对这个打算怎么办？”袁肃然而答：“放心，我还是很爱惜它，总要设法保全它！”清廷尤其是摄政王载沣起初并不想授权袁世凯，但若无授权，清之亡，顷刻之间，而用袁

“甚或保证不亡”。于是，袁世凯先领湖广总督，继而钦差大臣，最终获授内阁总理，清廷为数不少的权力尽相授受。在清廷一方，命运全交予袁一人。清廷之所以如此选择，另有潜因则是各国驻京公使团一致推举袁世凯，并且要求：不是任他（袁世凯）为一个寻常的高级官吏，而是作为朝廷的顾问兼皇权执行者。

然而，以孙中山为临时大总统的中央政府的成立，“君主立宪”与“共和”，制度变更，在南北对峙的情况下，最自然的走向是：以战而定政制。

历史在此罕见地显现了它理智的一面。开始是同盟会重要成员汪精卫宣称未来临时大总统“非袁莫属”，稍后黎元洪亦如此表态，最后孙中山也说：一旦清帝逊位，则将临时大总统之位让予袁世凯。这般格局，意味着“球赛”下半场的重点，“临门一脚”，关键“球员”是袁世凯，如果他能说服清帝逊位，革命，将以最小的成本而告成功。袁世凯所获酬报则是：临时大总统。

当然，无论袁世凯所领清军，还是革命党的起义军，为制度更迭而战，最现实的挑战是彼此均无足够可用之军费。这层现实之下，避免战争避免生命损失的基本理性占据了主体，以谈判而非战争而定制度，成为中国现代化路向里最为经典而有价值的一次转折。无论我们以什么样的动机来揣度袁世凯，也无论是主动还是被动，结果都是他选择了“共和”之道，并迫使清帝逊位。

由此以观，那个狭义的、四个月零两天的辛亥革命现场，最终袁世凯跟革命派和立宪派合作，合力促成清帝逊位，结束君主专制制度。

历史现场有着各种驳杂的信息，后世研究者与读史人的基本功，则是返回历史现场，寻找、发现并再现其复杂甚或矛盾的各种事实。所谓史实重建，其理路亦在此。但是，重建历史现场的努力，其目标仅仅是还原现场，则远远不够。由现场入手，读史而知史，功用在于能否从现场里寻觅关键证据——促成辛亥革命成功的核心要素，由核心要素而深入，则能建立历史逻辑的框架，并据此提供历史解释。所谓的深度新闻报道，其方法即如此，历史研究又何能例外？

舞 台

辛亥革命现场，我们可以发现三重力量的合作。其一，孙中山及其革命党；其二，士绅集团的立宪派；其三，袁世凯与军人集团。他们当然是辛亥革命之所以能够成功的核心要素。至此，我们有机会提出这样的假说：这三种倾覆清廷的政治力量，是促成传统中国进入现代国家的历史动力系统。是否如此？需要求证。

以新闻从业者的角度思考，所谓现场，实则内里为一种“冲突”——清廷能否存续？共和可否确立？是辛亥革命现场里的“冲突”所在。发现现场，认识冲突，无论是新闻现场，还是历史现场，必然会本能地简化成一种好奇：为什么是这三种力量合力促成了清廷之亡？好奇心，或言疑问，无论是读史叙史，还是记录新闻，皆为动力所在。

且慢求证。按新闻的方法论，理解并解释任何事件或事实，需要在三个维度里予以考察：冲突、人物与舞台。辛亥革命当然是一场剧烈的“冲突”，足以使一个王朝崩溃；那么，这个冲突是在什么样的舞台上进行的呢？同样是进入现代国家，日本达至明治维新，亦有军事冲突，结果却与中国迥然相异，不同的舞台（国家），结果当然不同。我们需要知晓辛亥革命是什么样的“舞台”背景。极言之，“冲突”以及革命现场，在相当程度上只是我们去发现并认识中国历史，尤其是中国现代化肇始的入口而已。

微观来看当年的湖北，辛亥的前一年，长江下游暴雨，蔓延至中游武汉，米价上涨；而同时，湖北由于灾年，政府收入减少，削减军人兵饷，便成一时流言。这还真不是流言，官兵削减 40% 兵饷，在两任总督轮换之际，政令已下。这局部的现实，或许是促成武昌首义的外部因素，但这解释不了整个南中国地区的独立。

一般史论解释辛亥何以爆发革命，直接的促因一是保路运动，一是皇族内阁。清廷举外债以度日，是此时的常态，能够拿出来作为抵押物的，铁路成为核心资源。原本已经民间经营的粤汉与川汉铁路，在皇族内阁成立后的第二天，即决定收回国有，用以抵押。但是，清廷将民间已有大量投入的两条铁路收回国有，对过去的民间投入资本，没有任何补偿，虽则后来对广东有补偿、湖南有部分补偿，但对四川与湖北竟然完全置之不理。民间资产被清廷如此蛮横剥夺，民变已经激发。四川首先兴起保路运动。湖北新军一半由汉入川进行镇压，内部已经空虚，起义条件成熟。而建立内阁，原为立宪之必要步骤，但内阁名单既出，舆论大哗，以皇族为主的这一内阁，岂止保守，完全倒退。客观而言，保路运动以及皇族内阁的激荡，真实影响的是士绅，经济上政治上双重打击，风潮已无可避免。

晚清舞台，经由两项极端举措，蜕变已在弦上。但是，如果我们观察仅止于此，仍然只是理解辛亥革命之因素，而未窥晚清政治舞台之格局。

将辛亥革命论为中国进入现代国家肇始的标志性事件，当然准确，但若理解何以巨变，则必须拉开足够距离。历史事件中的各色人等种种行为，其来有自，关键的是对晚清七十年走向的基本认识。所谓舞台，其变化没有那些戏剧性事件醒目，但却是种种事件积累而成。不真正深入历史，无可把握其间脉络，更遑论认清舞台格局。

清一朝，历康熙、雍正与乾隆三朝，即至高峰。君主专制，空前集权，亦在此期由雍正创造出来。军机处，帝国最为核心机构，属臣权力之顶峰，仅为皇帝秘书而已。清朝遗产有两宗，为中国留下自成吉思汗之后，最广阔的疆域；同时为中国留下4亿人民。这是今日中国国力的基石。但是，任何历史运动皆有成本。这其中，人口与土地之关系，又为传统王朝更替之基本规律。进入19世纪，1833年耕地面积增加至7.37亿亩，相比于1661年，增长35%；而人口数量，1850年已达4.3亿，比1741年增长200%。单位土地上需要养活的人口已臻空前，传统中国“治世乱世”，由此转换，盛世成本必须偿付。最为悲苦的，则为咸丰一朝（1850—1861年）。

咸丰即位第二年，太平天国成立，随后定都天京（南京）。清朝开国至今，起义连绵不绝，但以此次最为猛烈，动摇朝廷根本。乾隆年间由宫廷能匠精心制作的三口金钟，也熔化成两万七千两金块，以充军费。结果战争仅三年，户部存银只剩29万两，连京城官兵的俸饷都发不出了。由此演变，湘军与淮军崛起，最终扑灭太平天国军队。但是，清朝既经雍正一朝创造出空前的集权制度，而国家最为核心的军队与财政两端，却经太平天国长达十四年的战争，完全改变。兵为国有一变而兵为将有，财政为着应付战争而创造出来的“厘金”制度，也使中央财政失去对地方财政的控制。至此，中央地方两分，外重内轻，弱“中央（朝廷）”成为晚清基本事实。之后，所有变革与变法选择，都在这种弱势中央的基础下展开，困境重重。

太平天国尤为致命之处，是其政治动员，以驱逐异族统治为旗号。清一廷最为隐秘的结构性矛盾——异族统治，由此被广泛揭示，并张目为本。孙中山后来自述，洪秀全的起义即为启蒙他改变中国的关键要素。所以，孙中山所秉旗帜：驱除鞑虏，恢复中华。

咸丰的悲剧没有结束，在他任内，第二次鸦片战争爆发，最终火烧圆明园。临朝仅十余年，面临内外两场战争，咸丰岂不悲苦？

以航海而全球地理大发现为开端的近代化，清朝中国，置身世外，越来越难。乾隆暮年，英国使臣马戛尔尼是否叩拜，尚为礼仪之争；两次鸦片战争，虽然被迫，却无法再独立于这一全球性潮流之外。而且，“中华文明古国被西方彻底打败并羞辱了”（历史学家徐中约评论）。现代化中国的开始，甚为艰难。

咸丰一朝的内外两次战争，明白地揭示了统治中国的爱新觉罗家族所面临的两种结构性挑战：其一，现代化的挑战；其二，异族统治的民族矛盾。而不容忽略的则是，经由平定太平天国一役，制度上空前集权的王朝，却又形成军队与财政两端，中央地方两分格局。所谓晚清舞台，即此。此后，历史演化，即为这两项结构性矛盾的逐渐激荡直至崩裂的过程——比如粤汉与川汉铁路的收回国有，以及皇族内阁的确立。这当然是一种国家危机，晚清岁月，还能出现像康乾一样的强人皇帝吗？稍显可能性的是“同治中兴”，君臣同心，协力图治，颇有新象。可惜“中兴”时间过于短暂，内外挑战甫定，一切重归旧态。

晚清历史，被揭破的民族矛盾，遭遇“三千年未有之变局”——现代化挑战，就是这一历史舞台，无数英雄需要破解这双重难题。

人 物

1894 年，甲午战争。经此一战，清廷内部由“同治中兴”而诞生的自强运动，宣告失败。师夷长技以制夷的技术性道路选择，因战争失败而不得不转换变革的范式。“救亡”，成为此刻最为准确而又激荡人心的概念。晚清中国，到了是否以及如何进入现代国家的加速期，这同样也是爱新觉罗家族是否可以延续统治的关键时期。双重难题，均待破解。

在晚清双重结构性矛盾的舞台上，我们已经尝试着复原了解决民族矛盾——倾覆清廷的辛亥革命现场。那么，以冲突、人物与舞台三要素论，促成传统中国进入现代国家的那些核心人物呢？若失此端，历史将无可论与叙。

孙中山

1894年，广州行医的孙中山，相当长时间竟然闭门歇业。医生这个职业虽然收益丰厚（这也是孙先生早期革命经费的重要来源），但却难伸其志。在歇业时间里，孙中山完成了写给李鸿章的清廷变革之论。但这次精心策划的与李鸿章见面，最终未遂。可以理解的是，李鸿章作为北洋水师的首脑，这时正处在与日本进行海战的关键时刻，变革之论，于他而言，毕竟缓不解急。第二年，1895年，孙中山在广东起事，第一次广州起义，揭示孙中山革命之途。

这是一个明确而直接的线路。若欲破解清朝中国现代化的挑战，必先解决民族矛盾，即以革命推翻满族人的统治。

孙中山所凭力量，这个时期，来自两个方面：会党与华侨。

晚清土地与人口压力，传统农民因失地而被挤压出乡村，涌进城市；中国的秘密社会（会党），因此颇有人员供给——以血缘、地缘以及行业聚合而成的会党，是挣扎在社会底层成本较低的自保之道。这其中，又以战争结束而退伍的军人为主流。在广东，李瀚章为其弟李鸿章招集的大量兵源，1895年，即有四分之三士兵遣散。这些士兵返乡自是不易，流落街头，加入会党，没有意外。这种社会不稳定因素，是孙中山认定的革命的主要力量。

而广东作为中国最早的通商口岸省份，又积累了一批具有现代专业技能，能与“夷人”打交道的中国人。他们觉得自己接受了新式教育，比传统儒家名流更熟知世界大势。但在学而优则仕的传统社会结构里，他们无论多有财富，进入中国等级社会的高阶，没有门路。同时，广东从19世纪下半叶开始，每年约有12万人前往东南亚和美洲各地充当苦力，由此而形成人群数目庞大的华侨。显然，这一新型人群有着改造清朝中国的原始动力。

孙中山的天才之处，在于发现联结会党与华侨的策略所在。即：华侨出钱，会党出力，合作革命以推翻清廷。这当然与我们后来印象里的“革命军队”不同，它更类似于西方公司治理安排。孙中山作为革命家，寻找华侨资金，用以资助并领导会党革命。

这种革命模式，获得成功并不容易。1900 年，孙中山再举惠州起义，结果仍然失败。只是这次失败却是一个转折，即以推翻清廷作为传统中国进入现代化的手段与过程，被更多人认识，继而认同。手段之外，孙中山的民族、民权与民生“三民主义”——改造中国的思想，仍需等待时间被认识与认同。

康有为

若将孙中山论为边缘集团由底层开始革命，然后将中国导入现代化轨道；那么，康有为之途正好与此相反，他意欲在中央（朝廷）内部完成变法之举。作为文人集团的代表，康的选择当然更传统，也符合中国学人入仕之后作为的一般模式。

1895 年，孙中山广州起事之时，康有为殿试以二甲四十八名取入，由此入仕。之前，康有为重解经典，以求变法之理论武器，所著《新学伪经考》、《孔子改制考》……皆为这一路数。梁启超解释老师康有为的这一选择，以为传统中国变法阻力过巨，非改造经典立一奥援，无可破题，“与二千年之劲敌抗耶”。几乎在不经意里，康有为找到了一条宣扬学说“最现代”的传播路径。参加殿试之前，《马关条约》签订在即，康有为联络各地赴京考员“公车上书”以求阻止。这份上书未能递达光绪案前，却由康有为拿到上海印刷出版，由此奠定他在传统读书人群体里的名声。利用当时最先进的传播手段——书籍以及报刊，康有为的社会动员，显然超越传统官僚。

康有为变法之途，以中央着手，一而再、再而三上书光绪皇帝，以求闻达。果然，光绪看到了他的上书，康有为宣称若不变法，“求为长安布衣而不可得，及不忍见煤山前事”——这是明朝亡国旧事。康有为如此说法颇为不恭，但却甚得光绪胃口。1898，戊戌年，康有为终获变法的主导权。戊戌变法，也由此而成为清廷内部变革，以求进入现代国家的一次尝试。

戊戌年间的维新运动，仅仅百日，即告失败。

有意思的是，康有为的种种变法举措，即使是废科举，都能得到清廷官僚的同意放行，惟独在是否授权予康有为这一项上，非康有为维新一党，悉数反对，全体对抗。文人的改革路径，以改造经典而立一奥援，看似正途，而正是此端招人忌惮。章炳麟评论康有为：“只闻康欲作教主，未闻欲作皇帝；其实人有帝王思想，本不足异，惟欲作教主，则未免想入非非。”此语道破文人游戏的内心。康有为不仅想成为变法的主导者，还想成为“圣人”——政治与思想两端，均欲占据高地。果然成功，即使皇帝，也只是他的思想之臣而已。传统中国文人，心思多精细，岂能看不破此中玄机？

将自己的思想立为“圣人”之巅，文人集团的潜在对手，自是众多。而从政治的角度观察，康有为作为具体的政治人物，所需破解的似乎更难。借助上力，以中央变法为经纬，这一康氏路径，其麻烦之处在于，此际实则由两个“中央”——慈禧与光绪维系着脆弱的双权力平衡，如何在这一走钢丝的道路上，保持平衡并实施变法，才最为惊险。结果，康有为先打破传统官僚体制的人际网络的代际传承关系，接着又打破双寡头的权力平衡。戊戌变法失败自无意外，康亡命日本，光绪亦幽囚瀛台。

传统中国欲进入现代国家，无论起自边缘，还是发自中央，皆不顺遂。

袁世凯

袁世凯非传统学而优则仕一途，使他在清廷官场获得声誉的，是他在朝鲜的善断与应变。1884年，朝鲜开化党发动“甲申政变”，将朝鲜国王挟持到景福宫，胁迫国王召请日本公使进宫保卫，并宣布脱离中国“独立”。朝鲜是中国传统藩国，此举不啻是赤裸裸地冒犯。袁世凯一边上书李鸿章请求派兵，一边致书日本公使申明大义。在未获答复后，断然率兵进入朝鲜王宫，解救出朝鲜国王，即使政变流产——史称“三日天下”破产，亦使日本之诡计失败。此举甚得李鸿章赞美，袁遇知遇之人。后来传言李鸿章临终指认袁为其继承人，其彼此关系的源头在此。

这年，袁世凯年仅25岁。

也因为朝鲜“甲申政变”，日本人注意到了这位“有彪悍之手段”的年轻的中国官员，而朝鲜国王也因此聘请袁为朝鲜训练“新军”。袁世凯由此而意外获得“知兵”之名。

两次鸦片战争导致的结果之一，就是改变了中国重塞防而轻疆防的传统模式，北洋水师，现代海军由此兴起。但经甲午一战，北洋舰队全军覆没，于是，海军与陆军之摇摆，重回陆军一途。1895年，天津小站练兵开始，“知兵”的袁世凯，终于有机会另创格局，独树一帜。

以现代化方式训练中国军队，显然是发自清廷内部的一项技术性变革，它与传统师夷长技以制夷，理路一致，因而实施起来，相对顺利。在相当长的时间里，这项变革因其源自清廷，也因为其为技术性变革，而不为人所关注。但是，任何军事的技术性变革，实则为政治性行为。它的深刻性，尤其是力量结构，虽则未必广为人所知察，其对历史的推动性作用，却是长久。比如我们研究中东以及南美诸国的现代化运动，军人集团对政治运作的影响力，颇为重大。只是，我们研究中国近代史之演进，未必采用这一观察视角。也因此背景，袁世凯后期之作为，难觅解释框架。

演 进

1895年，解决甲午战争的《马关条约》签订，中国付出2万万两赔款的白银、割让台湾，后来为赎回辽东半岛又付出3000万两白银。割地赔银，丧权辱国，损失空前。同时，这一年改变未来清廷走向的关键人物，边缘集团的孙中山、文人集团的康有为以及军人集团的袁世凯，也悉数登场，开始了他们各自从不同的方向破解如何将传统中国带入现代国家这个难题。

这个故事，或者说这段历史后来被简化成这样一种逻辑叙述：孙中山的“共和”与康有为的“君主立宪”竞争十多年，终以辛亥革命决出输赢，共和制度确立；之后，袁世凯窃权，并且妄图恢复帝制；再后，继承总理遗志的蒋介石领导北伐，终于打败北洋军阀……历史果如这般“拳击赛”？泾渭分明、黑白两端，实则属于历史的戏说与演义，虽则符合传播原则，却非历史本身，亦难以提供理解历史的脉络。

在有着两重结构性矛盾的晚清舞台上，关键人物皆已登场，他们如何将历史演进至革命一途，而最终终止君主专制制度呢？后世读史者能否读史、知史并求得史识，考验在此。

戊戌变法最直接的后果就是，慈禧将决定是否废弃光绪，最终达成一种“妥协”——立大阿哥，为光绪建储。这是一种“缓刑”，慈禧取渐进之策以解决光绪问题。但是，此举破坏了另一种平衡，即现代化名目之下的，列强对中国的控制与反控制的平衡。大阿哥之父载漪竟然连续三天未得任何列强之贺，由此可见，慈禧中途换马，未必被列强认可。传统中国进入现代化之途，其间耻辱，自第二次鸦片战争之后，朝廷大臣选择，无论慈禧还是光绪，都需小心探测洋人之意。何况立储换君之事，洋人的冷漠，反过来激化了清廷内部死硬派的对抗。比如载漪则问门客，为何没有剑仙侠客以尽杀洋人？之后，又有传言，说列强希望慈禧还政光绪。权力，慈禧最心爱之物，竟有洋人如此放言？隐伏于民间的义和团，成为被朝廷利用的力量以对抗洋人，再无意外。

结果，慈禧的清廷再次自取其辱。战后的《辛丑条约》规定：中国对参战各国赔款4.5亿两白银。慈禧终于臣服列强了，她决定的清廷未来之方针："量中华之物力，结与国之欢心。"若论清亡，此刻已亡。之后，清廷只不过是赔偿列强的"代理人"而已。民族主义如何被激发？这才是真实底因。异族统治，当然对我中华并无珍惜。

1900年，中国呈现出一种罕见的政治格局，北方拳乱八国联军入侵北京，东南诸省则联省自保——实际的分裂，而南方广东康有为则取"勤王"——武装起义。所谓兵行诡道，初读康氏"勤王"颇为其阴谋算计而疑惑。只是，掩卷而思，康有为如此这般，岂不跟孙中山一途？继而再思，传统的革命派、保守派与顽固派之僵化定义，能是历史本相？

传统的历史叙述，将孙中山、康有为与袁世凯各定标签，他们彼此争斗的"拳击赛"成为叙述主体。以能获国家最高权力论，固然如此，但他们在晚清这个舞台上的取权之道，莫不面对两大结构性挑战，路径虽异，其目标当然是解决两重矛盾，尤其是将传统中国导入现代国家。

如果失去这一事实（所谓舞台）的理解，权力游戏，没有坐标。这段时间，晚清故事，跌宕起伏，恍如过山车。若无纲领性把握，各种历史事件，皆如碎片，难免散落一地，无可收拾，亦无法结构性认识。比如，我们恐怕难以理解慈禧为什么仅仅三年，又选择被她弃绝的康氏"变法"，下诏求变。显然，那两重矛盾，精明如慈禧，在权力得稳之后，岂能不察。历史学家郭廷以先生解释后来慈禧甚至决定放权的"君主立宪"，也是为着解决满汉冲突之选择。这才是洞见。

慈禧之长在于擅权，其驭臣之力，超级一流。但若论提供未来解决清朝历史走向之方案，则为其短。此际，对应于急进改革派康有为的保守改革派张之洞，获得了推动此后历史的主导权。张的方案，简言：废八股、兴学堂、奖游学。再后，张之洞的竞争者袁世凯登场，提出“君主立宪”方案，亦被采纳。只是，晚清种种积弊已经深刻，如此举措，缓难救急。

所谓缓难救急，只是针对维系清廷之不亡而言。那么，我们取将中国导入现代国家轨道这一路来观察呢？“新政”以及“立宪”，在中国现代化发生史上的价值，又如何能小看。传统士人，至此又接续康有为那一路变革之道，“立宪派”因此而分国内与海外两支。只是，机械沿着现代国家以及所谓“宪政”的思路，亦有误区。时人当下颇有盛赞“新政”价值的，以为若无革命，清廷将更顺利进入现代国家，而不会发生后来种种曲折。这是抽离晚清舞台民族矛盾这一结构性条件的一厢情愿。即使“假设史学”成立，以汉人而事满人为“立宪”之君，民族矛盾就此可以消弭？于理不通。

废八股、兴学堂、奖游学，传统中国的由读书而入仕一途，在基础层面予以颠覆。后世读史者当然会感叹传统中国文化传承因此而断，但新型知识分子群体，却由此而兴。这一群体的兴起，由此激化并重组了已经形成的三种政治力量，最终导致革命发生。

1898—1911年，至少有2.5万中国学生“游学”日本求学。在世纪初，其意义自是非凡。历史学家马里乌斯·詹森提出了他的判断：“（中国的留学日本运动）是世界历史上第一次以现代化为定向的真正大规模的知识分子移民潮……到那时为止的世界历史上，可能是最大规模的海外学生群众运动。”但是，这些有资源，也有更强社会动员能力的留学生，后来却成了颠覆清廷的关键力量。这看上去真是反讽。如何理解？晚清以及君主专制的中国，未有日本之国情与条件，进入现代国家之途，不能与保存满清统治兼容，清亡必然。这是结构性演变的历史逻辑，非人力可抗。

至少在最初时期，留日学生更能被梁启超所吸引。梁氏“国民”

概念的大力伸张，以启蒙并改造留学诸生头脑里的“国家”——普天之下，莫非王土。由思想史演化的角度思考，国民概念，将直接导向“民权”意识，因而，国家与统治者（清廷）并非天然一体。忠于国家，却未必需要忠于朝廷，甚至相反。中国近代所兴起的知识分子群体，其早期的思想基础，梁启超培植之力，功不可没。所以，这一群体看似将循“君主立宪”一路而行进。

历史自有其逻辑，非可事先估量，直至水落石出，方可寻觅其道。1904年，在中国领土的日俄之战，留日学生本能的反帝情绪，由于清廷处置不当，留学生思潮由此剧变，由反帝而反满。民族主义，因此生发。而这种思潮与“保皇”之康梁，当然两途。孙中山在伦敦蒙难期间形成的“三民主义”，终于在接近十年之后，隐约得到回应。被梁启超启蒙的留学生们，转投“革命”的孙中山。起初孙中山对知识分子是疑惑的，以为他们不如会党革命之坚决，但当他第二次环游世界，在欧洲与留欧学生深谈与辩论“三天三夜”之后，他接纳并认可了这一新兴团体。革命力量，得知识分子之助，由边缘而核心，超越从前，不再单薄。

1905年，未来中国的两条路线分明——君主立宪与革命共和。清廷这年宣布预备立宪，康梁之路，经袁世凯在国内的接续与鼓荡，再次被确认为正道，暂时领先。孙中山这年也成立了旨在推翻清廷的同盟会。他们之间的竞争，六年后的辛亥年，终见分晓。

直至辛亥革命，清廷新军“军人集团”面目一直模糊。这很自然，军人以服从命令为天职，他们不可以也不应当拥有政治主张。没有政治主张，如何能被识别？但是，若取君主立宪与共和竞争，或取清廷与南中国对抗以观，无政治主张却具武装能力的军人集团，便成决定性的第三方。辛亥革命，袁世凯及其军人集团所彰示决定历史走向的力量，这是基础。理解这一政治力量，观察并分析辛亥革命之后这一集团的行为及其逻辑，将能更清晰。

所谓“非袁莫属”，先是列强群议一致推举，然后清廷倾权以授；交战对手，南中国地区的立宪派以及新军，更是附议举袁，甚至革命党人也是这一潮流的鼓吹者（比如汪精卫），最终是孙中山立约让位（临时大总统）。历史在跌宕之际，彰显的逻辑是：实力才是王道。以力获权，传统中国的建国之道，没有意外，再次显现。孙中山与宋教仁在“总统制”与“内阁制”上，各不相让，总理并无说服革命同志的能力；而袁世凯与孙中山易位之后，有实力却无底线的袁世凯，解决冲突之策，却是直接明确。如此作为之根本，恃力而已。

有力量却没有政治主张的军人集团代表袁世凯，在获权机会的发现与把握上，远胜革命派与立宪派诸人之上。历史由袁世凯完成“临门一脚”，说服清帝逊位，当然得偿付成本。袁世凯后来一路弃共和而择帝制，失败自是固然，只是历史代价并未就此付完。1916 年，袁世凯辞世，军阀混战开始，直至 1927 年北伐成功，方告结束。

军人乱国，导致这一时期中国的黑暗，但以力获权的民国逻辑，或说历史逻辑却明白无误：军事即政治，政治问题须以军事手段解决。如果说辛亥革命是以倾覆清廷而使传统中国进入现代国家的第一阶段任务，那么，此际的时代命题则为建立独立而统一的国家，它成为现代中国必须完成的第二阶段任务。

促成辛亥革命的三种政治力量所提供的路径，革命的名目，未来国家制度的理想，终于补上的“军事武装”这一力量基础。孙中山先生开始培养自己的军事人才，蒋介石后来率领这一支新型军队获得了北伐大革命的胜利。这一年是 1927 年。同样这一年，在武汉的八七会议上，毛泽东提出了他著名的、对民国逻辑的体认：枪杆子里面出政权。最终由毛泽东和他领导的中国共产党完成了中国的独立。

现代中国之途，不易。各个时期皆有其核心命题，其破解之道，辛亥革命已经昭示，只是，“革命”路径过于强悍，后世的路径依赖甚为明显；革命的目的，在完成国家独立之后，建设国家这一命题，在长时期里未能被充分认识。直至1978年，这一现代国家进程里的阶段性国家命题，终被确认。

我们仍回到辛亥年间，来观察当年的军人集团。甚至在1907年，英国公使朱尔典便注意到这样的事实：杭州、安徽、广州都有军人割辫……旗人入关，民族臣服关系里至关紧要的象征——辫子，已在军人集团里悄无声息地被割掉，而未被惩罚，甚至清廷陆军部，亦未对此事表示反对。军事的技术变革，当然是政治过程。

1910年，美国传教士卡尔奥在给美国国务院的急件里概括他对中国军队的观感：有一点是不会令人感到意外的，即有朝一日土耳其的革命模式在这里重复的话，真正的革命将由中国下级官佐发动。

一年之后，即为辛亥年，革命爆发。

历史啊

辛亥，何以发生革命？理解它，是一个颇为漫长的叙述。以新闻的方法论观察，这场革命这场冲突，三种不同方向选择的政治集团以及它们构成的历史动力，在求解民族矛盾与进入现代国家的挑战两重结构关系的晚清舞台上，以罕有的合力共同导演出倾覆清廷之剧。

民族矛盾这一结构性阻力，就此瓦解，而现代化的中国之途，若言成功，将目标定为中华民族的伟大复兴，道路尚远。

知史需有襟怀，如此方可建立识史之格局。百年之后，我们回望辛亥革命那段历史，又能建立何种格局呢？思索至此，我们需要回到航海地理大发现之际，在这个“世界史”的开端之前，有若干世纪，中国和西方之间就已经存在了一些零星的交往，陆上或海上丝绸之路，现在仍是中国文艺的题材资源。但在地理大发现之前，这两个文明的直接碰撞，力度有限，还得等待其中一方有足够能力深度地推进到彼方。1840年，鸦片战争爆发，这个过程终于开始。历史学家徐中约的评论，不无辛酸："讽刺的是，西方文明在其他地方显得极有创造力且生机勃勃，但在与中国直接对抗时，却表现出破坏性大于建设性。它加速了旧秩序的瓦解，却没有提供替代它的新秩序，这给中国人留下了在旧秩序废墟上构建新秩序的艰巨任务。"

现代国家之路，由此开端。与这种决定中国历史长时段走向的结构性条件比较，清朝的民族或者说种族矛盾，只是相对短暂的阻力而已。清廷，在现代国家形成的过程中，不适而被抛弃，并无意外。无论希望拯救它而选择"君主立宪"的康有为及其立宪派，还是决定革命推翻它的孙中山与同盟会，甚至包括难言政治主张的军人集团以及袁世凯，清廷存亡以否，也都是为着应对现代化挑战的附属条件而已。按徐中约先生之论，中国人一代代的努力与奋斗，"探寻一条在新的世界中体面地生存下去的道路"。也只有由此端出发，我们才可以理解辛亥何以革命，并且观察由辛亥而至今的历史走向。

权力观在相当长的时间里左右了我们的历史观，三种政治力量在合力倾覆清廷之际，对未来国家最高权力的争夺即已开始，这当然是事实。清廷既亡，权力真空，努力上位，固然是其面目；但是，传统中国如何进入现代国家，挑战并未停止。所以，历史或者说现代化挑战是一场远未完成的马拉松，各个阶段杰出人物，在此挑战之下，都有其时代特有命题需要破解。辛亥之后，如何以及以何种方式建立一个统一而独立的中国，则为现代国家进程里，新时期的核心议题。如此种种，我们仅仅以权力争夺而观历史，过于菲薄。革命派、保守派与顽固派而"拳击赛"的历史框架，岂止格局太小。

所谓历史，当然都是当代史。在我们仍在现代化行进途中的当代，回顾当年作为现代国家开端的一种标志性事件——辛亥革命，在理解并为历史提供解释的同时，我自己的感叹很单纯：放下斗争心态，尝试着去与历史和解。

慈禧　爱新觉罗家族的国家危机

慈禧把持国家权力四十八年。有清一代，除了康熙（六十一年）与乾隆（六十年）两人，惟她握权最长。慈禧是延缓了，还是加速了清朝之倾覆？

1908年11月15日，慈禧辞世，73岁。

据说，她最后时刻说了这样一段话："以后勿再使妇人预闻国政，此与本朝家法有违，须严加限制；尤须严防，不得令太监擅权。明末之事可为殷鉴。"当年英国《泰晤士报》驻上海记者濮兰德与汉学家白克好司，在其所著传记《慈禧外纪》里记录了这段临终告诫。只是，今人读之，对应我们记忆里慈禧的刻板印象，不免恍惚，须细加捉摸。

那个时刻，三天时间，立新君、光绪去世、慈禧再卒，事事毕至，一切夙忽迅速了断。这些事件，对于王朝而言，皆为大事，动静不小，因而稗史笔记所刊流言甚多。相对各种传言，其事实之本，是末代皇帝溥仪的父亲载沣的"现场"日记：

> 十九日（阴历，阳历为1908年11月12日）。上朝。致庆邸急函一件……
>
> 二十日（11月13日）。上疾大渐。上朝。奉旨派载沣恭代批

折，钦此。庆亲王到京，午刻同诣□□□仪鸾面承召见，钦奉懿旨：醇亲王载沣著授为摄政王，钦此。又面承懿旨：醇亲王载沣之子溥□著在宫内教养，并在上书房读书，钦此。叩辞至再，未邀俞允，即命携之入宫。万分无法，不敢再辞，钦遵于申刻由府携溥□入宫。又蒙召见，告知已将溥□交在□□皇后宫中教养，钦此。即谨退出，往谒庆邸。

二十一日（11 月 14 日）。癸酉酉刻，小臣载沣跪闻皇上崩于瀛台。亥刻，小臣同庆亲王、世相、鹿协揆、张相、袁尚书、增大臣崇诣福昌殿。仰蒙皇太后召见。面承懿旨：摄政王载沣之子□□著入承大统为嗣皇帝，钦此。又面承懿旨：前因穆宗毅皇帝（即同治）未有储贰，曾于同治十三年十二月初五日降旨，大行皇帝（即光绪）生有皇子即承继穆宗毅皇帝为嗣。现在大行皇帝龙驭上宾，亦未有储贰，不得已以摄政王载沣之子□□承继穆宗毅皇帝为嗣，并兼承大行皇帝之祧。钦此。又面承懿旨：现在时势多艰，嗣皇帝尚在冲龄，正宜专心典学，著摄政王载沣为监国，所有军国政事，悉秉予之训示裁度施行，俟皇帝年岁渐长，学业有成，再由嗣皇帝亲裁政事，钦此。是日往西苑军机处。

王朝更替的人事安排，迅速落定。

同治与光绪都没有子女，所以新皇帝溥仪，既承继同治之嗣，同时亦兼承光绪；溥仪父亲载沣为监国摄政王，但所有军国政事，“悉秉予（慈禧）之训示裁度施行”。慈禧依旧把持权柄，这是制度安排的前提。

只是，人算不及天算。第二天，11 月 15 日，慈禧吃过午饭，忽然晕去，为时甚久……醒来后，慈禧立即召集各色关键权臣，再下旨：昨已降谕，以醇亲王为监国摄政王，禀承予之训示处理国事。现予病势危急，自知不起，此后国政即完全交付监国摄政王。若有重要之事必须禀询皇太后者，即由监国摄政王禀询裁夺。

若以政制而论，慈禧最后之旨，其可探究、并由此深入清史——一国之家族史的价值，将远胜过她最后的感叹，“以后勿再使妇人预闻国政”。

主政四十八年后，慈禧成为过去时。清朝进入载沣与溥仪时代，亦进入倾覆的倒计时。

历史现场

载沣是谁？光绪皇帝的亲弟弟。

定了新皇帝，当然得通知光绪，这时光绪还清醒。他说：“立一长君，岂不更好，但不必疑惑，太后主意不错。”随后知道载沣为监国摄政王，“帝极喜悦”。

但是，当慈禧决定立溥仪并令载沣为摄政王之际，载沣极想推托，“叩辞至再”。从旁人的记录来看，这倒并非虚言。除了必须的礼节而“叩辞”之外，载沣一家亦有真实的恐惧。从载沣的角度看，先是他哥哥载湉（即光绪）被慈禧选中当皇帝，现在又是自己的儿子被选中。对这家人，顷刻间，福祸难以明察……当年，慈禧选择光绪入宫，继承同治之皇位，载沣的父亲奕譞着实被吓着了，“仓猝间昏迷罔知所措，致触犯旧有肝病，委顿成废。惟有哀恳矜全，许乞骸骨，为天地容一虚糜爵位之人，为宣帝成皇帝（道光）留一庸钝无才之子……”这是《清史稿》里的记录。当然也是载沣的记忆。从后来光绪的命运看，奕譞的害怕，不完全是虚伪。只是，慈禧定了溥仪，岂容更改，而且要马上入宫。此时此刻，载沣一家何种反应，自是各色人等的兴趣所在。载沣的生母刘佳氏反应最激烈，《清鉴纲目》记录下她两句著名怨言：先杀了人家的儿子，又来杀人家的孙子！给个皇帝的虚名，实际上等于终身监禁！

一家连出两位皇帝，喜惧之间，情绪震荡巨大。只是，这一家人，无论是皇帝光绪，还是即将成为皇帝的溥仪，在慈禧面前，其命运皆如微蚁，遑论情绪起伏。

家族政治，更残酷。相对于王朝制度运转，当事人的喜怒哀乐，不足以道。王朝更替时刻，如何自处才是关键，往往，生死逆转即在此刻。

光绪病重，在当时对皇宫里诸如载沣这样的近臣而言，不是秘密，大家都清楚。光绪没有孩子，谁能成为下一代国君，这远比光绪的病更让人关注。王朝故事，这个时候，最出阴谋论。按溥仪《我的前半生》里描述，载沣一家想象并设定的政治对手是庆亲王奕劻。奕劻因与李鸿章办理义和团善后谈判，而真正成为当时清廷最重之权臣，“当时人们议论起王公们的政治本钱时，说某王有德国后台，某公有日本后台……都只不过各有一国后台而已，一说到庆亲王，都认为他的后台谁也不能比，计有八国之多。”慈禧选择“接班人”，不得不考虑庆亲王因素。当时的危险何在？溥仪叙述：“这时又忽然听到惊人消息：袁世凯准备废掉光绪，推戴奕劻的儿子载振为皇帝。”——查寻当时各方材料，溥仪这一郑重其事的说法，其实只是孤证，并无旁证。宫廷之事，常常只是传言，绝少确实。只是，如果阴谋成立，载沣这一家，亦即醇亲王这一支皇族，失去光绪尤其是失去慈禧的依傍，未来未必光明。

当然，慈禧也听闻了这种阴谋传言。

这一年，慈禧 73 岁（11 月 3 日）的庆寿会上，多了一个新节目，西藏达赖喇嘛来到北京，率属员向太后叩祝。后来又有传言，当时见过达赖喇嘛的庄士敦记录：“慈禧去世后，大家纷纷说，一城容不下两个活佛，因为会相克。”不过，在当时，“老佛爷”慈禧因有西藏“活佛”来拜，还是极其高兴的。刚刚过完寿会，慈禧就病了。达赖喇嘛知道后，呈上佛像一尊，说应即刻送往太后陵寝，可镇压不祥，而且圣寿当增。慈禧于是命令庆亲王奕劻迅速办理此事……送佛像去陵寝，犯得着用庆亲王之尊？宫廷故事，从不简单。

这个时候，慈禧“接班人”的人选已定，需要创造条件实施。庆亲王刚走，慈禧即将北洋军段祺瑞的第六镇全部调出北京。段部，系袁世凯嫡系，当然也是庆亲王的军队。调走段祺瑞所部，又调来陆军部尚书铁良统辖的第一镇接防北京。卫戍部队安排妥当，所有步调走顺，庆亲王回京，慈禧宣布了她的人事安排——载沣为摄政王，当然，作为一种平衡，慈禧亦将“亲王世袭罔替”的光荣给了庆亲王奕劻。

无论庆亲王奕劻先前是否有过阴谋，新皇帝已由慈禧择定，他对此无可置异。不过，奕劻仍扳回一城。当时慈禧属意溥仪只是承继同治皇帝，如此一来，宫廷政治里极其重要的一支后宫力量，比如光绪的皇后以及妃子，将如弃履。奕劻的建议是，光绪亦无后，溥仪在承继同治同时，也应兼承光绪。慈禧同意了这一选择。同治皇后已死，而光绪皇后隆裕尚在，如果兼承光绪，则内宫里，隆裕未来将上位，而这又是有赖奕劻的执言。如此这般，投资之微与回报之巨，绝对超乎想象。奕劻当然是政治高手，迅速在王朝更替时刻，找到了自己未来的安全自处之道。从结果看，众人厌恶的奕劻得以善终，当可理解他利弊判断的准确与选择的机敏。对于属臣，宫廷政治，选择靠山是核心要义。

反过来，对于所有属臣的主宰慈禧而言，权力如何制衡，则为关键。

当慈禧自知不起之际，她的最后一道懿旨明言：“若有重要之事必须禀询皇太后者，即由监国摄政王禀询裁夺。”前一天刚刚由奕劻仗言，才得到未来内宫权力的皇后隆裕，由此获是制度性的权力安排。这一制度意味着，摄政王载沣的权力将受隆裕的制衡。

宫廷政治，看似漫无头绪，处处阴谋，实则亦有其一般规律。当年咸丰辞世之际，任命八位“赞襄政务王大臣”，而同时，又将“御赏”之印与“同道堂”之印分授慈安与慈禧，“赞襄”大臣所拟圣旨，须“御赏”之印起首，“同道堂”之印盖于末尾，才算合法。这同样是权力制衡机制，仅仅凭这一甚至微弱的制衡制度，慈禧夺八大臣之权，由此上位。而在慈禧临终时刻，她同样安排了这一制衡制度。那么，如果世事承平，而隆裕又够强，未来未必不可以如慈禧那般夺权上位，成为清朝新一代“女主”。

可是，慈禧最后还说，“以后勿再使妇人预闻国政”，如何理解？国家责任与个人情感，当然并不一定和谐与融洽。

家族规则

慈禧为什么会选择溥仪？历史现场的纷乱，都是现实利益，自无可靠答案，必须拉开基本的时空距离，才可能略有所得。

君主政制，最重大的挑战是继承人的问题，中国自秦以来，这样的故事延绵不绝。这一问题延续到清雍正皇帝，他创造了“密建制度”——皇帝密写立储谕旨封于匣内，死后开启。这一制度基本上算解决了皇子争位的动荡。由雍正而至同治，一切正常。但是，问题也出在同治时代，辞世时刻，同治没有子女。

皇帝无后，在中国历史里，也无稀奇，只是问题在于谁来挑选承继者。或者，更直接地看，当时谁是清朝的主政者。这个人当然是慈禧。

慈禧如何上位？

1860年，第二次鸦片战争，英法联军侵入北京城，咸丰皇帝逃至热河，当时的说法叫“巡幸木兰（今承德）”。一年时间，咸丰亦不起、将辞世。临终之前，咸丰安排了以肃顺为首的八位“赞襄政务王大臣”，以辅助他惟一的5岁儿子载淳（同治皇帝）。但是，这一人事安排，未兼顾权力平衡：咸丰的两个弟弟，六弟奕䜣与七弟奕譞；同治的生母慈禧与皇后慈安，均与权力无涉。所幸，咸丰给两位皇后留下了“御赏”与“同道堂”之印。当时，八大臣认定，这两印只是走个过场形式而已；其中，八大臣之一的载垣甚至说得直接：“臣等是赞襄幼主，不能听命于皇太后，请皇太后看折亦为多事。”但是，未料慈安慈禧坚决，必须看折，有印在手，不给看不盖印。女人情绪，在政治里，虽为不按规则出牌，但是强悍。不过，政治断不是如此闹情绪，慈禧之谋是联合皇弟奕訢与奕譞，将肃顺等八大臣收监或斩首。于是，慈安慈禧垂帘听政。慈安当然比不过慈禧嗜权，慈禧由此开始执掌清之权柄。

清史著者一般将同治在位的十三年称为同治中兴。但是，这十三年，同治基本还是个孩子，正式执政仅两年，就去世了。那么，这一中兴，究竟功可归谁？如果完全忽视慈禧之价值，恐怕不智；转由慈禧的角度观察，这些年的垂帘听政，会给她带来什么样的心理与信心呢？答案将在为同治选择继承人时产生。

当时，摆在慈禧与所有皇族面前的，有两个现实。其一，同治皇后已有身孕，是否需要等待这个孩子出生再定？如果是儿子，当然一切问题全将解决；其二，咸丰是以皇四子身份承位，他这一支无后，按一般家族原则，则当由咸丰的哥哥，亦即皇太子那一支的后人继位。这是其时舆论的主流。

如何选择？《慈禧外纪》很精彩地记录了这一有二十五位皇族与权臣参与的讨论过程：

> 慈禧首发言曰：“皇后虽已身孕，不知何日诞生。皇位不能久悬，宜即议立嗣君。”恭王抗言曰：“皇后诞生之期已不久，应暂秘不发丧。如生皇子，自当嗣立；如所生为女，再议新帝不迟也。”其余大臣，似亦以此议为然。慈禧曰：“现在南方尚未平定，如知朝廷无主，其事极险，恐致动摇国本。”军机处大臣及各大员中有三汉人，极以太后此言为然。谓南方乱事未定，如皇

位久悬，其势实不稳固。此时慈安太后发言曰："据我之意，恭王之子可以承袭大统。"恭王在下闻之，叩头言不敢，又曰："依承袭之正序，应立溥伦（即皇太子那一支后人）为大行皇帝之嗣子。"溥伦之父载淇，亦叩头言不敢。……（慈禧）转谓慈安太后曰："据我之意，可以立奕譞之子载湉（即后来光绪），宜即决定，不可耽延时候。"恭王闻之，怒谓其弟曰："立长一层，可以全然弃置不顾吗？"慈禧曰："可以投名法定之。"慈安太后无异言。其结果则是醇王投溥伦，有三人投恭王之子，而众人皆如慈禧意，投醇王子，于是大位遂定。盖慈禧志意既坚，而众人皆向戴慈禧为中国之主者，故多遵慈禧意，投醇王子。慈安太后则向主谦退，遂一听慈禧之所为。

这段极具戏剧性的叙述，证之其他史料，并无可证实的证据。尤其"票决"，几无可能。但此刻选择嗣皇帝，竞争之剧烈却是事实。如此残酷竞争，最后醇亲王之子载湉胜出，醇亲王奕譞内心的恐惧，当然真切。这时的载湉，后来的光绪皇帝年仅4岁。那么，再度垂帘听政，自当必须。如果说，当年联合咸丰之弟奕訢与奕譞，扳倒肃顺等顾命大臣，权力意识尚为初步，现在，经此嗣皇帝的选择，慈禧已是意志坚定，她要掌控国家。皇太后主政，制度尤其继承制度安排将与往常迥异，这是前提，失去对此的体察，将可无得窥慈禧后来的种种安排，特别是对溥仪的选择。

皇帝主政，他的寿命多长，权柄即把握多久——清一朝稍例外是乾隆，他不愿意比他爷爷康熙在位时间长，所以执政到六十年的时候，就自己退了。但女人主政则不然，没有合法性，权力机会与条件只能是皇帝系幼主，这时才是制度之外的权力真空期。

但是，无论幼主多幼，终究会长大主政，这更是女主的挑战。慈禧如何选择？

没有意外，慈禧的选择在血缘与姻缘两端。

载湉是谁的孩子？当然是醇亲王奕譞的儿子。但是，我们且不可忘了他的母亲，他的母亲系慈禧的妹妹。女人的机巧，岂可轻视。有意思的是，慈禧的这个妹妹，倒是与她的性格反差甚大，极刻板。《爱新觉罗·载沣》一书所述：据说咸丰去世后不久，慈禧请来妹妹看戏，坐在前排的这位妹妹双眼紧闭，不着一声。慈禧很奇怪，问她为什么？她说：现在是国丧期间，不可娱乐。慈禧莫奈她何。虽此，她俩毕竟是亲姐妹。慈禧后来为光绪选谁家女儿做皇后呢？她弟弟的女儿成为光绪的隆裕皇后。关键“岗位”的关键人物，全系慈禧家的直系亲属，有血缘关系然后由婚姻结合，这种关系构成的清宫图景，自然需要细细辨识。稍后，载沣亦长大成人，慈禧又废掉他家所定的那门亲事，自己的近支已无可许配之人，便将宠臣荣禄的女儿嫁给载沣，而溥仪就是这位瓜尔佳氏所生。——如此重重关系下缔结的婚姻，当可保慈禧之权柄而不失？相信，这至少是当事人的愿望。

为什么会选择才 3 岁的溥仪入宫，答案在此。慈禧需要这段体制外的权力真空期，也希望凭借血缘与姻缘来控制权力。王朝的姻缘关系，尤其是皇族与权臣，多数基于权力与利益的结合——研究一下袁世凯儿女们的婚姻，其对象皆为疆臣与皇裔，从无例外。只是，慈禧主政，皇权社会的家族规则，被她发挥到了极致。

至此，我们基本可以断定，权力之于慈禧，她是主动的。称其嗜权，并无失当。那么，这对清朝后期之走向意味着什么呢？换言之，更深刻的问题是，清一代对中国意味着什么？

清朝中国

后世读中国历史，不可绕开的是家族传奇。中国历史，在一定程度上确如梁启超所言："二十四史非史也，二十四姓之家谱而已。"但是，如果不深入家族史亦即"家谱"，我们又如何得识中国历史之真相？问题只是，读史与述史者，有无穿越家族传奇与恩怨之能力。由人事纠缠进至制度结构，继而进入环境变迁，由三者之关联尤其是相互作用而稍得史识。

治清史者，一般将1861年慈安慈禧垂帘听政论为慈禧主政的开端。那么，如果欲究慈禧对清一朝意味着什么，我们须再度拉开时空距离，来认识清一朝君主到底拥有什么样的权力。

钱穆先生在其《中国历代政治得失》里论及中国各朝："中国传统政治是专制的，政府由一个皇帝来独裁，这一说法，用来讲明清两代是可以的。若论汉、唐、宋诸朝，则不能说一切由皇帝专制。"显然，明清两朝，才是专制权力真正形成并实施之际。而过去的皇权时代，是何权力结构？"在唐代，一切政令由宰相拟定，送皇帝画敕；在宋代，是宰相向皇帝上札子，先得皇帝同意或批改，再正式拟旨；到了明代，则一切诏令，皆出皇帝亲旨，大学士只是皇帝秘书。"但是，细究明朝，君权虽然开始集中，但漏隙仍多，钱穆论述：皇帝不懂之事，要咨询大学士（秘书）的意见，于是大学士有了"条旨"，即"票拟"，写出自己的意见，由皇帝细阅决定。皇帝偷懒，则将直接以"票拟"发出，由此大学士可弄权；之后皇帝再懒，跟内阁也不见面，则由太监联络内阁与皇帝，继而太监也有了擅权的机会。皇帝之权，旁落他人之手。这是明亡内因之一，清人如何应对这一挑战？

清一朝，聪明强悍的康熙执政六十一年，权力已高度集中；而继任者、精力极其旺盛的雍正皇帝又创造出了只是服务皇上的秘书班子"军机处"，权力已不容旁落。其制度设计：奏折由具有奏事权的官员亲封，由皇帝亲拆，皇帝批阅后下发军机处，由军机大臣根据皇帝的朱批或面谕拟旨，再经由皇帝批准后下发。——如此制度，皇帝若不及时发下奏章，政务中枢即梗塞。皇帝无法倦政。而皇帝批阅奏章的专用朱笔，太监谁也动不得，动则杀头。

由秦始皇开始的“一切皆决于上”，至雍正终于真正完成其制度结构安排。由此，清一朝君权臻至顶点，是真正的专制时代；但同时，又对皇帝的能力与精力提出巨大挑战。康熙在位六十一年，其“勤政、爱民、崇正学”（萧一山《清代通史》评论），为其子孙作出了表率。清代这一“朕即国家”的高度集权体制，即使康熙也感叹：“臣下可仕则仕，可止则止，年老致仕而归，抱子弄孙，犹得优游自适；为君者勤劬一生，了无休息。”

这种体制之下，君主的贤与不肖，对国家的决定性作用，自然超过先前历朝。后代皇帝，无论咸丰，还是女主慈禧，拥有此等权力，其功其咎，自无可遁。

雍正创立“军机处”，始自1726年准备对西北厄鲁特人四部之一的准噶尔部发动征讨，因其事务机密，所以成立军机处处理相关事宜。传统中国之结构性矛盾，拉铁摩尔在其《中国的亚洲内陆边疆》里创造性地提出：游牧民族与农耕民族对内陆边疆的争夺，才是中国历朝之核心性挑战。而若以“塞防”与“海防”论，中国历史上对外问题，“均起于塞北，东南海疆大致安谧无事”。只是，清至中叶，塞防这一国家的核心性挑战，或曰母题，开始转向。

清人以关外满族身份入主中原，其塞防问题，已削减许多。传统中国的茶马贸易，以茶易马，至清康熙初年，即渐衰微，很简单，过去的边疆，现在已为清朝的内地，清政府已有条件自己组织养马，而无须依赖交易得马。但是，西域厄鲁特尤其是准噶尔部却一直是清朝的挑战。经康熙、雍正、乾隆三朝，至公元1759年，乾隆平定整个东突厥斯坦，随后实行了军事占领，并正式将西域定名为新疆……中国统治伸展到中亚心脏塔里木盆地。乾隆时代的中国，其版图大于汉朝和唐朝，仅次于13世纪的蒙古帝国。

杰出的皇帝配之前无古人的高度集权制度，仅三朝时间，清朝即达高峰。徐中约在其《中国近代史》里评论："清朝见证了中国历史上第二大帝国的兴起，仅次于元代，并为这个国家带来了长久的和平与繁荣。这种太平盛世加速了人口史无前例的增长，从1650年的1.5亿增至1850年的4.3亿。因此疆域与人口这两份清代遗产，奠定了今日中国国力的基石。"

偶尔，后代读史者，不免感叹，专制主义尤其高度集权相当长时间内，几乎被论为中国传统之恶疾，亦为中国衰落之关键因素。但是，传统中国被称道的盛世由何而来？杰出人物若无专制制度之保障，恐怕也难。多读而深思中国历史，人事与制度之外，对于清一朝，更关键的因素是环境变迁，所谓三千年未有之变局；这一变量的出现，曾经已至高峰的权力制度，不免崩坏。断而言之，环境之价值，历史学家郭廷以论："任何民族的命运，决之于其对于时代环境的适应力。"

无上的权力以及辽阔的疆域，前辈皇帝已经创造出来，后代国君，无论咸丰皇帝，还是女主慈禧，将会如何作为？探究此道，我们必须从人事与制度关系，跃进至环境变迁的观察。

王朝轮回

那个被无数戏剧反复演义的人物和珅，确实可以视为清王朝的妖孽，他的出现标志着清朝开始了由盛而衰的转折。

65岁时，乾隆皇帝看上了只有25岁的和珅，和珅当时只是御前一侍卫，不过人长得英俊潇洒。此后，和珅一路飙升，两年之后，即获得在紫禁城内骑马的特权，而这一权力过去只是赐予那些年迈走不动路的极品勋臣的。从1775年被青睐，到二十四年后乾隆去世，和珅积聚了高达8亿两白银的家产，而乾隆一朝的每年岁入（财政收入）

只在4300万—4800万两之间。

乾隆去世后，嘉庆皇帝处决了和珅，对于被没收的8亿两和珅财富，民间的谚语说："和珅跌倒，嘉庆吃饱。"历史学家萧一山记录和珅的家产清单里的一些项目，极具趣味：金碗碟288件、银唾盂600个、金面盆119个、黄金580万两、当铺75座本银3000万两、银号42座本银4000万两、田地80万亩估银800万两……比之当下，也是创纪录。

仅仅将和珅看作一个腐败的故事，格局将小。从传统中国朝代演变来看，乾隆一朝达至顶点之后，无论爱新觉罗家族，还是这个国家，其前进的动力亦渐消退，享乐成为潮流，以乾隆下江南为表征，也恰在其时，和珅出现。清朝一秉明朝旧例，官员的薪俸定制较低，正从一品文官的岁俸仅为180两，而正九品则低至33两。如此低薪，当然难以生活；为此，清政府又向官员们支付"养廉费"，历史学家萧一山统计：其数目往往是正规薪金的一百倍。如此薪俸安排，使官员寻找"体制外"的收入，没有了心理障碍。加之和珅的示范，徐中约描述："和珅的行径如同靛青溶水一样四散扩展，无论在京内或外省，无论是文臣或武将，也无论官阶高低，一时间贪污成风。旗人变得放荡不羁、玩物丧志，完全不能再充任行军打仗之职。汉军绿营也备受种种不当举措的困扰，从而大大丧失了以往的锐气，边关军务被漠然置之。追求享乐和挥霍浪费的习性导致了道德沦落和王朝的普遍衰败。"

在乾隆退位的倒数第三年（1793年），英使马戛尔尼来到中国晋见了他。这个故事常常被用来说明两个文明的碰撞，因而马戛尔尼的中国观察则被忽视。即使是访客，即使不懂汉语，马戛尔尼还是明确意识到中国官场贪腐严重，他的证据是：英国的使团，清朝廷批准的是每天1500两津贴，这哪里用得完？他的结论是："东洋孔夫子之孙与西洋财神之后裔同其为不肖。"他的预言相当犀利："中华帝国是一艘陈旧而又古怪的一流战舰，在过去一百五十年中，代代相继的能干而警觉的官员设法使它漂浮着，并凭借其庞大的外观而使四邻畏惧。但当一位才不敷用的人掌舵领航时，它便失去了纪律与安全。它可能不会立即沉没，它可能会像残舸一样漂流旬日，然后在海岸上粉身碎骨，但却无法在其破旧的基础上重建起来。”

问题是，哪一位清朝皇帝才是马戛尔尼所称：才不敷用的掌舵人呢？

若用中国传统朝代更替之“王朝轮回”的方法论观察，清在乾隆晚期，衰兆已现。很简单，王朝前期高速推进的成本，此刻已经显现，并且持续恶化。

传统中国农业社会，其社会秩序和混乱很大程度上取决于土地分配的适当与否。所谓乱治之间的转换，皆赖此端。在每一次大乱之后都会有许多人口死亡，以致有足够的土地供幸存者耕种，但经过一段和平时期，所谓“大治”的盛世之后，人口增长不可避免地导致人均耕地面积下降，由此又进入“乱世”，如此循环往复。土地与人口之关系，实为中国传统农业社会“王朝轮回”的历史自然之演进。

按此逻辑，经三朝而至乾隆盛世之后，其成本是什么？徐中约的《中国近代史》统计：1660 年，中国的人口可能在 1 亿至 1.5 亿之间，到 1800 年上升到 3 亿。但是，可耕地却没有相应地增加，1661 年时全国有 5.49 亿亩耕地，1812 年时仍只有 7.91 亿亩。耕地增长不到 50%，而人口增长却超过 100%。许多农民被挤出土地，背井离乡，成为社会不安定因素。

稍稍放开时间尺度，罗尔纲在《太平天国革命前的人口压迫问题》里，提供了更具参考价值的数据：清代人口 1741 年为 1.43 亿，1850 年则达到 4.3 亿，增长了 200%。而耕地则从 1661 年 5.49 亿亩，增加到 1833 年的 7.37 亿亩，仅增长 35%。人口与土地增长之间的落差导致人均耕地面积急剧下降。更糟的是，在 1812 年到 1833 年间，由于自然灾害的因素，耕地面积不仅没有增加，反而减少，从 7.91 亿亩减少到 7.37 亿亩，而此间人口却由 3.61 亿增加到 3.98 亿，这使得人均耕地面积进一步下降到 1.86 亩。

问题是，土地与人口的矛盾越冲突，土地的集中度越高。统计表明：清代初年一亩地一般值一二两，而到清中期就涨到七八两了。据此计算，彭泽益在《太平天国革命思潮》里估计：60%—90% 的人完全没有土地。无地农民必须将产出的 50% 用于支付地租，而由于地租通常不是用实物支付而是转换成货币，这个过程又要被多刮走地租的 30%。若以一亩产出 3 石论，两项相加，最后耕种者只能剩下 1.05 石，不可能养家糊口。

社会动荡，箭在弦上。乾隆之后嘉庆、道光与咸丰三朝六十多年，进入乱世。

外部挤压

现代化的中国发生史，在其初期，绝无浪漫可言。

仍回到"王朝轮回"逻辑，在土地人口已经矛盾尖锐时刻，鸦片却开始大量输入，郭廷以在《近代中国史纲》里计算：19 世纪初年，中西的正规贸易，中国大致尚为出超，1812 年进口货物 1270 万两，出口 1510 万两；1813 年进口约 1260 万两，出口约 1290 万两。这是根据行商的贸易出入货簿。但鸦片为违禁品，不入货簿，如将鸦片合计，出入已不能平衡，成为入超。1818 年进口总额约 1880 万两，出口约 1400 万两，相差约 480 万两，加上 300 万两的鸦片售价，合计入超已达 780 万两。这意味着中国白银无可阻止地外流，由银漏而银荒。

历史学家李守孔分析：1 两银子在 18 世纪时兑换 1000 文铜钱，而在 1845 年，其市价超过了 2000 文。兑换率增长一倍，实际就减少了人们一半的收入，因为，尽管银两和铜钱都是中国通用货币，但充当市场上基本交换媒介的是铜钱，买米用铜钱，付薪水也用铜钱。

1 石米以前卖 3000 文，按 1000 比 1 的老兑换率值 3 两，但在 1845 年，根据上扬了的 2000 比 1 之兑换率，1 石米只能换到 1.5 两。实际上，这意味着农民的地租负担重了一倍。

农业社会的中国，所有压力皆由广大而分散的小农承担，如此格局，理解太平天国起事，乃至捻军、云南与西北回民起义，当无意外。王朝之治乱，顷刻转换。

中国现实内部压力之下，西方列强亦在此刻急迫地进入中国，所谓现代化因素，由此又成为“三千年未有之变局”的核心要素。

黄仁宇先生在其《万历十五年》里，开篇即论：“在历史上，万历十五年实为平平淡淡的一年。”但为什么他又要以“万历十五年”为书名来写这样一本书呢？“1587 年（万历十五年），在西欧历史上为西班牙舰队全部出动征英的前一年……其间关系因果，恰为历史的重点。”西欧由地理大发现开始，继而殖民扩张，工业化以及现代化，实则也为人类历史上三千年未有之变局，而中国亦无可独善其身，被迫裹挟其间。由此而观，清一朝最为核心的结构性矛盾，即为现代化的挑战。不幸的是，王朝自身的轮回转折恰与列强进入中国冲突形成时刻，不期而遇。

清朝皇帝已在制度上完成了绝对的集权，那么，他们有能力来面对这一挑战？还是如马戛尔尼所预言那样，成为悲剧的、“才不敷用的掌舵人”？

嘉庆、道光与咸丰三朝细数下来，咸丰一朝（1850—1861 年）最为悲苦。

1854 年，新出任英国驻华公使的包令向两广总督叶名琛提出“修约”要求。鸦片战争后，清朝与列强各国签订了一系列条约，其中《中美望厦条约》里约定：“至各口情形不一，所有贸易及海面各款恐不无稍有变通之处，应俟十二年后，两国派员公平酌办。”这是英公使提出修约的基础。英国既已提出，那么，相应享受最惠国待遇的美国与法国也有权提出要求。当时叶名琛应对之策，现代人看起来颇为难解：一，拒绝见面；二，所有西方外交文书，迅速答复，但各种要求则一律拒绝。包令的修约照会，叶名琛依然如此办理。之后，双方又在见面地点——“广州城内两广总督衙署，还是城外仁信栈房”，进行了极其耗时的纠缠。包令烦了。他准备到上海和天津，绕开叶名琛，另辟与清朝交涉的渠道。叶名琛当然知道包令的动向，咸丰皇帝也知道包令的选择，只是办洋务的叶名琛都不把修约当回事，咸丰皇帝何须操心，他仍指示一切由叶名琛办理……没有意外，双方冲突必然。

三年后，战争爆发，英法联军进攻广州城。1857 年 12 月 28 日，英法攻城；此时叶名琛镇静自若，炮火之下，仍在总督府内寻检文件……之前他曾扶乩，相信过了 30 日，便一切可以了结。城破后，叶名琛还是从容不迫，告诫士绅说：过了 1 月 9 日，便可结束。这个时候，实际情况是他已经被联军俘虏。最表面地看，联军轻取广州，主要是叶名琛没有作任何城防措施，当时清官场对他的描述极准确：“不战、不和、不守、不死、不降、不走。”

堂堂清朝之总督，竟如此愚顽？读史至此，疑惑其实多过愤怒。细看叶名琛之历史，26 岁中进士，也算得上天才少年；之后，38 岁即官升广东巡抚，一方边疆大吏，咸丰皇帝的宠臣，当然断非无能之人。若究其有违常识之举的原因，当须由咸丰的谕旨破题。简言，历史学家茅海建在其《苦命天子》里总结，咸丰的全部指示，概括起来就是两条：既不要引起大战，又不准对英方作任何让步。——不可让步，才是关键。

皇权在清一朝，已至顶点，咸丰有此定论，叶名琛如何自处？“不战不和”种种，恰恰是此种制度之下最“理性”的选择。叶名琛太特殊，所有治清史者，无不论及，徐中约在其《中国近代史》议论最公：“叶名琛并非是人们想象中那样的傻瓜，他是一个颇有心计的政治家，他的执拗是内心之不安全感的伪装。叶名琛知道军事上中国无法抵抗，如果他动武而挑战一场灾害性的战争，他将会像林则徐那样以流放结局；相反，如果他执行一项抚靖政策，他又将招来皇帝的不悦、公众的谴责，颜面丢尽甚至于被流放，就像琦善和耆英的命运。身处两难境地的他便采取了袖手旁观的姿态，同时板起一副对洋人冷淡、傲慢且极度藐视的面孔。在私下里，他却指望这些唯利是图的蛮夷不会以牺牲其商务为代价而延长这种动荡局势。”

后来，带着一本《吕祖经》的叶名琛被英军带走，这位自称“海上苏武”的清朝疆臣，三个月后死于印度加尔各答。悲剧的一幕再度揭开，而且一而再，再而三……

暴戾的列强

清朝的疆臣，进退皆得咎，原因何在？简单地看，外部因素，或者说现代化的力量进入中国，在嘉庆、道光与咸丰三朝，是一种陌生而缓进乃至突变的过程。由外交礼仪的中西不适为开端，继以鸦片交易追逐利润，这两个一隐一显的因素，略有冲突即酿战争。第一次鸦片战争如此，由叶名琛而启动的第二次鸦片战争，同样如此。这一时刻，已到突变阶段。所以，咸丰一朝，不是官员进退无章，而是咸丰举措无当。

咸丰果然就是那个“才不敷用的掌舵人”？以清朝皇帝所拥有的权力，他当然必须担当责任；只是，如果退半步而观，便可知简单论世论人，亦将失当。中国此刻正处于一种国家结构性矛盾转换之际，认清它，尚需时日，因为人类的理性有限度。

轻取广州的英法联军去到天津谈判，他们的要求是：在北京常驻公使、开放长江沿岸的新口岸、外国人在中国内地游历，以及赔偿。而且，“常驻使节”是核心问题。73 岁的清朝谈判者桂良，没有能力拒绝——英国人直接而蛮横，“不接受，即进军北京”。于是桂良转而使用全部手段来说服坚决反对在北京“常驻使节”的咸丰，甚至用出这种卑劣的说辞，“此时英、法两国和约，万不可作为真凭实据，不过假此数纸，暂且退却海口兵船。将来倘欲背盟弃好，只须将奴才等治以办理不善之罪，（条约）即为作为废纸。”咸丰的属臣，真是不易。

签订了《天津条约》，咸丰又想出废约之法，即向英国人提议免除其商品的全部关税，而使条约废止。免税！咸丰才是真正的愚顽之人？以后世读史者所具备的世界知识判断，当然！但是，如果我们回到历史的现场呢？

传统中国的国家意识，分三个层次：天朝上国、藩属国、化外各国。中国皇帝当然是“天下共主”。按此逻辑，英国法国，其地位只相当于中国一个省，如何能与“天朝”平等？看起来，表现为礼仪之争的叩拜以否，实则是涉及“天朝”的政治性原则问题。咸丰的拒绝，在茅海建看来：“咸丰帝此时并不是被个人情感所左右，他考虑的是另一种‘国家利益’。只是他心中的‘国家利益’与近代世界的看法完全不能吻合。”被动着而非内生性地进入近代，进入现代化，其苦痛过程当然有人承担。只是，后世评论，否定批判，过于轻率。

在攻取广州后，战争未能停止。英法联军1860年攻入北京城，并火烧圆明园。咸丰皇帝逃到承德避难，并在此辞世。

经此一变，列强由贸易交往，果然成为后来决定中国命运的一种政治性力量。甚至慈禧联合皇弟奕訢所发动的宫廷政变斩肃顺等人，亦有赖这种力量的介入。当时恭亲王奕訢在咸丰逃难去承德后，留守北京谈判，结果给英国人留下深刻印象，于是奕訢在朝廷正式权力之外，获得了另一种制约性权力，即洋人的支持。英国公使布鲁斯在写给伦敦的一份报告里，透露了英国在这场事件里所扮演的角色：“在过去十二个月里，我们培植了一个倾向并相信作友善交往之可能性的派别，且有效地帮助了这个派别掌权，这决非是细小的成功。我们业已在北京建立了令人满意的关系，并已在某种程度上成为政府的顾问。”

由此开始，王朝政治，大至政策确定，小到人事变动，列强作为一种制约性力量，已经深深渗透其间。这种制约性力量的出现，其朝廷“代理人”，前期有主持第二次鸦片战争善后谈判的恭亲王奕訢，后有参与义和团善后谈判的庆亲王奕劻，皆有空前权力。

所谓中国现代化的发生史，两次鸦片战争对王朝最重大的启示是，传统的塞防，由乾隆一朝平定之后，现在已让位于海防。稍后的买船造船，以及建立北洋、南洋海军，皆由此而出。但是，塞防的新问题，此刻也同时出现。

俄国探险者、冒险家在16世纪中叶即已穿越西伯利亚而抵达乌拉尔山脉，明末清初，这是中国王朝在塞防上必须面对的一股新型力量。1689年，康熙皇帝决定与俄国人缔约，签订《尼布楚条约》。这项条约是中国与一个“西方”国家之间的第一项协议，这种平等的条约，对清朝而言，相当罕见。历史学家分析，主要原因是康熙皇帝认为俄国的中立对中国巩固其北部和西北部边界至关重要。签订此约后，康熙以及后来雍正、乾隆可以集中力量对付西域的厄鲁特人。

这一被郭廷以认为“遏止了俄人对黑龙江流域的侵略，保全了完整的东北达160年”的《尼布楚条约》，在两次鸦片战争中，尤其是第二次战争开始之后，俄人图谋改变。而结果，郭廷以描述：“1858年5月至1860年11月，两年半时间，英、法、美在中国获得的权利，俄国几乎一一坐享。英、法用兵四年，固已满足其所欲，俄国不费一刀一枪，独自取得了40万平方英里的土地，面积较现在的东北尚大。从此完整的东北成了残余的东北，海岸线大半见夺，北太平洋成为俄国的地中海，海参崴成为俄国在东亚的海军基地，残余的东北陷于俄国的两面包围。”东北之外的西北，“1869年至1870年，斋桑湖一带及巴尔喀什湖以东，亦为俄所有。原属中国的塔什干、撒马儿罕、布哈尔、浩罕，先后悉遭并灭。总计西见夺于俄国的领土并不小于东北。”

1860年，欧美海权国家从广州向北推进至上海再至北京，而陆上国家俄国则从西伯利亚—满洲边界向南推进到北京。徐中约评论：“中华文明古国被西方彻底打败并羞辱了。”

失衡的结构

咸丰皇帝在承德去世之前，看到了解决英、法问题的条约，外患似乎告一段落。但占据南京，并自立新朝的太平天国，此刻仍无决定性意义的消息传来。

一般历史规则是，外患将至，国家力量将因此而被凝聚。但是，咸丰一朝颇悲，早在英法联军进攻广州之前，太平天国即起义，如旋风般掠过半个中国。更不幸的是，这一符合王朝更迭模式的农民起义，所秉之本：反对满洲异族统治。清人入关，即被高度重视并屡屡施之高压解决的民族矛盾，被洪秀会轻轻点破，并张目为本。后来，孙中山先生在其自述里，即将洪秀全的起义，视为启蒙他的改变中国的关键要素。而且，孙中山所秉旗帜，同样是：驱除鞑虏，恢复中华。

如果说现代化是清一朝所面临的历史挑战，那么，民族矛盾则为与之并列、同属国家结构性矛盾。当然，乐观来看，将这两者视为国家动力，亦为尝不可。

咸丰现实的麻烦是，他没有足够强大的军队，同时他也没有钱。

咸丰临朝，立即需要知道的是国库还有多少钱？管理户部事务的大学士卓秉恬报告说：存银仅800万两，而且，“入款有减无增，出款有增无减”。太平天国事发，战争启动，兵款从何而来？咸丰为朝廷计，当然不计成本。茅海建注意到这样的事实：兵部尚书桂良奏称，内务府存有金钟三口，重两千余斤，值银数十万两，请销熔以补军费。这跟后来袁世凯驱剿武昌起义，上奏要求：“请将盛京大内、热河行宫旧存瓷器发出，变价充饷，以救目前之急。”没有分别，只是后来能卖的是旧存瓷，而非咸丰朝的大金钟。咸丰立即命令销熔，结果这三口由乾隆年间由宫廷工匠精制，镌有乾隆帝御制铭文，分别重800斤、700斤、580斤的世界超级工艺品，被熔为金条、金块共计两万七千两（金钟内质成色是金三、银五、铜二）。

多方筹款三年，至1853年7月，总共筹集近三千两银子供应前线。这个时候，户部存银仅29万两，就连京官京兵的俸饷都发不出来了。而前线战事呢？太平天国定都南京。

战争的情势之下，由中央控制财政，已无可能。而此时，咸丰又采用了饮鸩止渴之策：一、官兵减俸减饷；二、开捐例，卖官鬻爵；三、铸大钱、发银票、制宝钞。由户部监督的官银钱号，竟有面额高达一万千文的。这当然是愚人愚己的玩法，于事无补。也在此时，去扬州办理筹饷事务的刑部侍郎的幕僚想出了一个“厘金”之策，即派官兵到各水陆要冲去设关卡，对通过的货物按其价值强行派捐，另对开店销货的各商人按销售额强行派捐。当然，作为回报，对这些交纳者亦同其他捐纳者一样，领到捐得何种功名的部照。在当时，这事实上是强行的捐例。但是，从现代商业角度看，这相当于商品的过境税与商业税。

咸丰同意了厘金制度，但他没有注意到请奏者建议里所称，厘金由统兵大员为主，各地方官员只是合作。如此结果，则是在清朝国家财政税收网络之外，另辟新的税收体系。虽是战争的特殊时刻，但王朝的中央集权的关键部门，财政税收体制，有了分权之实。

与厘金制度几乎同时，是曾国藩湘军的崛起。这同样是中央集权之下国家控制军队体制，转由地方控制军队，亦一分权现实。传统的“兵为国有”的根本制度，由此而“兵为将有”。后世北洋政府的连年混战，源头在此。

1854年，曾国藩在经历了甚至让他自杀未遂的失败后，否极泰来，将太平军赶出湖南境内，并在当年10月攻克被太平军占领十六个月的重镇武昌。这是咸丰临政以来极其难得的胜利，迅速授曾国藩二品顶戴，署理湖北巡抚，并赏戴花翎。曾国藩以及他的湘军的危险性，迅速被注意，有军机大臣提醒咸丰："曾国藩以侍郎在籍，犹匹夫耳。匹夫居闾里，一呼蹶起，从之者万余人，恐非国家之福。"从国家利益的角度看，这种警惕当然有理。事实上，这种地方乡勇形成的武装制度，而且兵为将有，后来确实祸乱中国。

但是，战争毕竟特殊，胜利才是关键。

"署理"，虽为暂时代理之意。但咸丰明白其间危险之后，又迅速收回成命，而改任曾国藩为兵部侍郎衔，专办军务。之后，在职务上，咸丰一意坚持，不予曾国藩任何任命。直至1860年，属于国家军队的江南大营被太平军击灭，不得不借曾国藩之力，才在曾国藩练兵并开战八年之后，加其兵部尚书衔，署理两江总督，不久改为实授，并任命其为钦差大臣。

1864年，曾国藩之弟曾国荃攻入南京，当年6月1日，自说自话"古来哪有皇帝做囚徒"的洪秀全自尽。战争结束。这时，离咸丰去世已有三年。

通阅清史，后来所有变化的结构性因素，皆由咸丰一朝出现，毫无含糊极其分明。十一年的执政时间，咸丰皇帝承担了先祖们所有辉煌的成本。国家之根本，财政与军队，在此朝中央与地方两分，完全失衡。那么，面对现代化的挑战，以及民族矛盾的压力，应对之策，则又徒添困境。若究辛亥革命之原因，则必须回溯至此，方可洞悉其源。

那么，知此格局，不免疑问，这一国家危机，真可由爱新觉罗一个家族来承担，并将国家顺利地导引至现代社会？

权人慈禧

面对太平天国与英法联军两场战争的咸丰皇帝，内心会有什么样的念头？自然，这非正史所可载内容。费行简在《慈禧传信录》里所录一段，看起来，还是可信。咸丰曾对他的老师杜受田的儿子杜翰感叹：

> 天启（明熹宗朱由校年号）当亡国而弗亡，崇祯不当亡而亡。今豫南北皆残破，贼已渡河，明代事行见矣。设在不幸，朕亦如崇祯不当亡而亡耳。

按此记录，咸丰自认自己这朝，虽不应当亡国，而必定会亡国了。确实悲感。也因此压力，咸丰在野史作者的观察里，“咸丰季节，天下糜烂，几于不可收拾，故文宗（咸丰）以醇酒妇人自戕。”据说，咸丰每饮必醉，醉则大怒。同时，私生活也开始放荡。清廷为了保持血统的纯粹，制定宫内不许有汉女——这一规定被咸丰所破，许指严《十一野闻》记录：咸丰所喜汉女中，以“四春”最为著名，即牡丹春、海棠春、杏花春、陀罗春。但是，与此四春并列的满族姑娘则是：天地一家春。而这“天地一家春”，即为慈禧。

在咸丰眼里，或许慈禧以美艳而宠。以美艳名世，这是她所期待的自己的人生吗？在她 26 岁的时候，咸丰去世了。答案迅速揭晓，她更热爱权力。

清一朝至咸丰年间，其危势，确实亡国边缘，汉人曾国藩和他的湘军拯救了王朝。按功行赏，这是定例。清王朝为着统治，在关键权力岗位上，尤其是总督与巡抚这样的疆吏位置，一般以汉满两族平分其位置。清一朝整体而言，57% 的总督和 48.4% 的巡抚为满族人，相对应，则 43% 的总督与 51.6% 的巡抚是汉人，基本平均。但曾国藩平定太平天国之后，情势变化，以咸丰临政而开始的 1851 年至 1911 年——整个晚清，65.4% 的总督与 77.8% 的巡抚都是汉人。关键岗位上的汉族官员，人数已相当占强。这自是另种矛盾，稍后当引发严重局面。

太平天国、捻军以及云南、西北的回民等全国性与局部性变乱，在晚清历经二十八年（1850—1877年），有估计1851年至1865年，中国人口之死于战乱者，至少为2000万或5000万。官方统计，1851年江苏人口约为4430万，浙江约为3000万；而及至1874年，江苏约为2000万不足，浙江约为1100万不足。而这一统计如凿实，则仅两省就减少4000万人……战争当然祸国祸民，只是相对冷酷而以治乱的王朝轮回观视之，清历经咸丰一朝而未亡，当或进入治世才对。土地与人口之剧烈冲突性关系，相信此际已相对缓和；民众的民族仇恨情绪，开始让位于权力集团的满汉对立。

慈禧能带领这个国家，迎接挑战，进入现代社会吗？这个问题，其实辛亥革命已经给出答案，无法假装不知而重新设问。所以，真实的问题则是，究竟慈禧是延缓了清朝的覆亡，还是加速了它的覆亡？

阅读慈禧，是一个情感复杂的过程。慈禧当权初期，相助最力的当为恭亲王奕訢。作为议政王，首席军机大臣——此前清廷规定皇族不可进入军机处，至奕訢而变，可见他权势之炽——奕訢自然不免骄横。平定太平天国第二年，慈禧决定惩罚他，招来各色权臣，要给恭亲王订定收受贿赂、任人唯亲、窃取权力、组党结派和专横跋扈等罪名。然而，这些官员不敢卷入在他们看来主要是皇叔嫂之间的家庭纠纷之中，便请求两位皇太后自行决断。于是，愤怒的慈禧亲自起草了一道懿旨，解除了恭亲王所有的职务。历史学家也不免八卦，多数述此事件，会补充写道："这条懿旨以错别字连篇而著称。"稍后，在其他皇族的请求下，加之恭亲王也来忏悔，慈禧恢复了奕訢大部分职务，但"议政王"之衔，再未授予。所以，清朝早期的摄政王多尔衮的故事，慈禧时代，在奕訢身上不可能发生。

一般史论清朝自1861开始的"同治中兴"，以及由此延续至1895年的自强运动，主要是恭亲王奕訢与李鸿章的贡献，但是，如果我们由那条错别字连篇的懿旨来看，能控制奕訢的是慈禧，如果失去她的支持，如何中兴与自强？

嗜权的基础是有驾驭属臣之能力，显然，如果真的失去奕訢，相信慈禧自己运转朝廷断无可能。奕訢如此显赫，弟弟奕譞未必能够一直心如止水。对于主持对外的恭亲王奕訢，身为醇亲王的奕譞不满而直言："办夷务之臣即秉政大臣，诸事有可无否所致。……常有万不可行之事，诸臣先向夷人商妥，然后请旨集议，朝廷势不得不允。此等跋扈情形，实盛世不宜有者。"奕譞情绪，颇为激烈，"欲尽君臣大义，有伤兄弟私情，欲循兄弟私情，又昧君臣大义。"制衡奕訢之力，慈禧找到了奕譞。后来种种姻缘结合，奕譞似乎尽占其利。但现实权柄，奕譞于1889年出来管理海军，甚至还挪用海军军费来逢迎慈禧，但发现与皇嫂慈禧共事，远不及想象的容易，未及一年，忧愤成疾而逝。

所以，权力逻辑才是能够理解并解释慈禧的方法论，失败的"百日维新"后来酿成大祸，使慈禧再次西去避难的"义和团运动"，细究起来，无不有慈禧感受权力受到侵占，即将丧失的危险，而作出的激烈反应。这真是悲哀之局，嗜权而有卓越驭人之术的慈禧，为能恃权而间接使清朝维系四十八年而不坠；但是，除了权力，慈禧眼里并无国家，更无世界。

妇人慈禧为什么竟能在权力巅峰稳居达四十八年？徐中约的结论是："答案可能部分地在于她炉火纯青的权术伎俩。"但是，制度性的皇权保障已由雍正皇帝创造出来，而那个时代，各种压力并至的年代，正是需要一位伟大的帝王来带领中国进入现代社会。可惜，最需要的时候，只有权人慈禧，却没有强人皇帝。这当然是爱新觉罗家族的悲剧，又何尝不是中国的悲剧。只是，历史的逻辑向来无情，大浪淘沙，才会见千古英雄。

清亡时刻

慈禧最后时刻的权力制衡安排，对于载沣与隆裕，实算公平。如果载沣强大，则有机会成为多尔衮那样一朝之顶峰摄政王，即使不济，也可如恭亲王奕䜣一般，成为一代权臣；反之，隆裕如果聪明坚韧，慈禧即为她的榜样。

只是，末世尽出不肖子孙。

载沣一上任即任命自己的弟弟载洵为筹办海军大臣，另一个弟弟管理军咨处。肥水不流外人田。而由曾国藩平定太平天国而形成的满汉权力集团冲突，也终于让载沣引爆。1911 年春，辛亥革命爆发前夕，清政府颁布新内阁官制，设立新内阁：十三个大臣之中，汉人仅有四个，满人得了八个（其中皇族占了五个），蒙古旗人一个。如此安排，一时舆论大哗，“皇族内阁”如何可能拯救清廷于万一？作为一种标志，“皇族内阁”的出现，意味着清廷已到完结的临界点。细研载沣摄政三年作为，唯一称得上果敢的只有一件，即将袁世凯开缺。但是，即使这件事，原本载沣的初衷，却是希望将袁世凯处决。后来，载沣最为后悔的就是这件事。因为，袁世凯窃走了他们的大清国。

甚至，作为父亲，载沣未能得到儿子溥仪的敬重——《我的前半生》里，溥仪对父亲载沣之不屑，甚至无法掩饰；作为丈夫，载沣亦未能得到妻子的认可，据说载沣辞去摄政王回家，很轻松，说现在可以在家抱孩子了，他的福晋（妻子）痛哭不已。

1911 年 12 月 6 日，载沣向隆裕缴还监国摄政王之印，奏请退位。制衡的权力结构，一方退出，绝对的机会。没有任何犹豫，当天隆裕即下懿旨同意。清廷权力，又进入皇太后弄权时刻？当然。但是也仅仅两个月时间，隆裕携小皇帝溥仪，将国家权力拱手让给袁世凯。清亡之责，隆裕能脱其咎？野史所记，之后，她终日以泪洗面。国由她亡。

退位后一年，隆裕辞世。弥留之际，对过去的军机大臣世续说：“孤儿寡母，千古伤心。睹宫宇之荒凉，不知魂归何所！”

康有为　王朝权力的结构崩裂

所谓国家变法，令莫不出自中央。康有为真实的挑战在于，他的那个中央（朝廷），是慈禧的中央，还是光绪的中央？

> （光绪二十五年）十二月十二日诣《昌言报》馆。枚叔（章太炎）、浩吾（叶瀚）咸在。问傅相（李鸿章）作何语？傅相自云：奉懿旨捕康、梁。且曰：如获此二人功劳甚大，过于平发、捻矣，吾当晋爵。语毕大笑。傅相询余是否康党。余答曰：是康党。相曰：不畏捕否？曰：不畏。中堂擒康党，先执余可也。相曰：吾安能执汝，吾亦康党也。……枚叔等闻皆大笑曰：奇事，康以六品官，而宰相为之党，未之前闻。比召对，太后以弹章示之曰：有人谗尔为康党。合肥曰：臣实是康党，废立之事，臣不与闻，六部诚可废，若旧法能富强，中国之强久矣，何待今日？主张变法者即指为康党，臣无可逃，实是康党。太后默然。（孙宝瑄《日益斋日记》）

李鸿章自称“康党”，这当然有趣。可是，康有为会认吗？

李鸿章辞世当年，梁启超写了一本《李鸿章传》，对甲午战争的失败，尤其是李鸿章的责任提供了公允之论：“西报有论者曰：日本非与中国战，实与李鸿章一人战耳。其言虽稍过，然亦近之。不见乎各省大吏，徒知画疆自守，视此事若专为直隶满洲之私事者然，其有筹一饷出一旅以相急难者乎？即有之，亦空言而已。乃至最可笑者，刘公岛降舰之役，当事者致书日军，求放还广丙一舰，书中谓此舰系属广东，此次战役，与广东无涉云云。各国闻者，莫不笑之。而不知此语实代表各省疆臣之思想也。若是乎，日本果真与李鸿章一人战也。以一人而战一国，合肥合肥，虽败亦豪哉！”

清朝三十年的自强运动，自甲午一役，宣告失败。失败的原因，梁启超虽解释为“以一人而战一国”，但却深刻地揭示了自强运动的结构性矛盾。

晚清历史，起伏跌宕，若只是细看某一事件，比如甲午失败、维新失败，以至辛亥何以“革命”？并不容易获取认识。因此，拉开足够的时空，才是建立识见之道。

自强运动的标志，是1861年3月清朝建立总理衙门——外国人将其称为外交部，但在清朝政府结构里，却是更像是军机处的一个下属机构，而且是临时性衙门。随着清朝对外关系事务增多，总理衙门实质性的权力逐渐增大，它不仅办理外交事务，还开展一些现代化项目。比如提倡新式学堂、西洋科学、工业和交通种种，正因为如此，它受到两头的夹攻，在经常遭受到一些死硬的守旧派的挟击的同时，外国人也时常批评它步伐不够迅速。

主导成立总理衙门的恭亲王奕訢最先意识到的正是守旧派的批评，在制度设计上，又在总理衙门之下成立“北洋大臣”与“南洋大臣”两职——将由中央处理的外交事务，分任为“北洋”“南洋”处理，貌似外交事务仍一秉传统，是地方事务。这一设计看起来很成功，1870年李鸿章获任北洋大臣，此后二十五年里，他的天津衙门实际上成了中国的外交部。

恭亲王奕訢的设计，在清朝处理外部事务上，很巧妙也很无奈地找到了一个最佳的平衡点，但不是没有代价。这种设计一方面能够满足“拼命做官”的李鸿章的人生理想，另一方面则更强化了外交事务被守旧人士攻击的机会，只是攻击目标由“中央”转向“地方”而已。这种攻击更深刻的因素则是，自平乱太平天国始，曾国藩、左宗棠以及李鸿章等汉人疆臣的崛起，清朝的中央与地方关系，地方越来越重，权力越来越大。而总理衙门之下的北南洋，不仅延续了这种失衡的结构，而且制度化了。对于清朝而言，这当然是危险。

如此一来，形成死结。历史学家石泉对此问题的认识，极具洞见，在《甲午战争前后之晚清政局》里，他描述这种两难：“纯就自强而论，当时情势，苟真欲合全国之力，以大有为，则仍不得不赖中枢之统筹。然姑无论满清统治者是否能有此认识，即令有之，其自身亦未能有充分之人才、实力，以发之自上。则势必依恃汉人实力派之先觉如李鸿章等，始克有济。而李鸿章等又决不可能进入满清统治集团之核心中，以相与统筹全局，合作无间者也。反之，苟因自强工作之推进，而使淮军或某一系汉人势力因而独盛，则自当时满清统治集团之立场而言，其威胁固不下于外患，甚且过之也。”

内患甚至高过外患。如此，既要使用先进人士如李鸿章，又要防止其做大，这是晚清统治者的现实。换一种描述，自强运动的后期，如何“再造中央”则为清朝核心的国家议题。看起来，能够让人有想象力的机会，是光绪亲政。让这个皇帝像个真正的皇帝，恢复祖上之光荣，这至少是光绪的师傅翁同龢的梦想。

甲午战争，翁同龢及其势力日渐庞大的“清流”一意主战。从事后的中日双方实力与条件分析来看，不谙“洋务”的翁师傅，主战意识确有误国的一面，三十年自强运动也就因此失败而一夕断送。但如果从“再造中央”恢复中央权力垄断的思路上看，历史学家郭廷以亦有洞见：“光绪颇欲振作，他的师傅翁同龢亦望一战而胜，树立光绪的威权，摆脱慈禧的控制。”这场战争对光绪很重要，既是摆脱慈禧控制，又是中央建立威权的机会。只是，光绪所用非才，“主战者，为仅能作空论的幻想派”。历史的错位，亦足叹惜。

甲午战争失败，清朝的现代化运动进入新的范式转换，在种种限制条件下，谁能够领导这个国家前进？历史已经过去，结果当然明确。1895 年，康有为与孙中山均露头角。

老派历史学家比如郭廷以、李剑农对历史的观察与思考没有后来者那些断代概念的约束，更具连续性，亦更近历史本相。在 1946 年出版的《中国近百年政治史》里，李剑农将后世标准称谓的“自强运动”称为“西法模仿时代”——似乎更准确；而之后由甲午战争到辛亥革命，则统称为“维新运动”，这一运动的领导人物，“孙中山与康有为”。李剑农分析两个人的不同：“出身务农家庭的孙中山在十一二岁时便表现一种自然活泼的思想，不以做洪秀全第二为污辱。孙幼年所受是西式教育，以科学为基础，对于西方文化的观感是直接的，所以他的思想不涉于玄想。初闻其议论的人仿佛觉得谬妄胆大，然实际很切于事情；出身读书人家的康有为在成童时，便套入理学圈子里去，口口声声要做圣人。康所受教育，是东方的旧式教育，以玄学为基础，对于西方文化的感受是间接的，所以他的思想，总免不了玄杳空洞。初听，觉得新颖，但实际上终不能脱去旧圈套。”

这两个人后来如此深刻地影响了中国的命运，所以，如果失去综合的连续性的观察，失去对他们面对同样的制度与环境不同选择的思考，很难说能够理解那段历史。在相当的意义上，康有为与孙中山不同道路的选择，亦是中国人寻找国家生存与发展之路的不同方向。够戏剧的是，他们如此不同，却又一先一后进入历史的核心。

为什么是康有为而不是孙中山先闻著于世呢？李剑农解释说：“中国政治向来是奉圣经为准衡的，故六经就是中国的宪法。康有为的政治思想，也是由六经里面紬绎出来的，他所以能做维新运动的领导者，造成一时的大风潮，也是因为他对于六经做了一番维新革命的工作。他的弟子梁启超说：‘今日中国闻立宪共和之论而却走者尚占大多数，不引征先圣最有力之学说以为奥援，安能树一壁垒，与二千年之劲敌抗耶。’”

只是，获得进入庙堂机会的康有为，身份将由思想家而迅速转变成政治家，所以我们得以政治行为来观察他的进退选择。清朝那些内忧外患以及结构性矛盾，等待他去破解。

康有为 1895 年考取进士，三年后，完全是由于他不断上书影响光绪皇帝而带来的声名，总理衙门召见他，问计清廷改革。这个时候，清朝面临的外部环境与康有为“公车上书”期间判然有别。甲午战争结束，日本与俄国在远东的争夺越来越剧烈；刚刚跟日本打完仗的清廷，为抗日本，派出李鸿章出使俄国，并签订共同对付日本的《中俄密约》。因此背景，日本朝野上下为对抗俄国，有意与清朝修好关系。俄日两国刚刚安定，1897 年德国又借口山东教案派军舰占领胶澳；与清朝有密约的俄国，不仅不帮助清廷，反而派出舰队进入旅顺口；而英、法亦有行动——列强扩张，是激发清廷改革最重要的力量，也是康有为得以崛起的关键。

比较之下，此时日本的对华政策显得相对温和。茅海建分析：“清朝内部从甲午战争时期出现的极度仇日由此发生了变动，相当多的重要人士表现出亲日甚至联日的倾向，其中有光绪帝、张荫桓、张之洞、刘坤一、陈宝箴……李鸿章出访后制定的清朝‘联俄拒日’的外交方针，已经动荡崩析。”康有为当然也在这一潮流里，在保国会《演说辞》中，康有为说：“考日本昔为英、美所凌，其弱与我同，今何以能取我台湾，灭琉球而制朝鲜，得我偿款二万万？”以日为师，以日本维新为样板改革中国，是康有为的核心主张。

舆论运动当然能影响一时，但真正改革需要有权才能实施。所以，康有为的权力之路，才是我们理解戊戌变法的重点所在。中国政治之传统，不脱人事与制度两端，而且先人事后制度。我们需在“人事”之中理解康有为的政治行为及其结果。

与传统中国官员凭同乡、同学、同年（进士）而形成权力资源网络，在熬年资的过程中借此网络而获得晋升机会稍异，康有为创造出一种自壮势力、另造权力体系的方式。1895 年，康有为考取进士的当年七月，他与杨锐、陈炽、袁世凯等发起成立“强学会”——这一组织最初宣称的工作是“编刊、译书”，但它随后的演变就不再如此单纯。李鸿章迅速提出有意捐两千两作为“会费”，要求加入此会。历史学家林文仁分析：“其时之合肥，正值告别北洋，留京办事之宦途最低潮，韬光养晦之余，其敏感之政治神经，毕竟关注着所有与朝局发展相干系之动向。其时一阵变法浪潮，合肥焉看不出此中之政治可能性？一旦此条人脉打通，至少不致在可能之新局面中，更加边缘化。”但是康有为与强学会拒绝了李鸿章。如果说李鸿章已经边缘，弃之虽可惜，食之却无味，放弃亦无妨，但另位显赫人物张之洞，最后也被康有为放弃。当时张之洞署理两江总督，康有为找到他游说开办“强学会”，张提出条件让康放弃“孔子改制”之论便可，结果康拒绝。

排斥李鸿章，拒绝张之洞，强学会由此颇见其派系色彩。强学会随后受杨崇伊弹劾而被撤销，之后，康有为又成立“粤学会”，以广东同乡在京者为主，同时向京官所集之各会馆进行串联；同时还创立“经济学会”，这是为着照顾高层人脉经营。康有为以接近传统的人脉组织方式经营自己的势力网络，同时却又对诸如李鸿章、张之洞等重量级人员予拒绝，另开局面的企图明显。此后，在戊戌变法期间，康有为提出“制度局”设计，后来演化成“懋勤殿”，亦秉持同一思路。传统的人事关系，亦即代际传承，眼见中断。

政治是一个充满妥协，并且连续性的过程。康有为的崛起，使这个连续性本身有了疑问。

就直接服务清朝而言，康有为声名达至顶点，是戊戌年四月光绪皇帝的接见。当时光绪住在颐和园，康有为必须晚上在颐和园附近住一宿才不会误了第二天的接见。张荫桓为康提供了住所，在张的日记里记录：“傅相（李鸿章）有明日诣谢太后之事，冒雨回园，索留行厨。余遂留待一宿。傅相、长素（康有为）、菊生共晚饭毕，劝以早睡。”当时李鸿章已是日薄西山，而供职总理衙门权柄甚重的张荫桓都“冒雨回园”安排李鸿章之事，比较之下看康有为曾经的拒绝，康确实特立独行之人。

在光绪接见那天，康有为在颐和园碰见了荣禄，荣禄问康有为对时局“有补救之术否”？清人苏继祖在《清廷戊戌朝变记》里记录：“康以非变法不可对。荣相曰：‘固知法当变也，但一二百年之成法，一旦能遽变乎？’康忿然曰：‘杀几个一品大员，法却变矣。’荣相怒其狂悖，已有必杀之心，即其请训出京时，暗请太后留神，敦请太后训政者，已伏八月初六之祸萌也。”荣禄是慈禧太后的人，这在当时十分分明，荣禄的询问无论虚应还是真诚，康有为以“杀人”相对，很难说不是挑衅，或者至少容易被对方如此理解。另外一位清人曹孟记录了这一对话之后的事，“……荣相唯唯，循序伏舞。因问皇上视康有为何如人？帝叹息以为能也。已而荣相赴颐和园谒皇太后，时李文忠（李鸿章）放居贤良祠，谢太后赏食物，同被叫入。荣相奏‘康有为乱法非制，皇上如过听，必害大事，奈何？’又顾文忠，谓‘鸿章多历事故，宜为皇太后言之。’文忠即叩头，称‘皇太后圣明。’太后复叹息，以为‘儿子大了，哪里认得娘，汝作总督，凭晓得的做罢。’荣相即退出。”

“敌人”已经很明确，康有为没有任何退缩，“杀一品大员”；而朋友呢？自强运动的领导人李鸿章已非选择，另一洋务运动的疆吏张之洞也已拒绝……比这一现实更糟糕的是，就在康有为等候接见住在颐和园附近的那晚，张荫桓告诉他：翁同龢被罢官。

翁同龢是光绪的师傅，他当然比任何人都希望光绪成为一代名君，此时他已成为清廷最重要权臣。但是，正当戊戌变法启动，光绪渴望凭此而建立功勋之际，却罢免了他。一般的分析认为，这是慈禧担心翁同龢做大而作出的决定，但此际光绪与翁同龢在变法的问题上，也渐不能相融。翁同龢日记很详细地记录了两次跟光绪的冲突：

> （四月初七）上命索康有为所进书，令再写一份递进。臣对：与康不往来。上问：何也？对以：此人居心叵测。曰：前此何以不说？对：臣近见其《孔子改制考》知之。
>
> （四月初八）上又问康书，臣对如昨。上发怒诘责，臣对传总署令进，上不允，必欲臣诣张荫桓传知，臣曰：张某日日进见，何不面谕，上仍不允。退乃传知张君，张正在园寓也。

林文仁分析这一君臣，又是学生与老师之间的冲突："一路检读翁氏日记，味君臣师生多年恩谊默契，到此一段，真令人为之深感沉痛。翁之积抑，由向守谨礼之'臣对'而失笔为'臣曰'，流露其时心绪之激荡。德宗隔一日提同一问，等于在给翁氏一夕深思后，盼彼有所修正，却换来更直接之摊牌，德宗终于抑不住激动，少有甚且仅有地对乃师提高分贝。其实德宗与翁氏之关系破裂，实已伏于此日。"

这段君臣不爽的对话后第三天，恭亲王奕訢去世，去世当日，恭王府派人将军机印钥送给翁同龢。依清朝规制，军机处铸有方形银印，印匣钥匙，由领枢大臣配带。恭亲王既逝，而礼亲王世铎又已卧病很久，此时将印钥交翁氏，亦形同转移军机处领导职权。此时的翁同龢，已达到从政生涯的最高峰……只是，半个月后，他被罢官。

翁罢官第二天，即他 69 岁的生日，而第三天，光绪接见康有为。在康有为的《我史》里，康叙述翁同龢相对恭谦，暗示是翁提携了他。相对于李鸿章张之洞，当时翁氏所拥有的权力，当然权倾一时。令人遗憾，也让人深觉意外的是，翁同龢与光绪的争执竟是为了康有为。徐中约对这段冲突的解释是："翁在将改革的领导权和皇上的恩宠输给康之后，也因为保守派指责他把康引见给皇帝而烦忧。因此，翁转而阻碍康的工作……（冲突事件后）翁和这位皇帝学生之间的那种长期信任和亲切的关系显然出现了紧张，皇帝变得能够接受黜退翁的提议了。"只是，翁的退出，能够平衡慈禧与光绪、改革激进派与守旧派之间最关键的力量，也因此消失了。政治传承的代际关系，至此完全崩裂。

晚清最重要的国家议题，再造中央，重树光绪威权。此际，只能够由康有为及其维新党独力担当了——他可能的同盟者已先后退出。而重树威权最隐秘，也最关键的慈禧与光绪二元权力结构的解决，同样也须由康有为面对。

或者光绪也竟是如此轻易驱逐同盟？如果将强学会一路而来的制度局、懋勤殿种种另造权力体系的康氏思路并入思考，可能另有理解。林文仁提供的解释是："德宗之策略，在求以变法彻底改变旧有权力结构，扭转长期被动之局。或许这已是在变法观闪现下，所能运用以一翻局面的惟一途径。"因此格局，解决晚清中央与地方结构性矛盾，以变法而求得进入现代化轨道的努力，至此，回到中国传统政治的旧窠：帝党与后党殊死权力之争。两个"中央"的权力争夺，成为核心议题。于是，一地鸡毛，无可避免。

结果很明确：光绪为此付出瀛台囚禁十年的代价，并终死于此。

戊戌变法失败后，"后党"代表、军机大臣刚毅说："改革者汉人之利也，而满人之害也。设吾有为，宁赠友邦，勿与家奴。"代际断裂的后果，巩固以一个以慈禧为主导者的“中央”，而满汉矛盾、中外矛盾日益突出。两年后，“庚子拳乱”爆发。

既然“宁赠友邦，勿与家奴”，与此对应，孙中山先生提出：“驱除鞑虏，恢复中华，创立民国，平均地权。”在康有为尝试在清朝内部自上而下地进行一场改革运动而未遂之后，历史的另一种选择，孙中山领导的自下而上的倾覆，势为必然。

戊戌变法与晚清政治生态

戊戌变法，百日维新的流产，是一个历史事件，它当然是关乎背叛与否的超级戏剧，但更是中国最复杂的权力结构冲突。家族逻辑与国家原则，谁能获胜？

逃亡，梁启超

逃亡，总是惊险并且传奇。戊戌政变后第四天，八月初十（阴历，1898年9月25日）。

> 下官（日本驻天津领事郑永昌）与另外两名日本人伴同梁启超，四人均换上猎装，于晚上9时左右从紫竹林悄悄地登上一艘中国船出发。不幸北洋大臣的小蒸汽快船快马号随后跟踪而来。是夜凌晨2时终于在新河附近被追上。快马号上乘坐清国的警部、持枪的士兵和其他二十多名中国人。他们声称下官之船中潜藏着清国罪犯康有为。下官再三辩解，拒绝搜查，但他们置之不理，强施暴力，用绳索将下官之船缠上，强行向天津方向拖去，大约逆行两町余（一町约合109米）。因下官斥其非法行为，双方展开辩论，又经过两个多小时，终于达成协议。清国警部及持枪士兵，以警护为由，转乘下官之船，一同下塘沽，至塘沽再作

解决。而快马号则向天津报告，撇下本官之船，先向塘沽急驶而去。翌日清晨7时，下官之船快到塘沽从帝国军舰大岛号旁边经过时，下官便挥舞帽子，求其出迎。军舰上的人遂将舰载快艇放下，准备迎接我们。清国警部与士兵见此情形便打算各自逃走。此时下官要求警部即按双方在新河附近的协议来展开充分的讨论，但警部回答称：已无谈判之必要。随即匆匆登上另一条船，仓皇离去。因此，下官不得已转乘到大岛舰的快艇上，与同行三人一同登上大岛舰上稍事休息。我们将梁启超留置在舰上，便和另外两名日本人同去塘沽车站。此时，可能是得到了快马号急报的缘故，直隶总督荣禄为捕获要犯，特派武毅军提督聂士成、亲兵总教习王得胜、天津县知县吕宗祥等三人率持枪士兵三十余名，于上午9时半即来到车站。岂料彼听到的是康有为已逃上大岛舰的消息，聂士成大失所望，不禁勃然大怒，执意主张去大岛舰上将要犯抓回。但王、吕二人则忠告聂士成不可如此，于是打消了抓人的念头。本官于下午3时与聂、王、吕同乘火车返回天津，回到领事馆后，立即另写函，照会海关道诘问为何清国官吏对日本领事采取此种无礼的举动，并要求对此事作出相当的处理，但海关道迄今仍未有任何答复。其后，清国搜捕犯人，日益严密，目前将梁启超转移到商船，极为危险，所以仍然将其留置在舰上。第二天，直隶总督更派招商局总办，会同新建陆军参谋长来到大岛舰，要求引渡要犯，舰长回答说舰内没有其欲捕犯人。他们离舰而去。(录自郑永昌致日本外务次官鸠山和夫密信)

显然，清朝官吏以为登上日本军舰的中国人是“国家通缉犯”康有为。在追缉与两次交涉未果之后，经过分析，当时袁世凯发给总理衙门的电报里认为：“该华人年约三十以内，似非康犯，或为康党。”

稍后，袁世凯终于确认登上日舰的可能是梁启超，“再三侦访，有谓并非康犯，疑系梁启超，已剃发改装，无从辨认”。

已在日舰藏匿的梁启超，基本上安全了。谁有权并决定救他的呢？

戊戌年八月初六日（9 月 21 日）早朝，慈禧太后与光绪帝共同见军机，宣布慈禧再度“训政”。史称“戊戌政变”，即以此日为时间节点。

这天下午 2 点左右，梁启超进入日本的公使馆，“他的颜色苍白，漂浮着悲壮之气。不能不看出事态之非常。”当时的日本代理公使林权助在其回忆录《我的七十年》里描述：“梁直截地说，请给我纸。他马上写出下面的文句：‘仆三日内即须赴市曹就死，愿有两事奉托。君若犹念兄弟之国，不忘旧交，许其一言。’……‘谭嗣同、杨锐、刘光第、林旭等志士，都被逮捕。其首领是康有为，想也快要被捕杀头！皇帝不用说已被幽闭。西太后一派为袁世凯和军机大臣荣禄。如果我也被捕，最迟三天内也将被杀。我的生命早就准备献给祖国，毫无可惜。请解皇帝之幽闭，使玉体安全，并救康有为氏。所说奉托之事，只此二端。’”

林权助允诺了这两件事。林权助又说：“你为什么要去死呢？好好想想，如果心意改变，什么时候都好到我的地方来。我救你啊！”但是，梁启超还是离开了。

这天晚上，离开了的梁启超又回来了。“公使馆门口骚闹着。我正奇怪的一刹那，梁启超飞快地跑了进来！”事情已无回转，林权助必须作出决定：救还是不救梁启梁。

作为日本的代理公使，在那个时代，林权助当然有能力救助梁启超，只是他有没有这个权力？是疑问。当时，在日本公使馆，还有一位日本人，下野的日本前首相伊藤博文。在梁启超下午来访后，林权助即向伊藤报告了此事此人，但却没有明说自己“救助”的许诺；梁启超晚上又回来了，问题不再可能延宕。林权助据实以告，伊藤很直接：“这是做了好事。救他吧！而且让他逃到日本去吧！到了日本，我帮助他。梁这青年对于中国是珍贵的灵魂啊。”

伊藤博文一言而定，梁启超剪掉辫子，在公使馆住宿一夜后，由日本领事郑永昌陪同乘火车去到天津，再后登上大岛舰。

伊藤博文访华

历史的意外，往往超过想象。在戊戌政变发生的前一天，即八月初五中午，光绪皇帝在西苑勤政殿接见了伊藤博文。伊藤访华，尤其是这次接见，在当时清廷的“政治生活”里是一件极其重大的事件。只是未料，两天之间，清朝政局反转倾覆。前一天还“亲切”接见外宾的光绪，此刻已失权柄。

为什么伊藤博文会恰逢其时在这个历史现场？按日本历史学家升味准之辅在其《日本政治史》里的解释：伊藤博文组阁由于权力分配无法平衡，政争不断，难以调停，于是组建新党，仍是失败，最后决定辞职。1898年6月30日，大隈内阁成立。伊藤下野。不再当国的伊藤决定到朝鲜与中国游历，这一决定于伊藤而言，并无特别深意，当时驻日的清朝公使裕庚电报总理衙门称：“此次系无聊，回同退者来家扰，藉少避。又查看中华情形，有无机括可乘，是其故技，非大举动。”而伊藤派人向中国公使说明他只是“自行游历”，只想与“王爷”“中堂（大学士)”进行非官方性质谈话，惟一的要求，“来京时求派员到车栈照料为叩”。

甲午战争之后，李鸿章与伊藤博文的马关谈判，伊藤强硬地宣称：“赔款让地，犹债也；债还清，两国自然和好”，“只有允与不允两句话而已”——相信让清廷无数官员记忆深刻，而那份《马关条约》亦引发了国内广泛抗议，其中传播最广的是“公车上书”。只是，战争过后四年，当年仇日情绪消退，尤其是高级别政治人物之间，亲日一派势力渐起并且足够壮大。这是个重要且复杂的背景。

伊藤博文来访，对当年“公车上书”的主导者康有为，尤其是一个重大机会，似乎一切也尽在掌握之中。在康有为等的鼓动下，光绪不仅同意接见伊藤，并将觐见地点定为西苑勤政殿。在清朝历史上，勤政殿的大门，这是第二次为外国人开放；上次则是接见德国亨利亲王。这是清一朝规格最高的接待。

这个机会，看上去将会很精彩。

伊藤博文将来中国访问的消息传来，颇为激荡中国官员的想象力：可否将他留下作为客卿？主持清朝改革——最早提出此议的是郑孝胥，在他的日记里记录说："南皮（张之洞）邀入谈，在抱冰堂……又劝俟伊藤博文来华，可荐为客卿。南皮震其论而不能用也。"之后，刑部主事洪汝冲、前军机章京松江知府濮子潼、工部郎中福润等不少官员上奏，明确主张留用伊藤博文。当时已失权职的李鸿章在给儿子的信中也称："内意竟欲留伊藤为参政。"由此可见，用伊藤博文作为顾问来主持清朝变法，是一时之论。

另一位与伊藤博文同列"客卿"人选的是英国传教士李提摩太。就在伊藤博文访华之际，李提摩太也到了北京，后来在其回忆录里，李提摩太解释他的此次北京之行，"就在这个时期，我到了北京。在夏天的时候，康有为和我商量过变法的计划，我曾建议既然伊藤博文那样成功地改变了日本，成了一个强国，那么最好的办法，是由中国政府请他做一个外国顾问。我后来被康有为请到北京去做皇帝的顾问……"有意思的是，李提摩太跟伊藤博文住在同一个旅馆，而且李提摩太跟伊藤的秘书主任津田先生"有过长时间的谈话"。两位外国人，都在等待光绪皇帝的一个决定。

政治游戏，除了超常的想象力，还要用倾力一搏的勇气。这个机会，果真只是伊藤博文与李提摩太的吗？其实，无论从哪个方面看，他们都是被动的。准确地看，这是康有为及其维新党获得改革主导权的一个副产品而已。稍前，七月底，康有为及其同党再次上奏请开"懋勤殿"——

主导改革的政治机构。谁能进入这一政治团队，鼓吹者当然希望的是康有为等维新派。伊藤博文的来访，在“懋勤殿”的操作里，有了极其精妙的政治运作空间。若有诸如伊藤这样国际著名的“客卿”进入“懋勤殿”这一政治机构，那么，从理论上讲，慈禧操纵光绪，这一有违国际政治通行规则的中国式政治模式，继续下去将十分困难，甚至就此中止。而“懋勤殿”里的中国改革家，诸如康有为等人，亦将因此获授大权。用“客卿”而获实权，这是这场政治游戏里最精彩的想象所在。

八月初五，光绪接见了伊藤博文。伊藤的随员记录：“(此时皇帝与庆亲王耳语多时）皇帝：贵国与我国同洲，相距较近。我中国近日当维新之时，贵爵曾手创大业，必知其中利弊，请为朕详晰言之，并望与总署王、大臣会晤时，将改革次序、方法告之。伊：敬遵谕旨。他日如承王、大臣下问，当竭其所知以告。”深入研究这一过程的历史学家茅海建分析：如果说光绪帝接见没有国书且非政府官员的伊藤博文，在当时已属异常事件；那么，光绪帝在接见中的言论，更属异常——光绪甚至提出通过总理衙门与伊藤建立一种政治咨询关系。而之前，清朝皇帝接见外宾，所有问答都是事先拟稿，客套与礼貌而已，从不涉及政治性议题。

只是，这种进步对当时渴望利用这一机会——挟“客卿”而扼慈禧的维新党人而言，近乎失败。光绪没有提懋勤殿，更没有对聘用顾问作任何表示。而且，更大的失败接踵而来。

所有的政治游戏都是有对手的。光绪以及维新党人的失败，甚至非常简单，在接见伊藤博文的前一天，慈禧从颐和园回到宫里，她见了光绪……逃亡，在接见完伊藤博文之后的第二天，就成了梁启超的命运。

那么，康有为呢？这个时候，他在哪里？

康有为上场

即使一百多年后，康有为予中国人一般标签式的印象仍是：公车上书。甲午战争失败后，康有为领导一千多名“公车（进京应试举人）”，上书反对李鸿章谈判并签署《马关条约》，由此名动一时，并影响至今。将此视为康有为“入世”之举，并无不妥。

历史研究的核心价值，即为求真。那一时刻的历史现场究竟如何？历史学家茅海建在其《从甲午到戊戌——康有为〈我史〉鉴注》里，仔细查阅清军机处相关档册统计：“各省公车单独或联名上书为31次，加入人数为1555人次；公车参加官员领衔的上书为7次，加入人数为135次。”显然，“公车上书”非康有为所特有。在这番更深入的史实探究里，茅海建发现：这一时期，众多公车上书，多以通过同乡、亲属、旧友等关系而集会具稿、联名上书；像康有为这样联络各省公车联名的，只此一例，但恰恰这次“公车上书”没有递呈朝廷。稍后，康有为将其这一长达一万多字的上书在上海刊行，所题名举人只有602名，并非康有为宣称并被历史教科书所记载的一千二百余人。更有趣的是，另一位历史学家姜鸣甚至翻出了当年《申报》的《公车上书记》一书的销售广告，初版，“每部实洋两角”；两个月之后减价，“每大本洋四分，每小本洋二分”。

康有为作伪。据此得此结论，当然不错。如果深入思索为什么康之作伪，竟可流传至今？求真之后，进入求识，会有什么结论？或者，中国政治运作的范式，经康有为一代发生更替，当是解释这一谬误流传至今的方法论。据说康有为《公车上书记》刊行后，使康的名气一振，于是，康有为决定在上海再次刊行他的上书稿《南海先生四上书记》。很偶然，康有为因应了现代传播介质的中国兴起——书籍、报纸成为新型政治工具。之后，梁启超更熟练地运用起这一工具，“文人论政”的中国报纸传统，肇始于此。这也是在众多公车上书中，惟独这份没有送达朝廷，而出版发行的康氏上书之所以爆得大名的缘由。刊行《公车上书记》的成功，当然需要复制，考试完毕，留在北京的康有为创办免费赠送的《万国公报》，系统传播他的政治思想，同时又有别种收获。一般而言，每科状元才是传统中国读书人为人所知的捷径，但康有为颠覆了这一规则，《万国公报》让他在官场知晓度上，迅速高开高走。

后世读史，若无通观，而论见识，谈何容易。如果单论康有为戊戌年间的行为逻辑，乖张之处，比比皆是，难以理解。但将康有为性格置之那个巨变的时代，他有意无意间与时代潮流的接轨，才是理解他的行为逻辑的关键。

"公车上书"那年，康有为因上书而速得大名之外，科举考试成绩也不错，以二甲四十八名取入。算得上双喜临门。但是，康有为不满意，他认为他应当得状元，在《我史》里，康有为写道："殿试徐寿蘅侍郎树铭本置第一，各阅卷大臣皆圈矣，惟李文田不圈，并加黄签焉，降至二甲四十八名。"为什么李文田如此为难，康有为解释说：光绪十四年（1888）进京应试时，按一般规矩他应去拜访考官许应骙、李文田，但康未去，结下恩怨。为什么不去？"吾谓彼若以吾为贤也，则彼可来先我，我布衣也，到京师不拜客多矣，何独怪我？"按此说法，康有为倒确实风骨卓然。只是，认真的后世研究者并不轻信。历史学家林文仁综合当年史料分析："但几乎就在彼对李、许大摆姿态的同时，也积极想走翁同龢的门路，被拒。由德宗亲政在即，权力结构行将调整之现实以观，与其云康氏有原则，不如说彼甚懂政治行情。"历史研究者当然也有刻薄的一面。林文仁还认真从阅卷程序分析：将康有为从状元拉下来，绝无可能，"实在很难不疑其矜夸务名，至少好说大话"。

这些分析，本之求真，当然可贵。而庸俗一点看传媒，戏剧性不正是其基本特征；在这点上，康有为的"粉饰"正具备媒体名人所有要素，所以他迅速获得大名。只是当时的官员，以及后来的研究者未必肯从这一立场来观察。

康有为未必只是走传媒一途的中国政治家，从广为人知，到真正获得权力，其道路无论在当时还是在现在，都远着呢。在真正的政治运行上，康有为同样出人意料，李剑农在其《中国近百年政治史》里概括说："在运动方法上，康是从上层社会着手。他知道在中国的政治组织上，君主专制主义已经发达到了极点，一切权都在皇帝手里。倘若皇帝不信服你，随你如何完美的主义，如何高强的本领，终归无所施其技；倘若皇帝信服了你，不知不觉作了你的傀儡，就可以为所欲为了。所以他向皇帝一次上书不达，就再次，由再次而三次，四次，至于七次，总要使皇帝赏识了他的议论，信服了他的主张，然后罢手。"

上书之道，倒不是康有为所独创，也算士人的通例，而康之所以有别他人，除了他有完整的一套改革思路之外，他的戏剧性仍是他人难及，李剑农举例：试看他上皇帝书里面的两句话，"窃以今之为治，当以开创之势治天下，不当以守成之势治天下。"这两句话便不是当时在位士大夫所敢说的。而后来康有为更有"求为长安布衣而不可得，及不忍见煤山前事"——以明亡之君崇祯比喻，如不改革，"求为长安布衣而不可得"，这真有些大逆的意味了。但光绪却对军机大臣说："康某何不顾生乃尔，竟敢以此言陈于朕前。"他理解这是因为康有为忠君，才有如此直言。公允而论，康有为改革之心实属可贵，而且难得，清朝此际也处在由自强而变法进入"改革深水区"，需有强力推进。只是，政治的结果，往往以成败而论。

康所主导的"公车上书"，于他而言，并没有拿到上海刊行完事，他之后又以之为底稿将其重新改写。茅海建研究分析："该上书删减了'公车上书'中拒和、迁都、再战的内容，也调整了其中改革的内容。其建策分三部分：其一为富国之法六项；其二为养民之法四项；其三为社会改革。"——以"为安危大计乞及时变法呈"为名的这次上书，在康有为自编的上书辑里称为“上清帝第三书”，这是相对完整的康有为的变法思想汇集。这份上书送达光绪，颇得赞赏，谕旨下发各省大吏讨论。刚中进士的康有为，终于脱颖而出。

康有为，戊戌年的主角，这个极具传奇色彩的政治人物，真正上场了。

慈禧与光绪

从上层着手，以上书专攻皇帝，自是伸张思想与主张的捷径。只是，康有为的时代，权力结构特殊，传统“皆决于上”的单极结构，此时却是二元——慈禧与光绪共治。

慈禧与光绪之间的权力安排，是理解那个时代的核心结构。

光绪二十年（1894）起，慈禧常住颐和园，而光绪则基本住在宫中。在《戊戌变法史事考》里，茅海建计算两地的距离及交通方法：“两者之间的地理距离在15公里以上。从当时的交通来看，光绪帝的行程是乘轿出神武门，经西安门出西直门，在倚虹堂少坐，然后乘轿由石路至颐和园东宫门。回程恰好相反。单程的时间约三个小时。慈禧太后则乘船从颐和园至广源闸码头，至万寿寺拈香，在御座房少坐进膳后，再乘船至倚虹堂少坐，乘轿入西直门、西安门，直抵西苑仪鸾殿。回程也恰好相反。其单程的时间约在五小时以上。”观察、理解并分析这一时期慈禧与光绪的二元权力运作，聪明的历史学家凭借的是如此这般的微观计算。

此刻，光绪皇帝固然“独立”，可以亲政，只是在君臣关系之下，还有“母子”关系，这个很有机巧。道光皇帝主政时，坚持每日早晨向母亲请安——皇帝如无重大事件每日早晨向母亲请安渐成皇家制度。而根据当时的礼仪，光绪见慈禧太后要下跪，慈禧每次来宫中或西苑，光绪都得跪接跪送。以戊戌年正月初一至七月二十八日的235天计算

（百日维新正在这一期间），光绪与慈禧同住一地时间超过三分之二，达到 160 天。从《清代起居注册》里搜索并计算出这些时间安排，茅海建得出的光绪与慈禧权力关系结构之一：事先请示制度——光绪无论是请安、侍早膳与晚膳，还是侍看戏，都是“孝道”之下柔性的政治活动与控制方式。

以这种柔性的事先请示制度对应，相对刚性的则“事后报告制度”——在政变之前，光绪单独出席“早朝”，有单独的朱批权、口谕权，并对谕旨的形成有相当大的处置权。但在事后，准确说来，就是在第二天，必须要向慈禧太后报告。这种结构关系，意味着，“光绪帝有处理权，慈禧太后有监督权”，茅海建概括而论，“光绪帝犹如在玻璃房子里办公，慈禧虽在远处，仍可以大体看个清楚。但是，再透明的玻璃房也会有一些暗角。”显然，这些暗角尤其是其间的运作，是再准确不过的观察二元权力关系后来崩破的关键。

传统中国政治中最重要的人事任免权，早在光绪十四年就作出规定：“简放各缺，拟请于召见时请旨后，由臣等照例缮写谕旨呈进。其简放大员及各项要差，拟请查照醇亲王条奏，由臣等请旨裁定后，皇上奏明皇太后，次日再降谕旨。满汉尚书、侍郎缺出，应升、应署，及各省藩、臬缺出，拟请暂照现章，由臣等开单进呈，恭候简用。”——很明确，人事任免尤其是重要官员，其最终决定权在慈禧。

戊戌变法，其关键当然是“百日维新”——四月二十三日，光绪根据慈禧的旨意，下达了明定国是的谕旨。在慈禧的同意之下，维新运动启动。光绪的老师翁同龢在日记里记录：“是日上奉慈谕，以前日御史杨深秀、学士徐致靖言国是未定，良是，今宜专讲西学，明白宣示等因，并御书某某应准入学，圣意坚定。”显然，没有慈禧的支持，维新运动未必能开展。而杨深秀与徐致靖的上奏，却是康有为代笔，所以说康有为开启了维新运动，并不错。

维新运动的展开，第一步骤是人事调整，翁同龢被罢，荣禄补大学士，刚毅升协办大学士，崇礼接刑部尚书——按一般观察，这都是太后的人马。人事上卡位，这是慈禧权力运作的核心。不惟如此，在下达明定国是谕旨后，再有谕旨强调："嗣后在廷臣工仰蒙慈禧皇太后赏项，及补授文武一品暨满汉侍郎，均著具折后恭诣皇太后前谢恩。各将军、都统、督、抚、提督等官亦著一体具折奏谢。"人事控制，这是慈禧的权力红线，不可触碰。

维新派的权力

康有为以二甲四十八名获取进士，在稍后的工作安排上，光绪皇帝将他圈为"分部学习"，进入工部。康有为称"授工部主事"，这也符合当时一般的说法。按清朝官员升迁基本惯例，在工部学习主事一段时间后，可由该部奏留，改为工部候补主事；再后升为主事。问题是，清廷的官员位置是固定的，走一个补一个，而排在康有为前面的"候补"太多，茅海建计算："康有为若依辈分补缺，以当时最快速度为计，至少也要十年，年龄将会至50岁；更有可能终生未能补上主事额缺，由此终老一生。"

即使真正成为"工部主事"，最快也要十年，这如何可行？康有为在其《我史》里记录："自知非吏才，不能供奔走……未能为五斗折腰，故不到署。"康有为放弃了这个需要熬年头才能获权力的位置。当时清廷候补官员太多，如此选择，也是常态，当政者并无责怪。

在启动维新运动之后，光绪召见了康有为，这是第一次也是康最后一次见到光绪皇帝。当然，这同样也是康有为获得权力的机会。

召见完毕，光绪发下谕旨："工部主事康有为，著在总理各国事务衙门章京上行走。"若以此际清廷的官员晋升方法与速度而论，总理衙门章京是最好的权力位置：这里的章京每两年褒奖二分之一，升迁较快，又有外放海关道等肥缺，差不多在京官群体被视为优差。总理衙门选人方法也是考试，由各部司官参加考试。所以，每次临考，各部院司官多托堂官送考，考中后，又多方设法快补。按此程序，康有为作为候补主事，分部仅三年，又未当差，未经考试与候补，也未经历“额外章京”的阶段，由皇帝直接任命为总理衙门章京，是很标准的破格了。虽然如此，但这一位置，按林文仁的分析，“章京毕竟只是‘司官’一级之差遣，且职权也不过文案传译，供行走大臣差用奔走之秘书。”如此位置，与康有为的理想而言，实在落差太大，梁启超记录当时维新一派对这一任命的基本态度：“总署行走，可笑之至。”

这样的落差，康有为自己提供的解释是，他在去见光绪皇帝时，碰见李鸿章，当李知道康有为仅获总理衙门章京，“对我叹惜，谓荣禄既在上前面劾我，又告刚毅上欲赏官勿予，当予微差以抑之。上问枢臣以位置吾时，廖仲山将欲言，请赏五品卿，而刚毅班在前，请令在总理衙门章京行走，盖欲以辱屈我也。”康的这一分析当然有道理，但回到光绪与慈禧的权力安排，如果给予康有为更高位置，比如总理衙门大臣之类，首先至少要三四品京卿，这则需要慈禧首肯才可，反而不利。总理衙门章京之位，是无奈权力结构下最好的安排。

当然，康有为与他的同党并不这么认为。在召见结束后，康有为即上奏“请御门誓众开制度局统筹大局折”。“制度局”，康天才般另造权力体系的设计。

历史学家徐中约统计百日维新：“清廷在教育、行政管理、工业和国际文化交流领域约40到55项变法法令颁布。”这样的速度当然很快，所以康有为的弟弟康广仁在维新期间，即批评康有为：“规模太广，志气太锐，包揽太多，同志太孤，举措太大，当此排者、忌者、挤者，盈衢塞巷，而上又无权，安能有成？”将其众多改革法令统而论之，其关键，历史学家郭廷以概括：“废八股为变法第一大事，开制度局关系变法的根本。”而正是这两项，与学而优则仕的读书人冲突，也与满朝官员冲突。

更具体分析这两项变法之策，在《派系分合与晚清政治》里，历史学家林文仁解析：“作为变法之‘参谋本部’的制度局，其承担统筹全局，改造制度法律重责之外，实等于创造一取代原有枢译二署，乃至内阁之新权力核心，透过其改定法律制度目标之实现，一一架空原有决策机制，达到权力重新分配之根本目的。另一方面，则釜底抽薪之计，即废八股取士之旧法，打击长期借此路径，凝聚官僚体系伦理，垄断意识形态定义权，以建构其合法地位之‘旧人’所坐拥之权力网络。”如此设计，当然具有战略性思维。

由此而观，有着领导改革清朝理想的康有为，如何可能在乎“总理衙门章京”那样一个小职位。问题是，此刻清廷的权力是二元结构，所以，茅海建分析：“当时高层政坛对康有为的用意看得十分清楚，进行了全面阻击。光绪帝尽管对康有为的建策有赞同之意，但对康党接二连三的提议，其处理方法仍是按旧制办理，即交总理衙门、军机处核议具奏，同时将康党的各种提议作为重要折件上送慈禧太后。”如此一来，维新运动形成了一种特别局面，康有为及其维新派的许多提议都被接受，“废八股”甚至都被采用，但在权力再造的“制度局”一项上，“惟此一条决不让步。军机处、总理衙门及其他高官们似乎同此一心，决不让康有为掌握实际的政治权力”。

若以现代化的中国进程角度观察，清朝此际已进入制度变更时期，而“废八股”与另起权力中心开设“制度局”，自是关键。在政治上，当然也路向正确；只是，从利益的角度——而这才是真正的政治运作实况，如何实施，技术上怎样破题才是决定性的。

天才者如康有为，有其长，能洞悉国家变革之根本与方向；也有其短，比如他那戏剧性的极其符合传播要素的性格，在二元权力结构下，未必见容于刻板僵硬的清朝官制，更未必在政治技术上能够妥帖操作。由此，冲突自是难免。只是，这番冲突，最终演变成“零和游戏”。悲剧。

冲 突

设制度局，康有为有两次上书，第一次在戊戌年的二月十九日；光绪召见后，第二次上书要求。这个时候，光绪皇帝询问总理衙门如何处理康有为第一份“正月制度局之折”？总理衙门的回复很直接，“似不必另开制度局，设待诏所。”对这一回应，光绪非常不满：“著该衙门另行妥议具奏。”以光绪谕旨论，对议复奏折如这般推倒重来，是惟一的一次。

皇上要办，下面属臣不乐意，怎么办？传统中国的权力运行已经成熟：拖！

康有为在《我史》里记载：军机大臣曰，“开制度局，是废我军机也，我宁忤旨而已，必不可开！”王文韶曰：“上意已定，必从康言。我全驳之，则明发上谕，我等无权矣，不如略敷衍之。”王、大臣皆悟，咸从王言，遂定议。所云誓群臣定国是一条，以为诏书两下，国是已久定，此条毋庸议。我所请群选天下通才二十人，置左右，议制度一条，乃改为选取翰詹科道十二人，轮日召见，备顾问，于是制度局一条了矣。……于是所议我折，似无一语驳者，似无一条不行者。上亦无以难之，虽奉旨允行，而此折又皆成虚文矣。大官了事，所谓才者如此。虽“轻舟已过万重山”，而恶我愈至，谤言益甚。

主要的权臣，对待君令，敷衍如此，改革局面进入胶着状态。

这个时候，礼部候补主事王照给光绪皇帝上了一道书，“书中言请皇上奉太后游日本，以知日本崛兴之由，然后将奉太后之意，以晓谕臣民，以变风气”。王照当然看出清朝政治的二元结构，并尝试着调和光绪母子，以破胶着格局。后来王照回忆说，“此照之意，欲和两宫，以名誉归太后，庶消变萌”。有意思的是，王照对变法与权力关系的认识，不同于当时断然对立的“维新”与“守旧”两派，在更具体的政治现实里，王照曾向康有为分析：“太后本好名之人，若皇上极力尊奉，善则归亲，家庭间虽有小小嫌隙，何至不可感化。”但是，这一选择被康有为拒绝。政治的残酷，参与的双方正如硬币之两面，败者常以胜者之恶名之，其实未必一定如此。后来，变法失败后，王照亦流亡日本，他更坚持曾经的判断：“自翁同龢黜后，大臣抗旨者，皆阴恃太后；然太后先年原喜变法，此时不得干政，激而阴结顽固诸老，实不过为权利之计耳。”按此逻辑，将变法之名让渡给慈禧，或许能破此僵局。

只是，这一设想，不见容于康有为，更不见容于反对派。

王照没有资格直接上书皇帝，需由礼部代奏，但这道充满调和意味的折奏，却被礼部压下十一天不送。王照当然急了，上书弹劾礼部堂官。人事本是政治的内容之一，人事纠缠却是多数政治冲突的关键，按王照后来的回忆，阻击他的并非礼部全部，只是许应骙，他的理由是，“请圣驾游外洋，安知非包藏祸心。臣等若冒然代奏，他日倘有意外，则王照之肉足食乎？”——许应骙的此论确定过于小人之心。光绪极端生气，回应这一说法：“朕心自有权衡，无庸该尚书等鳃鳃过虑。”生气之下，光绪将礼部怀塔布、许应骙……全部六位堂官一应免职。光绪的反弹，的确猛烈。许应骙一人作为，结果礼部全部担祸，而礼部尚书怀塔布，“到部时甚稀，在他处画稿而不阅稿。闻革职，出涕曰：‘我并未见人家折子说的什么话，跟他们一道革职，冤不冤？’”政治里的人事冲突，不会轻易结束，会有后戏。

这年的七月十九日，光绪罢免礼部六官，轰动一时，是维新期间最激烈的政治举动。但这一事件有一个更重要的细节：光绪没有就此次罢免，请示慈禧。

戊戌变法的举措里，有一个重要的措施即鼓励司员士民上书。颁布此令后，上书者并不多，这也正常，按官府的行为模式，即如官员王照的上书，尚且阻击，何况司员士民。但以阻挠上书而罢礼部六官之后，最明显的反应则是上书陡增。过去一个月仅有一件多上书，而仅七月十九日当天，即有十一人上书十三件。此后，数量更多。传统具备具折上书者是需要足够身份与资格的，而在这些正常上书之外，又陡增如此众多上书，过去的机构处理起来当然不及。在罢免礼部六官后，第二天，光绪下令将杨锐、刘光第、谭嗣同、林旭任命为军机章京，“参预新政事宜”。其主要工作即为处理司员士民的上书。

这四位新的军机章京，就戊戌变法而言，意味着什么？萧一山在其《清代通史》里判断：“新党始正式参与政事。”——而之前，虽然变法的所有政策，几乎出自维新派，但这一派却在政府机构里没有任何实际权力。就变法而言，光绪与慈禧二元结构权力，确实是掣肘变法的隐因所在。其实于光绪与慈禧两方而言，彼此都有先天不足，林文仁分析：“帝党无‘势’，后党无‘法’。”即无论维系朝廷运转，还是改革朝廷积弊，光绪没有人马，而慈禧没有合法性。那么，如果双方决裂，则需看“是在体制内角力，抑或行体制外之非常手段”。

与罢免礼部六官一样，这项新任命，同样也没有请示慈禧。因此事实，四位新人的晋局，在权力制衡的关系结构里，林文仁的分析是，“帝党终将权力之手，伸到后党的鼻尖”。

仅仅任命四位军机“秘书”，竟是将权力之手伸到对方鼻尖，有这么夸张吗？这得回到清一朝的权力制度。自雍正设立军机处开始，所有权力集中于皇帝，大臣的折奏，先由皇帝拆封，作出决定，然后军机大臣奉旨拟旨；但处理司员士民的上书，因为太多，所以变通成先由新进四章京提出意见、然后奏明，形成旨意，跟明朝“票拟”类似。虽然他们处理的是不算重要的文件，但由皇帝拿主意，或由属臣出主张，还是断然有别的。因此，在实际权力上，可以自己作出主张的军机新章京，当然要大过奉旨拟旨的军机大臣。按此安排，光绪与慈禧的权力关系，无论事先请示还是事后汇报，都有可能就此落空。

清廷权力制度出现了一个小缝隙，有见微知著者吗？

变 局

康有为很敏锐地看到了新进四章京的价值，他极其夸张地描述："于是军机大臣同于内阁，实伴食而已。"——也就是说，就权力实质而言，自己能够作出决定的四章京，未来的发展空间当然可能取代级别远高过他们的军机大臣。而军机大臣，最终落得"伴食"，亦有可能。不过，康此言仍一秉其"戏剧性"常态，将未来的可能移至现实。

在制度局没有任何实际进展之下，有了这一未来可能的权力空间的鼓舞，康有为及其维新派此时提出重开"懋勤殿"。梁启超定义："选集通国英才数十人，并延聘东西各政治专家，共议制度，将一切应兴应革之事，全盘筹算，定一详细规则，然后施行。"——延续"制度局"的思路，增加"延聘东西各政治专家"，以新名目再造权力体系。日本的伊藤博文与英国的李提摩太，正好分属东西政治专家，在此议之下，他们恰逢其时来到北京。

"懋勤殿"，动作不小，光绪虽然很赞同，却需要请示慈禧，不敢擅权独断。七月二十九日，光绪去到颐和园，向慈禧请示。此时，慈禧已弄权三十八年，何等精通权术之人，她当然一眼看通"懋勤殿"之本义，茅海建在其《戊戌变法史事考》里分析此次见面："当光绪帝将开懋勤殿一事直接向慈禧太后提出时，对权力十分敏感且权术十二分精深的慈禧当然知道此事会导致什么样的最后结局。康有为及其党人提出的议政机构的基本特征是，人员不受品秩的限制，设于宫中直接对皇帝负责，表面上为政治咨询机构，实际上将是政治决策机构。原有的负责咨询和议政功能的军机处和总理衙门等机构，将会变成单纯的执行机构。这是对现存政治体制的挑战，是对她本人权力的挑战。若同意开懋勤殿，将对其与光绪帝之间的政治权力关系进行大修改，而且会是实质性修改。也就是说，光绪帝十天前‘擅自’罢免礼部六堂，是对其权力的否定，光绪帝此时提出开懋勤殿，将动摇她的权力基础。从她的角度来看，光绪帝已是两次发动‘政变’。”

维新运动，自此急转直下。第二天，光绪给杨锐的密诏很清晰地表达了他的处境：

> 近来朕仰窥皇太后圣意，不愿将法尽废，并不欲将此辈老谬昏庸之大臣罢黜，而用通达英勇之人，令其议政（即设懋勤殿），以为恐失人心。虽经朕累次降旨整饬，而并且有随时几谏之事，但圣意坚定，终恐无济于事。即如十九日之朱谕（即罢礼部六官），皇太后已以为过重，故不得不徐图之，经近来之实在为难之情形也。朕亦岂不知中国积弱不振至于阽危，皆由此辈所误，但必欲朕一旦痛切降旨，将旧法尽变，而尽黜此辈昏庸之人，则朕之权力实有未足。果使如此，则朕位且不能保，何况其他？今朕问汝，可有良策俾旧法可以全变，将老谬昏庸之大臣尽行罢黜，而登进通达英勇之人，令其议政，使中国转危为安，化弱为强，而又不致有拂圣意。尔其与林旭、刘光第、谭嗣同及诸同志等妥速筹商，密缮封奏，由军机大臣代递，候朕熟思，再行办理。朕实不胜十分焦急翘盼之至。特谕。

杨锐是后来被慈禧下令处死的“戊戌六君子”之一，他儿子藏好了这道密诏，慈禧死后，宣统二年他将其呈缴都察院，才终让世人知晓光绪那天见慈禧，大体是什么样的情形。——茅海建分析说：“根据上述密诏的提示，可以想象七月二十九日光绪帝与慈禧太后争论的场景，并可得出三点结论：一、光绪帝向慈禧太后提出了建立议政机构的意见，也可能提出了由康有为及其党人参加或主持此议政机构的意见，慈禧太后则提出了对罢免礼部六堂官的指责；二、光绪帝的政治权力对建立议政机构、重用康有为及其党人以及罢免大臣，‘实有未足’，该项政治权力属于慈禧太后；三、慈禧太后警告光绪帝，若有越出权限，其皇位‘不能保’。”

在此等情形之下，伊藤博文与李提摩太，当然不会有中国政治顾问的位置给予了。

由此看来，罢免礼部六官的反弹十分强劲。人事变动，尤其是这种异常的变动，提供的可操作的政治空间，以后世读史者观察，匪夷所思。从怀塔布的角度看，他当然有些委屈。《清代通史》记录当时：当皇上之改革也，满洲大臣及内务府诸人，多跪请于西后，乞其禁止皇上，西后笑而不言。有涕泣固请者，西笑且骂曰：“汝管此闲事何为乎？岂我之见犹不及汝耶？”怀塔布的妻子当然也是这群涕泣中的一个。《清代通史》记：“怀塔布之妻素侍太后宴游，乃哭诉于慈禧，谓且尽除满人，后因不善帝之所为，久有废立意。”

当然，失官的怀塔布也没闲着。清人苏继祖在其《戊戌朝变记》里记录：“怀尚书守旧之无能者也，此番因人受累，深蒙太后怜之，召赴颐和园详询本末，令其暂且忍耐，而怀急欲作官，复有天津之行。”赴天津，怀塔布是去寻求荣禄的帮助。这当然是受委屈者的自然举动。但是，这一变故对御史杨崇伊而言，则是另番机会。他也去天津找荣禄，清人笔记对此记载颇多，指向明确：杨崇伊纠合数人请太后再亲政。杨崇伊的儿子娶了李鸿章的孙女（李经方之女），所以杨李是故交。但在这件事上，盛宣怀档案中《虎坊摭闻》称：“闻杨崇伊纠众奏请太后亲政，以疏示李鸿章，李不肯签名。杨遂赴津，谋于荣禄。此亦七月事。”

风暴骤起，变局在即。

八月初三

杨崇伊之奏“吁恳皇太后即日训政折”八月初三送到慈禧处。相关档案表明：这道折奏在军机处《随手档》、《早事档》里均无记载，“可知杨崇伊此次上奏未经奏事处，而是呈送慈禧太后，代递者很可能是庆亲王奕劻。”

这一天表面上看似乎还平静，稍有变动的是，军机处在给慈禧的奏片里称：“……均签拟办法，恭呈慈览，俟发下后，再行办理。”也即此后谕旨在下发前，要经过慈禧太后，原来的事后报告制度，变成了事前请示制度。这显然是针对权力逸出传统的，处理司员士民上书军机四章京的权力监控。除此之外，颐和园里的慈禧与光绪，一派祥和。

慈禧是戏迷，这天的内务府升平署演出的戏目是《丹桂飘香》、《昭代萧韶》、《庆安澜》，除了升平署的太监戏，还外请了“义顺和班”演了六出。慈禧颁下的赏银为403两。这一天的戏从早上10点开演，一直演到晚上8点半。光绪在下午2点多离开颐和园，回宫。光绪回宫，接见伊藤博文是一件事，除此还需按清代礼制，上戊祭社稷坛。都是正常安排。

这一天，康有为要做的事真多。

前一天，光绪颁发谕旨：工部主事康有为前命其督办官报局，此时闻尚未出京，实堪诧异！朕深念时艰，思得通达时务之人，与商治法，闻康有为素日讲求，是以召见一次。令其督办官报，诚以报馆为开民智之本，职任不为不重，现在筹有的款，著康有为迅速前往上海开办，毋得迁延观望。

与控制军机四章京的权力一样，光绪催促康有为离开北京去上海办报，都是光绪与慈禧见面之后，回应并平复慈禧的愤怒而采取的对策。可能康有为是当天最晚知道这道谕旨的人。这天晚上，康有为记录："是夜，未见旨，饮宋芝栋家。李苾园尚书、徐子静侍郎在我左右，唱昆曲极乐……"按康氏所叙，他是散席后回到家中，才看到当日明发，敦促他出京上谕；而且林旭来访而未遇，嘱他明早勿出。第二天，八月初三一早，林旭带来光绪给杨锐的那道"朕位且不能保"的密诏，见此密诏，康有为"与复生跪读痛哭"。

康有为及其党人必须行动起来。这天下午，康有为的时间已经预支，他要去见伊藤博文，后来《台湾日日新报》刊出长篇报道，记录这次"下午三点至晚上"的见面，但是，这一报道没有提及康有为欲请伊藤为清朝政治顾问的内容。显然，报道刊发之际，政局已经巨变，再提此事并无益处。

当晚，康有为与杨深秀、宋伯鲁、李岳瑞、王照相见，商议两件大事：其一保举李提摩太、伊藤博文为顾问，参预清朝中枢政治；其二设计调袁世凯部进入北京。袁世凯对康及维新派，殊为关键，而去做说服工作的是谭嗣同。

这个时候，袁世凯已从天津来到北京，接受光绪的接见后，等待"请训"——即新官上任前请皇帝予以训示。而保举袁世凯，请光绪破格使用的，正是康氏人马徐致靖。八月初一，光绪已颁谕，授袁世凯侍郎候补，听到这个消息，毕永年记录康有为的反应："康与梁正在晚餐，乃拍案叫绝曰：'天子真圣明，较我等所献之计，尤觉隆重，袁必更喜而图报矣。'"康有为的兴奋，基于这样一重逻辑：袁世凯的破格晋升，系由维新派所推荐。袁既已晋升，当思报答皇上，而此际皇上正遭劫难，由保举他的维新人士去相求救皇上，他势必应允。

在一般想象里，这层逻辑十分圆满，只是，康氏及其党人的措施太险。

谭嗣同与袁世凯的此次见面，袁世凯后来在其所撰《戊戌日记》里有较详细的记录。袁的这份日记，长久被视作其自辩的伪作，多不被采信。上世纪90年代，历史学家杨天石对新发现的毕永年《诡谋直纪》，进行深入对照比较，重新认定袁氏日记“相当可靠”。杨的这一判断，迅速被史学家认可。在《戊戌日记》里，袁世凯描述：

> （谭嗣同）因出一草稿，如名片式，内开荣某谋废立弑君，大逆不道，若不速除，上位不能保，即性命亦不能保。袁世凯初五请训，请面付朱谕一道，令其带本部兵赴津，见荣某，出朱谕宣读，立即正法。即以袁某代为直隶，传谕僚属，张挂告示，布告荣某大逆罪状，即封电局铁路，迅速载袁某部兵入京，派一半围颐和园，一半守宫，大事可定，如不至臣策，即死在上前各等语。（袁世凯）诘以：“围颐和园欲何为？”谭云：“不除此老朽，国不能保，此事在我，公不必问。我雇有好汉数十人，并电湖南招集好将多人，不日可到，去此老朽，在我而已，无须用公。但要公以二事，诛荣某，围颐和园耳。”……“初五定有朱谕一道，面交公。”

袁世凯所记，今人看来，过于简约，没有解析，难以尽知详情。茅海建分析说：袁氏提到“因出一草稿，如名片式”，很可能是康有为、谭嗣同所拟上奏的密折。袁世凯此处也详细说明该密折的主要内容：一、荣某谋废立弑君，大逆不道；二、袁世凯初五请训，请面付朱谕一道，令其带本部兵赴津，见荣某，出朱谕宣读，立即正法；三、封禁电局铁路，迅速载袁某部兵入京，派一半围颐和园，一半守宫，大事可定。这是一个相当完整的政变计划。如此设计，康有为及维新党采用暴力方式解决政争，箭在弦上。

梁启超记录，袁世凯向谭嗣同表示，“杀荣禄乃一狗耳”——虽然如此容易，而袁仍拒绝了这一计划，“然吾营官皆旧人，枪弹火药皆在荣禄处。且小站去京二百余里，隔于铁路，虑不达事泄。”作为一种回旋，袁提出，“若天津阅兵时，上驰吾营，则可以上命诛贼臣也”。

大约就在袁世凯与谭嗣同密谋之际，看完戏的慈禧开始看那道杨崇伊请其训政的奏折。临时起意，“戌刻（晚上7时至9时）”决定由颐和园回到北京城。历史学家们分析的相对一致的结论是：杨崇伊奏折里描述光绪将可能请伊藤为政治顾问，是触发慈禧回城的关键因素。很显然，慈禧决定回城与袁世凯谭嗣同密谋，时间几乎一致，没有操作的可能性。因此，流传至今的因袁世凯告密而促使慈禧回来发动政变，维新运动就此失败的“戏剧”性转折，不复可能。

袁世凯果真无辜？

袁世凯的三十个小时

慈禧回到北京城内，准确地讲，不是“回宫”，因为光绪已经亲政。她回来是住在西苑，即今日北海和中南海，位于皇宫西侧，故称“西苑”。戊戌这年，慈禧回西苑六次，其中三次是看望病危的奕訢，另三次分别是咸丰的生日、光绪的生日与咸丰的忌日。这六次慈禧呆在西苑的时间都极短，一般而言，没有特殊理由，慈禧不回西苑。

八月初四日，清内务府《杂录档》记载慈禧之行程：圣母在乐寿堂进早膳毕，总管二名奏请圣母皇太后从水木自亲码头乘船至广源闸西码头，下船乘轿至万寿寺拈香，毕，步行至御座房少坐，乘轿至广源闸东码头，下轿乘船至倚虹堂少坐，乘轿进西直门、西安门，由西三座门进福华门，由瀛秀园门还仪鸾殿。——此时已为“申刻（下午3时至5时）”，光绪皇帝听闻消息，赶忙到瀛秀园门外跪接慈禧。对比慈禧从颐和园回西苑的一般行程，此次回城，仍是从容不迫，不像有大事要发生的模样。

那个时代，显赫如慈禧者，其实回一趟西苑，安排起来很复杂。即以此次临时起意回城而论，按《杂录档》统计：慈禧所用的黄车、红车、青车、蓝车、大车达 32 辆；而随行的太监、差役总数为 622 人，用马 538 匹，用车 22 辆。——这真是浩浩荡荡。也正是因为安排复杂，慈禧在决定回西苑的同时，也把回程时间确定下来：初六日返回颐和园。

清朝档案，对居上位者，比如慈禧与光绪，倒真是超乎想象的记录翔实，虽然那些重大决策尤其是慈禧改变格局的决定，未必允许记录，但细心研究者通过这些日常甚至琐碎的“起居录”分析，至少可以寻觅“环境证据”以辨虚实。细察众多档案，进入历史的现场，茅海建判断慈禧回城，就其往返时间安排上看，只是为了光绪接见伊藤博文一事，“在慈禧太后的心目中，光绪帝会否因其不在而如七月十九日罢免礼部六堂官、二十日任命军机四章京那样，做出一些她无法接受又无法否决的‘荒唐事’？”

回到西苑，仅过一天，初五日，慈禧改变主意，决定将回颐和园的时间推迟到初十日，而且还要带光绪一道回颐和园。随后，初六日，慈禧训政令下，政变发生。

八月初五这一天，到底发生了什么？这天远比决定回西苑重要，是关键的一天。

这天，在接见伊藤博文之前，光绪单独接见了袁世凯。在《戊戌日记》里，袁世凯记录“请训”当时他对变法的思考：“古今各国变政非易，非有内忧，即有外患，请忍耐待时，步步经理，如操之过急，必生流弊。且变法尤在得人，必须有真正明达时务、老成持重如张之洞者，赞襄主持，方可仰答圣意；至新进诸臣，固不乏明达勇猛之士，但阅历太浅，办事不能缜密，倘有疏误，累及皇上，关系极重……”显然，这次接见，袁世凯没有投康有为们的“赞成票”；而同时因他拒绝谭嗣同的起事计划，康有为也就没有给光绪密折，当然也不会有光绪的密诏，令其诛荣禄。一切正常。袁世凯亲信幕僚张一麐后来记录此次见面：“袁极言母慈子孝为立国之本。退朝有某侍卫大臣拍其背曰：‘好小子’。盖西后遣人诇之，而以为立言得体也。”总之，这次接见，没有异常。

初五这天，慈禧看到陈秉和“参张荫桓折”，其中称：“无怪乎康有为奉命已久，迟延不行。”——光绪已命康有为出京，他还未走？这当然令要赶走康的慈禧生气。结合慈禧训政后第一道命令就是捉拿康有为，那么，这道奏折当然在慈禧决定推迟回颐和园并决定训政上，起到相当作用，但仍凭此折，就使慈禧断然夺光绪之权？很难。

所有的疑问，也即促成慈禧下决心训政的核心因素，只可能是“围禁颐和园”政变一节，仍在袁世凯告密以否。与这种怀疑对应，几乎写实的袁世凯的《戊戌日记》，偏偏缺了初三晚见谭嗣同后，至初五早上见光绪前这段时间的内容，有三十个小时的空白。如果说，因为时间重叠，袁世凯不太可能因告密而促使慈禧从颐和园返回西苑，那么，初五慈禧的决定，真正的翻盘的决定，推动因素何在呢？三十个小时的空白时间如何理解？这是重点。

袁世凯将康有为等人的政变计划全盘托出，这一事实并无疑问。在《戊戌日记》里，袁即记述说：在见过光绪之后，“退下，即赴车站……抵天津，日已落，即诣院谒荣相略述内情，并称皇上圣孝，实无他意，但有群小结党煽惑，谋危宗社，罪实在下，必须保全皇上以安天下。……次早荣相枉顾，以详细情形备述，荣相失色。”按此记录，袁世凯回到天津后，才将康有为维新党政变计划告诉荣禄，然后由荣禄传递至慈禧。

如果袁世凯的说法成立，他只是政变发生后，才回到天津告诉康党的政变计划。那么，按此逻辑，光绪被废，维新失败的责任当然就与他无关，至少关联有限。无论时人，还是后世研究者，在相当长的时间里，都认为袁世凯的《戊戌日记》作伪，基本不采信他的说法。

早期戊戌政变爆发因素分析，相对集中于袁世凯在听闻谭嗣同的计划后，即由自己或派徐世昌，向荣禄或奕劻告密，随即慈禧知晓这个阴谋，大为震怒，于是决定训政。按照当时流行的各种细节，后世研究者拼接而成的情节，比较流行的一种是：袁世凯知道计划的当晚，即派人回到天津向荣禄告密，八月初四日，荣禄秘密赶回北京，向慈禧报告这一消息。但是，按此情节，对应于当时的交通与制度，不易——袁世凯知道政变计划已是初三深夜，此时城门已关，最快的办法是初四一早请荣禄的差人带急信回天津，而差人无论是火车还是骑马，中午才可能抵达天津；而如果荣禄也以最快的速度来北京，那他晚上可到北京城。看上去，这是时间上似乎能够对得上的版本。但是，慈禧初三晚才决定从颐和园回西苑，无论是在北京的袁世凯，还是在天津的荣禄，都不可能知道此时慈禧正在北京，所以，荣禄即使傍晚赶到了北京城，还得准备花足够的时间去颐和园报告此事，即使时间赶得及，慈禧是否已经睡下，也是疑问。那么，可不可能初五日荣禄再向慈禧报告呢？这天，袁世凯已经回到天津，并且找到荣禄汇报了。他不可能也似乎无必要这么着急回北京，白跑一趟。

因为交通与时间上的可能性甚微，袁世凯向荣禄告密而使慈禧决定训政的说法渐渐失效之后，历史学家郭卫东 2002 年提出一个新的情节可能：即袁世凯初四一早向奕劻告密，而晚上慈禧回城，在皇族里已被知晓，奕劻再告慈禧。这个安排很精彩，但没有任何确凿材料。

历史学家黄彰健在 1970 年独立作出一个经典性判断，即：政变非袁世凯告密而发生，而告密加大了政变的剧烈程度。这是采信袁世凯日记里的说法的推导——初五袁世凯向荣禄告密，初七荣禄密折由杨崇伊带回北京，初八日上奏慈禧太后，初九日逮问张荫桓等七人。这一判断最有力量之处是他与具体的维新派被捕的过程能够对应，在史实上能够胜出前述各位研究者利用清人笔记拼接的情节。后来，由于新材料的出现，袁世凯的《戊戌日记》被历史研究者倾向认为属实居多，而非纯粹作伪。于是，政变非袁告密而起，他只是加大了政变的烈度这一说法遂成潮流。

但是，这其间更深刻的疑问则是：确如袁世凯脱责所述，他只是“政变事后报告”而已；那么，“围禁颐和园”而斩慈禧这样重大而性命攸关的事件，袁竟如此迟滞，三天之后才有报告，慈禧事后想来，当作如何判断？果如此，后来袁世凯的晋升还可能步入快车道？

三十个小时里，袁世凯做了什么，目前仍是谜。情感以及常识判断，与事实证据，未必经常那么合辙。只是，如果轻易为袁开脱，不智。

逃亡，康有为

八月初六日，在光绪失去权柄的那天，康有为在天津驶往上海的英轮“重庆号”上。此刻，追缉康有为的命令已下，在天津的梁启超也正因为疑似康有为而被追赶得鸡飞狗跳。

初四凌晨，等回与袁世凯密谋的谭嗣同，康有为即知道他们的暴力计划因未得袁世凯支持，而告流产。维新一派此时的种种选择，亦殊有趣，当时与康有为梁启超走得极近的毕永年，记录自己的决定，极坦率。初四早上见过谭嗣同，知道袁未允诺后，他写道：仆曰，“事今败矣，事今败矣，此何等事，而可出口中止乎？今见公等灭族耳。仆不愿同罹斯难，请即辞出南海馆而寓他处。然兄（指谭嗣同）亦宜自谋，不可与之同尽，无益也。”午后一刻，仆乃迁寓宁乡馆，距南海馆只数家，易于探究也。

离开康有为，还得找间离康家近一点的房子住下，以方便探究结果，这是毕永年的选择。对比之下，谭嗣同的选择，当然荡气回肠。

初四上午，康有为按约定与李提摩太见面，这仍是鼓动李氏做清朝政治顾问的拜访。之后，康有为作出决定，初五清晨离京抵津，赴上海。在天津至上海的海路上，康有为很轻松，轮船烟台停靠时，康有为还下了船，“购梨及石子”。

这个时候，清朝的军舰“飞鹰”号，正在拼命地追赶“重庆号”。康有为很幸运，眼见快在烟台追上了，“飞鹰”却没有了煤，船开不动了。更幸运的是，清廷缉拿康有为的电报已发到登莱青道的李希杰，可是，李希杰此时正巧不在烟台，没有看到电报，于是，康有为有机会下船，悠闲地散步及购物。

清朝国家机器发动，不会只有“飞鹰”与登莱青道两方的缉拿，上海道蔡钧也收到电报，他在康有为的终点上海等候。捕康之网，已经布下。

英国驻上海领事白利南当时给驻华公使窦纳乐的报告里详细地记录了康有为这段行程：

> 23日（八月初八日）早晨，我接到上海道台的一封信，说他接到密令，要他逮捕行将到达上海而已被革职的主事康有为。道台同时又派他的秘书通知我，光绪已经死了，是康有为进奉某种毒药害死的。道台要求我搜索一切从天津开来的英国船，并要我命令警察在轮船开到时，注意守望各码头。为了证实哪位是康有为，道台送来一张康的照片，还说，逮捕到康以后，将送两千元酬金。23号一整天，我接到许多封由道台及其他中国官吏写来的信件，说他们已知道康有为搭“重庆号”轮船于24号到达上海，中国侦探和警察为了争取两千元的重赏，兴奋极了。我想轮船一到，这批衙门的狗腿子，一定蜂拥而入。“重庆号”靠岸的码头是法租界，使我难以采取处置，以保护这条船。最好的办法是在吴淞口外去截船。因为我不希望领事馆的人员公开牵涉在把

> 康从甲船换到乙船的事件里，我接受了濮兰德（《泰晤士报》驻上海通讯员）的自愿效劳，他能说流利的中国话。24日清晨，濮兰德乘驳船往吴淞口处几英里的水面去截阻“重庆号”，他借助道台送来的照片，很容易就找到了康。康完全不知大祸临头，卒把道台咨请逮捕他的信给他看，他才知道自己的危险处境。几分钟后，他上了驳船，转到停泊在吴淞口处英国轮船公司的“芭理瑞”轮上去。事先，英国的埃斯克号炮船开去吴淞口处警戒，因此“重庆号”上的乘客都推测康已躲到英国炮船上去……

康有为至少在上海安全了。上海道台蔡钧过分急迫，而且张扬的逮捕行为，反而让英国人采取了反行动。为什么英国人会救康有为？当时对此事件惟一的解释是英国公使窦纳乐，“白利南之所以采取这些步骤，乃希望避免因政治犯康有为倘若在英国船上或上海租界被中国官员捕获而可能引起的困难。”这一解释显然只是外交用语。

八月十四日晚11点，在英国人的保护下，康有为安全抵达香港。英国公使馆中文秘书戈颁陪同康一道到香港，这应算英国人最直接亦最长时间接触康有为，结果戈颁的印象不佳：“（康有为）真是一个可怜的人，一个狂热的人和空想家。我想，光绪皇帝大概和他相像。”

到了香港，康有为先在中环警署住下。当时的港督卜力告诉他：“如果你害怕被人暗杀或毒害，可以住在警察局的宿舍里，等到你的朋友为你安排好妥当的住处后才迁走。”稍后，康有为搬离警署，住进香港巨富何东家中。

驻香港的日本官员当然也重视康有为，康刚到达香港，日本驻香港领事上野季三郎于次日向东京发电报告此事。这一天，康有为也派出自己的心腹弟子来到日本使馆，表示希望会见日本领事，上野当天下午即以个人名义去拜访康有为。因为警察署长不在，为着康的安全，没让上野与康有为见面。但上野打听到康有为已与德、法领事馆有过接触。康有为的弟子希望上野能够将康给日本首相大隈重信的电报发出，这份电报称："上废，国危，奉密诏求救。敬诣贵国，若见容，望电复，并赐保护。有为。"显然，康有为并未有密诏，目前已被完全证实，成为史界共识。只是回到历史现场，康为求保命，以密诏加重自身分量，也有可原谅之处。逃亡之人，其情可怜，非经历者未必理解。

经过日本政府的权衡思考，决定接纳康有为，为着帮助康去日本，上野资助他 350 美元作为路费。在给大隈重信的机密信里，上野记录当时康有为情状："康有为出发前为其旅费及家人津贴等需要一些费用。由于他仅只身出逃，无自给能力，恳切地提出了 1000 日元资助的要求。虽然暂时婉拒，但其情却也是悯然之至，不得已才有本月 17 日电报，将其大概情况说明并禀请资助。但至其出发之日，尚未收到回训。由于出发时间迫近，不能支付船票，只能从卑职手头现款支出 350 美元，以充其船票及途中之费用。上述金额从机密费及其他费用中支出，恳请审议后拨还。此外，关于上述 1000 元资助一事，卑职婉拒了康氏的要求，同时也未让康氏得知卑职向阁下电报请示之事，特此为念。"

虽然伪造密诏，为着生存有不得已处，可以原谅，但在香港的康有为却也另外种祸。离开警署去何东家当天，康有为即在何东的翻译下，接受香港英文报纸《德臣报》（*China Mail*）记者采访。在此次访谈中，康有为对慈禧大加攻击，称她只是一个妃子，光绪已认识到慈禧不是他真正的母亲；康还称光绪已给他密诏，让他去英国求救，恢复光绪的权力。如此说法，不是政治家，即使是普通人也会意识到其间危险，茅海建分析："尽管康有为自以为是地认为，他在利用媒体向英国政府求救，但似乎没有想到光绪还在北京，正在慈禧的掌控中。他的这些内容并不属实的谈话，将会对光绪非常不利，恰恰向慈禧证明了光绪仇恨慈禧太后，且不惜利用英国以能让慈禧下台。"比同时代人更明白传媒作用与价值的康有为，犯下这等错误，即使再心平气和的后世读史人，也将扼腕而叹而恨。湖广总督张之洞从中国报纸上看到翻译过来的康的谈话，极其震怒，随后张与日本驻上海代理总领事联络，要求日本驱逐康有为。稍后，又轮换为山县有朋为首相的日本政府，接受了张的建议。

九月初五日，戊戌政变一月后，康有为与三名弟子一名随从搭上日本邮船“河内号”赴神户。而之前，八月二十七日，梁启超与另外一位逃出北京的官员王照，乘日本大岛舰从天津驶往日本。

谭嗣同及六君子

穿越种种复杂的母子与君臣、政治理想、制度结构、人事纠缠，甚至古怪的伪造的逃亡借口，戊戌变法给中国人贡献的一位真正的英雄是谭嗣同。“我自横刀向天笑！”

八月初八日，谭嗣同被捕。军机四章京其他三位刘光第、林旭、杨锐亦先后被捕；康有为弟弟康广仁、清朝官员张荫桓、杨深秀、徐致靖亦被捕。

八月十一日，明发上谕，派军机大臣奕劻会同刑部、都察院审理徐致靖、杨深秀、杨锐、林旭、谭嗣同、刘光第及康广仁。在这一审理名单中，张荫桓被摘了出来，称其不属康党。奉旨办案的奕劻有心宽宥杨锐与刘光第，《梦蕉亭杂记》里记录奕劻说法：“同案六人情形亦复不同，闻杨君锐、刘君光第皆均有学问之人，品行亦好，罗织一庭，殊非公道，须分别办理。”十三日是计划开审的当天，参与审理者刚刚完成刑部相关手续，即接到谕旨，又摘除徐致靖，将其余六人绑赴市曹正法。

《清代通史》记录这天：十三日即传呼提犯人出。康广仁惧将受刑，大哭，刘光第曾在刑部，慰之曰：“此乃提审，非就刑，毋哭！”既而牵自西角门出，刘光第知故事，缚赴市曹处斩者，始出西角门，乃大愕，骂曰："未提审，未定罪，即杀头耶？何昏瞶乃尔！"协办大学士刑部尚书刚毅监斩，谭嗣同呼刚前曰："吾有一言。"刚去不听，刘光第曰："祖制虽盗贼临刑呼冤，当复讯，吾辈纵不足惜，如国体何！"刚默不应。再询之，曰："吾奉命监刑耳，他何知？"狱卒强之跪，刘光第崛立自如，杨锐呼曰："斐村跪跪，遵旨而已。"乃跪就戮。其嗣子赴市曹伏尸痛哭一日夜以死。杨深秀、林旭之夫人皆仰药而殉。

戊戌政变，当然惨烈。未经审理即处死"六君子"，在清一朝实属罕见。根据清代法律，所有重案判罪者，须经刑部审理，三法司议结，最后由皇帝勾决。这一制度，即使连最为峻烈的雍正都严格遵守。而戊戌六君子，若经审理，未必会被处之极刑，至少不会全部。但是，为什么慈禧此刻会如此痛下毒手？答案在为什么张荫桓会被摘除"康党"。

通观下来，慈禧最为痛恨者，张荫桓与康有为两人，康已逃匿，张被擒在握。如果慈禧有灭人之心，当属张荫桓，可偏偏他被放过。《清代通史》撰写之际，萧一山即引用当时传言，张系外国人所救。后来的研究材料尤其是日本的档案材料解密，真相渐渐明了。

八月初九日，张荫桓被捕。这天晚上，是日本代理公使林权助为伊藤博文访华举行答谢宴会，李鸿章及总理衙门两位大臣和总税务司赫德出席。茅海建检索日本外交文书，复原这段现场：晚上 10 点，英国公使派秘书来，林权助与之即在另一房间相谈。据称张荫桓可能被处死刑，英国公使请借助伊藤博文之力相救。林权助与英国公使秘书相谈时，李鸿章及其他清朝官员已离去。林即与伊藤相商，两人皆认为若要救张荫桓，论地位非李鸿章莫属。11 时，林权助亲赴李鸿章寓所，施加压力。事后林权助听说，当他与李鸿章交谈时，英国公使亦派其秘书来李寓，当时正在别的房间等候。（林权助致大隈重信密信）第二天，八月初十日，英国公使窦纳乐又写信给李鸿章，反应激烈："西方各国认为，这种突然处刑带有恐怖色彩，同时匆忙秘密地处决像张荫桓这样一位在西方各国很闻名的高级官吏，将会引起很坏的结果。”日英援手，果然张荫桓被摘除“康党”。稍后，张被流放新疆；两年后，庚子拳乱，逃亡西安的慈禧犹未忘记当年之恨，下令趁此机会将张处决。

迫于外力的胁迫，慈禧不得不暂时放过张荫桓；加之康有为、梁启超与王照也在洋人的帮助下，逃离追捕……如此而引发的反弹，官员要求立即处死维新派的上书迅速递呈，其中国子监司业贻谷上书里称：“倘出而居间排解，从之则无以彰国法，不从又无以顾邦交……再四思维，惟有伏请睿断，迅饬定安。”各种力量左右之下，加之此时慈禧已经完全知晓密谋围颐和园一事，因而，不顾祖制法律，下令处决。

所谓政治，得失两端，生死分别，成本昂贵。

瀛台与光绪

就在维新党人差不多捕完之际，八月初十日，清廷发布一道奇怪上谕，要求内外臣工保荐精通医理之人，为光绪看病。这当然是明确的政治信号，慈禧的后续手段果真刚烈。这一天本来是光绪与慈禧一道回颐和园的时间，结果谁也回不了颐和园了。

这一信号引发的议论与关注可谓强烈。日本首相大隈重信特意向林权助发出电报询问：“本地和上海传言，清国皇帝已被谋杀或被迫自杀。立即查明并电告此事是否确实。”总理衙门对光绪是否死亡的传言当然否定，但却没法提供确证。二十天后，九月初一日，英国驻华公使窦纳乐对庆亲王奕劻提出建议：“一个保证有效的使不安状况归于平静的方法，便是找一位外国医生为光绪皇帝看病，并签署一份光绪皇帝的健康证明书。”奕劻同意了。与此同时，日本方面也在制订一项计划，大隈重信让在日本休假的驻华公使矢野文雄回任，然后以日本天皇的名义向光绪皇帝授勋，以使矢野文雄能够亲自见到光绪皇帝。

九月初四日，法国公使馆医生多德福获准为光绪看病。社科院近代史所黄庆华翻译出这份诊断书：“……陛下强调遗精，常发生在夜间，之后出现快感。这类梦遗，多由白日自觉勃起功能减退所致。经认真分析这些不同症状，我确信此病系肾脏损伤引起，欧洲称‘肾炎’或‘慢性肾炎’。”以今天的基本医学知识看，光绪之病虽然慢性，而且麻烦，但却未必能够影响政治决策时他的思维与判断能力。光绪“被病”，并非身体。

当然，请个外国医生，其实也只是过场而已。外国医生来看病之前，八月二十三日，内务府奉宸苑《传贴簿》记载：“春字九十三号。传兴隆厂为四扇门钉安门攒钌铞事。”茅海建分析：由此，瀛台开始加强监控。光绪进入软禁期。

冬天很快就来了，太液池开始上冻。奉宸苑接到命令：光绪二十四年十一月十九日，阮总管口传，奉旨：瀛台周围沿边河面，现已冻冰，著奉宸苑刻急派人赶紧打开一丈余尺，务见亮水，并由明日起派拨人夫进入镩打，不准冻上。——滑过冰面接触光绪，已无可能。

由此开始，光绪在这里住了十年。

孙中山　现代中国的革命路径

将清朝导入现代国家之路线，取君主立宪制度，抑或反清革命而共和，康有为与孙中山竞争十多年。结果，辛亥革命决定性的转折——武昌首义，却由与两者关联都有限的新军打响；革命的成果，最高权力亦为袁世凯所获，为什么？

> 在清季乙未（清光绪二十一年）兴中会失败以前，中国革命党人向未采用“革命”二字为名称。从太平天国以至兴中会，党人均沿用“造反”或“起义”、“光复”等名词。及乙未九月兴中会在广州失败，孙总理、陈少白、郑弼臣三人自香港东渡日本，舟过神户时，三人登岸购得日本报纸，中有新闻一则，题曰支那革命党首领孙逸仙抵日。总理语少白曰，“革命”二字出自易经汤武革命，顺乎天而应乎人一语，日人称吾党为革命党，意义甚佳，吾党以后即称革命党可也。按日人初译 Revolution 为“革命”，但揆诸易所谓汤武革命之本义，原专指政治变革而言，故曰革其王命，又曰王者易姓曰革命。自译名既定，于是关于政治上或社会上之大变革，咸通称革命。今国人遂亦沿用之。（冯自由《革命逸史》。首页）

孙中山及其力量之源

1895 年（乙未年），孙中山先生发动广州起义，这是他的革命生涯的第一次起义。很遗憾，失败了。在逃至日本神户之际，孙中山找到了用来命名他行为的那个定义：革命。在相当长的时间里，大家认定，中国近代之“革命”，词源自此。

广州起义的失败，颇多令人扼腕叹息之处。

在准备起义的当天凌晨（1895 年 10 月 26 日），孙中山接到了他在香港的伙伴杨衢云的电报，报告“货物”不能按时到达，要推迟一天，即 27 日晚上运到。可是，头一天晚上参与起义的各路人马已在广州聚集，准备从香港的早班渡船“接货”。离早班渡船到来还有几个小时，电报来了，说要推迟。这个时候，孙中山决定，无限期推迟起义时间。于是，孙中山发电报给杨衢云，让他取消“装运”，另等通知。在付给广州起义战士费用之后，孙中山遣散各路豪杰，让他们各自回家。

事情不是就此结束，而是刚刚开始。杨衢云回电，说接电太迟，货已下船，要求“接货”。

几周前，香港警察即已获悉三合会在为广西起义招兵买马消息。27 日，香港警察终于在码头发现 600 名苦力，他们宣称：是准备去广西梧州当“官军”的，每月 10 港币；这两天他们每天得到 5 分钱的饭钱，雇用方还答应给他们每人 1 港元作船费。没有查获他们有任何武器，警察只能放行。当晚，香港警察终于知道杨衢云将大批军火装上了“保安号”轮上，这个情报迅速通过电报传递至广州衙门。

事情败露，清官兵开始追捕孙中山。

若论败露，实际上，这次起义在两天前，即被告发。当时广州兴中会成员朱淇，要为此次起事起草“檄文”，他哥哥发现了，担心被株连，假借弟弟的名字，向县丞写了份自供状。消息迅速传至广东总督谭钟麟那里。据说，谭钟麟听说孙中山是谋反者时，不仅不惊慌，反而大笑，他认为孙中山是个无害的“疯子”，“岂敢造反”？这事就算过去了。但接获香港方面的电报，广东方面不再敢轻慢，布置官兵截船。六百多个准备去广西当“官军”的，哪里截得住，跑了大半，只捉获四五十个人；最后在七个标有“波特兰士敏土”的木桶里，因为没有人来认领，才发现装运的“货物”——二百多支左轮手枪。起义，果有其事。

这是孙中山领导的第一次起义，没有启动，即告结束。这次事件，颇值得解剖与细思的是孙中山“革命”的模式：会党加华侨。这是他的力量之源。孙中山先生后来自述中国革命能够成功：会党出力、华侨出钱，留学生宣传。只是这时，留学生这支力量，尚未登场。

单取广东观察，李鸿章的哥哥李瀚章曾在此地做了五年总督，直至 1895 年 4 月才由谭钟麟替换。他为李鸿章招集了大量兵源，此刻战争结束，他将四分之三的士兵遣散，这显然是社会不安定的重要因素。而这些被遣士兵返乡亦难，最主要的出路，即为加入当地会党——三合会。长江中下游，则主要为哥老会控制。退武士兵成为会党成员，清末之际，是其潮流。在乡间与城市，中国的底层社会，会党组织虽然秘密，却无处不在。

在广州起义的计划里，孙中山设计了约三千名三合会会员，包括从广东沿海招募的新兵，在香港集合，乘船于 10 月 26 日凌晨抵达广州。他们作为“决死队”成员分四路，向衙署进攻。除了香港的突击队外，广东珠江流域还有各路支援纵队，基本也是三合会会员，聚集广州，以伏击和牵制清廷军队。如何理解这种武装结构，孙中山研究权威史扶邻在其《孙中山与中国革命的起源》里论及：“有证据表明，许多普通士兵只是受雇而来，并不懂得革命的道理。然而那些领导者却有理由相信，一旦战斗开始并夺取首批目标后，内地的绿林和会党自发的起义就会马上爆发。”

率领或者说雇用这样一支由会党成员构成的“军队”，自然需要大量至少是足够的经费，而这正可对应广东所具有的特殊优势：熟悉西方的中国人与华侨。

广东作为中国最早的通商口岸省份，日积月累，形成了有别于中国内陆地区的新的社会结构与文化类型，史扶邻概而论之：“西方的渗透为非儒教的民族主义创造了新的焦点。在香港和各个通商口岸，中国的商人对欧洲的制度，诸如法治和契约关系神圣不可侵犯等观念已渐渐习以为常。职员和有专门职业的人，多半是教会的信徒，都夸耀自己比儒家名流受到更多的新式教育，作为基督教徒，他们认为自己在道德上更优越。还有华侨，这些被忽视的移民，经常受到本国政府的轻蔑，他们越来越容易接受政治上的煽动。在国外，他们像少数民族一样，受到迫害和歧视，因此，他们希望有一个强有力的本国政府来保护他们。至于在海外的经济成就并不能在国内得到相应的机会和声望，也使他们欢迎变革。”

只是，在那个年代，无论是能与外国人打交道的广东人，还是华侨，在中国传统等级结构里，基本上属于边缘集团。孙中山即为这一集团里的人物。但是，他天才地发现了华侨的钱与会党的力——两者能够缔结成一种力量，这种力量与后来我们一般理解的“革命军队”不一样，它更类似西方的公司治理结构。孙中山希望凭此力量按欧洲人的方式改造中国。

华侨与国家的关系，是一个相当特殊的情感关系结构。

19 世纪下半叶开始，每年约有 12 万广东人前往东南亚和美洲各地充当苦力。一般的规律：若以 25 岁去到美洲算起，要苦干十年才有足够的积蓄回家乡娶亲；再过十年才可能在其出生的村庄建造房屋，只有过了最后十年，才可能再购置一些田亩，重返故乡安度晚年。当然，更多的苦力也就居留在外国，成为华侨。他们在外的生存，相当艰难。孙中山曾谈及他的爪哇富翁朋友的一次耻辱的经历：这位富翁外出拜访朋友，耽搁得有点晚了，而且还忘了带通行证和灯笼。根据荷兰人的规定，没有这些东西，华人晚上不准到离家二三公里远的地方，但日本人却可以。因此，他不得已雇用一个日本妓女陪他回家。孙中山的结论是："在爪哇，一位华人富翁比一个日本妓女还不如。这是因为我国政府太软弱，不能保护住在国外的华人。"一方面，华侨因为居住国外，比一般中国人更理解世界大势；另一方面，却又因为清政府太弱而备感屈辱。他们有着更强烈的变革之心。孙中山是他们中的一员，更是其中的卓越之士，1894 年 11 月，孙中山成立兴中会。

广州起义之前，兴中会注册会员有 153 名（夏威夷入会的为 112 名），如果按行业与职业划分，他们分别为商人（69 人）、工人（39 人）、会党活动分子（13 人）、白领（10 人）、军事人员（5 人）、农民（4 人）、教师（4 人）、医生（3 人）、学生（2 人）、基督教牧师（2 人）、银行家（1 人）、记者（1 人）。从外国研究者的角度观察，史扶邻解释这一人群构成："这些成员，不但代表了中国社会里传统的地位低下的阶层，而且也表明了有相当数量的职业是需要受过现代欧化教育和职业训练的。"那么，当这一新的阶层，即使是一小部分在政治上被激发起来，也具有重大意义。尤其他们或许只是 5 元、10 元的资助积累，终使孙中山先生的革命可以运转。而这对当事人，也是极需勇气的举动，因为与革命者孙中山的联系，可能会使他们的家人受到牵连。

回到历史现场，1894 年的孙中山与兴中会，还需要足够的时间才会被意识到他们的价值。重要的是，他们为拯救中国的奋斗开始了。

百年之后，我们来重新检视那段历史，套用当下的词语，"体制外"的孙中山以及他所在的阶层，在边缘，从社会底层开始推动的中国变革、由此进入现代化轨道，确需种种时势变化相助，才可能最终成功。换言之，研究中国如何现代化，辛亥何以革命，不理解英雄与时势之关系，无从索解。而所谓“时势”，对于后世读史者而言，在乎能否发现历史动力及其演变。这才是关键。

康有为的思想动员

逃至日本的孙中山，处境并不轻松。甲午战争已经结束，中日两国复交，清政府驻日公使即将到任，华侨自然恐惧被清廷悬赏1000元的逃犯孙中山所牵连。冯镜如与冯紫珊拿出500元，资助孙中山再次跑路。孙中山分给同伴陈少白与郑弼臣各100元后，拿着300元钱赴美。抵美不久，孙即将500元钱寄还日本冯氏兄弟，冯紫珊感慨：“初时以此五百元作救国牺牲。不料中山追后寄回，此乃中山之忠厚处也。”

革命并不为个人谋财，即如史扶邻评价亦甚高：“我要特别指出孙中山的另一个特点，就是他从不贪财，不论他得到多少钱都全部用在事业上，从不忘记自己同志的需要。”孤立地看，或许我们未必对此有所感触，如果对比当年各路领袖，孙中山这一品格当会令人敬佩。

清廷1000元悬赏缉拿的要犯，当然是重犯。孙中山从夏威夷到旧金山即被清廷密探跟踪盯梢，即使此时孙中山已经“易容”剪辫留须，“愚蠢地摆好架势让人照相，而一张复制的照片就到了公使馆手里，这样一来，曾给他不少愉快和信心的伪装也就不起作用了。”孙中山从美国去到英国，他的行程，甚至船号以及登陆地点，悉数传至英国的中国公使馆。1896年，孙中山在伦敦被清公使馆秘密逮捕。经过十四天的关押，才得以脱险。随后，孙中山将此经历写成《伦敦被难记》，一般史论，这是孙中山成为世界性领袖的开始。对中国之外的人而言，此论成立。但是，对中国人，这还是需要时间才可能被认可的。而回到中国当年的历史现场，孙中山因英国人干预而脱难，甚至是一种耻辱。比如康有为的弟子麦孟华即直接指斥孙中山，“盗匪、会党分子，使中国丢尽了脸的人，因为他是通过沙士勃雷伯爵（英国首相兼外务相）干预才从中国使馆获释的。”

正当孙中山密谋广州起义之际，康有为殿试以二甲四十八名取人。相比于孙中山在边远地区的起义，康有为已经踏上传统中国权力舞台的康庄大道。在中国近乎僵化的等级结构里，两者的距离，冷酷却真实的评论是：“当孙中山不得不沿着一条曲折的道路走向李鸿章的衙门时（而且还失败了），康有为却能够大胆地向皇帝本人上书。这就是一个在信徒中宣讲的文人学士与一个设法叫人听取自己意见的没有地位的人之间的差别。”只是，中国历史此际到了“变”之时刻，跌宕之间，传统等级迅速瓦解。

“公车上书”是康有为爆得大名的显赫事件，但似乎这也成为康氏的宿命，鼓动舆论而已。梁启超在《清代学术概论》里叙述康有为的思想来源，综其要点：一是以晚清的今文学派为出发点，宗《春秋》的公羊家说；二是由公羊家所谓“张三世（据乱、升平、太平）”之义，衍为专制立宪共和政治进化的理论。以《孔子改制考》为例，历史学家李剑农论及：“这部书的作用，就是想把陈旧古典的封面，粘上一纸‘维新变法事例’的签条，借大成至圣孔子先师的牌位，镇服反抗变法的人。这便是他维新运动思想上的基础。”

“变”，是康有为思想的关键词。特殊之处在于，当康有为获得上书皇帝机会之际，史扶邻的评论是：“康有为就挑起了两副担子：他不仅想要改造中国，而且还想改造儒家学说。孙中山想通过将政权授予他那样有才干的新人和西方专家来拯救国家，而康有为的目的则在于使包括皇帝在内的传统知识界皈依一种新的、革命的、变革的哲学。在这种情况下，儒家的修正者就承担起一项巨大的任务，它与崛起的革命党人的任务相比，并不容易。”

所谓时势，甲午战争的结果，孙中山开始用“革命”的行动来寻找古老中国变革之道，对应“体制内”的康有为，他掀起的是“变法”之舆论。历史之变迁，当然有明流与潜流，循此以观，康有为、梁启超一路不仅是明流，而且是聚焦灯下的明星。若将后来形成的革命派与立宪派的竞争作为观察中国近代演变的脉络之一，双方起步之始，落差甚大。

将康有为的努力视为体制内人士尝试中国进入现代社会的思想动员，似无不妥。作为康氏弟子，梁启超对“变法”的阐述直接明朗：“变者，天下之公理也。大地既通，万国蒸蒸日趋于上，大势相迫，非可阏制。变亦变，不变亦变。变而变者，变之权操诸己，可以保国，可以保种，可以保教。不变而变者，变之权让诸人，束缚之，驰骤之，呜呼！则非吾之所敢言矣！”（《变法通议》）

从结果看，梁启超之议似乎更具传播效力。而他的老师康有为的“引征先圣最有力之说以为奥援”，并不顺利。他的第一本著作《新学伪经考》（1891 年）虽流行一时，三年后却迅速被禁，连印版也被焚毁。光绪皇帝的老师，支持康有为一派的权臣翁同龢也要将自己与康说划清界限，称之为“真说经家一野狐也”。时为张之洞幕僚的章炳麟评论康有为，更是道出根本：“只闻康欲作教主，未闻欲作皇帝；其实人有帝王思想，本不足异，惟欲作教主，则未免想入非非。”可见，康有为“圣人”之途，多艰。

“变”的潮流制造，康有为之策是“古为今用”，而“洋为中用”的严复却在推动这一思潮的形成上作用更巨。福建人严复，14 岁至 27 岁先后在福州船政学堂与英国海军学院受过八年的科学教育，有过五年的军舰实习经验。历史学家郭廷以称其“真正了解西方文化，又能洞悉中国病源所在”。1896 年严复所译赫胥黎《天演论》刊行，这是第一次将西方近代重要学术著作比较完整地直接介绍到中国来。它震动了整个思想界，替当时求进步的中国人提供了一种同传统儒家思想截然不同的新观念：进化论。历史学家金冲及评论："严译《天演论》所宣扬的进化论，在当时思想界产生了极为巨大的影响，令人耳目一新，没有任何其他书籍能同它相比。"

对于甲午战争耻辱的回应，"变法"遂成潮流。若欲寻历史动力，失去对思想史演进的观察，将会茫然无措。1898 年，变法之潮，终由思想动员而推进至清廷实际行动，康有为也由此一跃而成"政改"的操盘手与政治明星。只是，无论时人还是后世读史者，多易被传播规则制约，康氏光芒之下，无论激进的革命派孙中山，还是保守的变革者张之洞，都已逸出视野之外。但是，历史并不只是明星演出。

个案：秀才用兵

百日维新，一百零三天的时间，作为政治家的康有为即告终结。细观当年，康有为所处清廷之政治情势，殊为不易。既有慈禧与光绪脆弱的双权力结构，也有积弊甚久的满汉矛盾与中央地方矛盾，看起来，康氏如同一头意气风发的大象，毫无顾虑地冲进了瓷器铺，结果，当然失败。戊戌变法之败，政治运作的代际传承关系崩裂，由中央控制的变革，不是不可能，也将艰难异常。所以，严复批评康有为是亡清二百六十年社稷的人，未必没有道理。当然，从乐观的角度看，这也为历史另开新面提供了机会。

有趣的问题是，康有为甘心吗？或者说，他还有机会吗？

所谓机会，基于这样一种可能：只要光绪的皇帝身份不变，甚至只要他本人依然在世，那么康有为就有政治上卷土重来的希望。反过来说，康有为最重要的政治上的努力，即为保护光绪在位或者在世。这是康有为逃离中国后，两年多时间里核心工作，史称"勤王（臣下起兵救援君王或皇帝）"。

孙中山在广州行医的时候，曾租左斗山书店一家铺子为诊所，而左斗山书店离康有为梁启超的书院万木草堂不到一公里，左斗山书店有翻译书，所以康有为常来光顾。孙、康距离之近，超乎想象。但这种近距离，只是地理上的。孙中山得知康有为对西方文献感兴趣后，打算安排一次见面，但康有为通过中间人拒绝了，如果要见，则需递上门生帖。在各自人生道路尚未展开之前，阶级落差，即阻拦了两个广东人可能的交往。

看起来，似乎孙中山更乐意寻找“统一战线”来完成自己的使命。1897 年，孙中山离开英国，经加拿大再次回到日本横滨，开始参与建设新式华人学校，决定请梁启超来管理这所学校，康有为拒绝了梁启超到日本，另派学生徐勤主持，而且坚决要将孙中山提出的校名中西学校改为大同学校。而当戊戌年维新开始，康有为觉得按自己的身份而论，与孙中山交往实有不妥，虽然是孙中山发起并创办了大同学校，但这所学校门前还是挂起一块禁止孙中山入内的牌子。康有为的崛起实在耀眼，比较之下，孙中山不再那么有吸引力。孙的革命同伴陈少白记录说：甚至像冯镜如这样忠实的追随者，兴中会分会的领导人，也准备改变其忠诚。

维新运动过于短暂，康有为被迫迅速地离开权力中心，他亦如当年孙中山，逃亡至日本。这个时候，事实上，康有为如同他曾诅咒那些领导起义的“叛徒”与“土匪”一样，“他自己也被推上这条卑贱的道路了”。只是，阶级意识未必那么容易去掉，在日本他坚持拒绝与孙中山见面，虽然双方的日本朋友，如宫崎滔天竭力撮合。

除了潜意识里的阶级因素，更直接的原因或许是，与光绪皇帝的关系才是他的王牌，而如孙中山所愿，一旦正统王朝被推翻，这张牌以及他这个人，当完全失去价值。对推崇权力而且精通权术的康有为，岂能不察。历史的演进后来果然证明如此，辛亥之后，康被遗忘。

从上层变革中国，与从下层变革中国的两种动力系统，由此注定各走各道，难以融合。

1900年1月，清廷发布上谕，宣布立端王之子为皇子，史称“己亥建储”。此举在所有人看来，是废除光绪的前兆，其实际的目的，也可能确实如此。康有为以及他的“保皇会”不能再无所作为了。而且，此时，至少在对华侨的资金募集上，康氏一派完全超过孙中山。甚至孙中山的哥哥，全力支持弟弟革命的孙眉也将改变忠诚，他已把自己的儿子送到梁启超在日本的大同学校读书。

这一年确实是多事之秋，历史学家桑兵将其政局分析为“鼎足而三”：北方拳变、东南互保与勤王运动。细察这场由康有为领导的勤王运动，颇有价值。革命的手段——暴力，断非一般人可以采用。所以，纵有“时势”之便，也未必能够产生英雄。

庚子勤王，一般述史者多集中于长江中下流域唐才常的起事。唐才常与谭嗣同、毕永年是挚友，谭嗣同遇害后，异常愤恨。逃至日本后，唐才常倡议勤王，成为康有为最重要的一支力量。在日本时，毕永年极想将唐才常拉到孙中山的旗帜之下，但唐仍然选择了康有为。唐才常之所以不从好友毕永年之请，李剑农分析：“此时唐不惟不忍与康梁立异，并且办事的经费，全恃康梁在海外接济，实有不能撇去康梁的苦衷。”

此时康有为的勤王策略，即如梁启超亦称之为“权术”——在海外借勤王鼓动捐款，对国内则号称财源充裕而招诱各方豪杰。比如康有为即妄称：“内地已有兵七十万，新安廿余万，台湾万余人（百战之兵），南关万余，湖南廿余万人，长江各省卅余万，勤王之举，汲汲欲行……所以待之者，专待饷耳。”真实的情况哪有如此浮夸。圈内人梁启超还是看得明白，他劝告说，“权术不可不用，然不可多用也。”但即便如梁启超，也未能洁身自好，他让主持勤王的保皇会“澳门总局”多致函各埠，“于筹款聚众两事，不妨稍铺张扬励也”。

秀才权术演化成的江湖之道，由此便成为：大肆鼓吹之下，广大华侨的期望值与各路豪杰的贪欲之心同步增长，其增长之快，又大大超过保皇会的负荷力。毕永年为孙中山先生所招募的哥老会首领李云彪、杨洪钧等一干人马，为康有为的金钱所诱，也舍兴中会而改投唐才常旗下。毕永年受此种种刺激，愤而削发为僧，去往浙江普陀寺出家。

这段勤王历史因其隐秘，长期未有清晰描述，历史学家桑兵耗十年之力，逐渐揭其面目。其中颇有能展示康有为实际行动能力的种种可乐之处。康氏屡次告诫弟子："今日办事，非读书时可比"，"办事与论学不同。汝等落吾卷，尚可他年再考，今若落吾卷，无再考之日"。希望弟子们抹掉头巾气，可他自己却难去迂腐。他指示总局建全文书制度，"各种部籍皆宜备"，理由之一居然是"今日军谋即为他日考据"，三句话不离本行。

头巾气之外，最麻烦的是康有为毫无军事常识，桑兵在其《庚子勤王与晚清政局》里记录："保皇会在日本订购旧枪，他只图引诱群豪，指示多购价廉质次者。甚至听信陈翼亭别有用心的胡说，认为'不如土货之善矣'，要少购洋枪，多购土制抬枪线枪以省费用……更有甚者，他极力举荐侄子康同富办理广东军务，理由之一，竟是后者'且能熟《三国演义》'。"

更重要的战略选择，一般人注意到唐才常的失败，以为长江流域是勤王之战略要点所在，但实则康有为的重点在两广（广东广西）。1900年，义和团事发，广东总督李鸿章征调入京，这看似广东有了机会，但康又犹豫于广东还是广西。迟疑之间，康氏海外所募30万元，用支无章，耗去大半。而被宣称为战略重点的长江方面，只分到4万元，其中3万元还是最大的资助者邱菽园直接赠予唐才常，而保皇会仅分拨1万元。唐才常和他的自立军苦等经费不至，失败就义。而两广起义，事未举，财已尽，当然失败。被财源诱惑而改投康有为的哥老会首领李云彪、杨洪钧几年后，去到香港寻康索钱，被康有为直接告发，一怒之下，借来手枪，意欲杀死康有为，后来被阻未遂。由此江湖广泛传言，康有为借勤王敛财自支。而这与孙中山借用500元尚能迅速还款对比，格调高低，判若云泥。

简而言之，秀才用兵的康有为算是彻底失败了。经此一役，“自后不敢言兵”。保皇会一党，此后将光绪复辟之宏业付诸卦象，自欺欺人。

游学日本与历史潜流

与康有为大势张扬而最终不举的勤王对应，1900年10月，极其艰难境况之下，孙中山领导下的惠州起义却爆发，而且坚持时间不短，虽然仍告失败，但取与康有为竞争的角度观察，孙中山领导革命，无论意志还是能力，康氏完全无可比拟。

当时的粤督德寿的奏折与文告上，将康孙并列，“康孙各逆勾结土匪”——据此以观，李剑农先生分析：把“（传说里）红眼睛绿眉毛”的孙中山，公然放在“帝师”一列，却承他过于抬举了。显然，有此比较，传统的阶级等级并非霄壤之别。所谓“变”，此亦为一例。而孙中山也说：“当初次之失败也（1895年），举国舆论，莫不目予为乱臣贼子，大逆不道。惟庚子（惠州起义）失败之后，则鲜闻一般人以恶声相加。”情势已变。

体制内的康有为，只能依仗体制供给的资源以助变革，而当体制撤销对他的支持，事将不成。勤王运动，是一明证。那么，我们检索出秀才用兵的种种可笑与可乐，仅仅只为消遣？当然不是。

庚子勤王运动，其背景是义和团运动与东南自保，即中国北方处于战争状态，而东南各省却“另立中央”，就时势而言，无论勤王还是起义，最为有利。后来的辛亥年间，也未有如此大势相助；而且康有为无论募集华侨资金之丰富，还是鼓动海内外社会舆论之沸腾，以及动员会党人马之众多，都为之前之后各次起义所不及，但为什么仍然失败？这才是值得思索之处。单以康不知兵以论，自是原因之一。但社会转型，只是简单认定英雄所造时势，未免单薄。所以，以历史动力形成的方法论来看，中国的现代化之途，无论结果是以“革命”为标志，还是以“变革”为标志，都有赖各种力量的形成与相互作用，所谓“时势”造就。这断非单一因素可以促成，更非政治明星一呼而立。公允而言，此际中国，新旧过渡之际，面对变局，各方力量，尚未准备就绪。

那么，经此一役，康有为领导中国无论变革还是革命，已失去可能。仍取历史动力观察，他们的作用将一如“公车上书”之路径，为宣传与鼓动，进行社会动员，并尝试再次被政府吸纳，重入体制。康有为们没有再造制度的能力，这或者是传统读书人之命运悲剧？

戊戌年间，康有为即将上位之际，湖广总督张之洞发表了他的《劝学篇》，历史学家徐中约简约地概括为：（张之洞）使国人深刻意识到“五知”的重要性：（1）知耻，知道落后日本、土耳其、暹罗和古巴的耻辱；（2）知惧，知道越南、缅甸、朝鲜、埃及和波兰的可怕命运；（3）知变，不变其习，不能变法；（4）知要，知道中学和西学的要点——前者是实用的而不是思古的研究，而后者是政治体制而不是技术；（5）知本，在海外不忘国，见异俗不忘亲，多智巧不忘圣。“中体西用”，实为张之洞思想之核心，即复兴儒家为国家道德基础，采用西方的器械以备实用。徐中约评论：“张之洞聪明但不正确的原则，是抵抗保守派攻击的有效盾牌；即使是顽固派，也不能责备他背叛儒家和中国传统。站在这个无懈可击立场上，他继续为变革的必要性辩护。”

一般史论，张之洞为温和或者说保守的改革家。在寻找中国现代化的道路上，他当然也是康有为的竞争者，只不过相当长的时间，他被遗忘。

历史自有其逻辑，张之洞的“中体西用”未必正确与成立，但《劝学篇》里提供的一种理解日本现代成功之路径，及其中国可仿效之道，却铸造历史另一动力来源。在《劝学篇》中《游学·第二》一章论称：

> 日本小国耳，何兴之暴也。伊藤（博文）、山县（有朋）、榎本（武扬）、陆奥（宗光）诸人，皆二十年前出洋之学生也，愤其国为西洋所胁，率其徒百余人，分诣德法英诸国。或学政治工商，或学水陆兵法，学成而归，用为将相。政事一变，雄视东方。

在这一章节里，张之洞还非常实际地提出了一些理由，解释到日本学习胜于到西方，而这些朴素之论，反而得到异乎寻常的认同与响应——“至游学之国，西洋不如东洋（日本）。一路近省费，可多遣；一去华近，易考察；一东文（日文）近于中文，易通晓；一西书甚繁，凡西学不切要者，东人（日人）已删节而酌改之……中东（日）情势风俗相近，易仿行。事半功倍，无过于此。”

康有为在上书里，也有变法三策：采法俄日以定国是（“俄”指彼得变法，“日”指明治维新）、大集群臣而谋变政、听任疆臣各自变法。虽然甲午战争仅过去四年，日本为仿效与学习之国，已渐为潮流。只是康有为所论，过于宏大，反不及张之洞具体而微更具说服力。

为什么“敌国”日本，此际反成中国追随之国？从日本的角度观察，美国佐治亚州立大学历史学教授任达（Douglas R.Reynolds）检索日本国内档案，认为：1898 年 1 月升任为参谋总长的川上操六基于没有永久的朋友或敌人，只有永久利益的原则，提出战胜中国后，日本战略思想需要弹性，主动与中国友善。史称“川上主动”。

从当时中国所处国际环境看，甲午战争后，三国干涉，日本还过——在中国东北的利益上，日俄冲突上升为主体，与中国友善则为一种回应俄国挑战的策略。为着日本的本国利益，日本对华外交政策由此变化。川上迅速派出自己的下属进行一连串的关键性会晤，分别拜见两江总督兼南洋大臣刘坤一、湖广总督张之洞。选择长江流域的权臣作为日本的政府公关的重点对象，其意在，“为长江沿岸各省训练现代化军队，作为抗衡北方俄国的砝码”。

而当时出任日本驻华公使的谷野文雄，在1898年间，不仅在口头，而且写信给中国官员，表示日本政府承诺支付二百名中国学生在日本学习的费用。由于事前未获授权，他马上受到外务大臣西德二郎的申斥，认为承诺过多。不过，西德二郎虽然申斥，但仍确认日本（谷野文雄）既已作为承诺，便有责任如数支付。

效法日本，遂由此而兴。留学却是最方便彼此的一种选择，而且，日本之门已经打开。

在张之洞撰写《劝学篇》的两年前，中国总理衙门派出十三名年龄由18岁—32岁的学生到日本学习，其中四人不适——不适应日本食物，不能忍受日本孩子以至成年人“猪尾巴”一类的辱骂……而返国，留下来了九人。这是一个起点。两年后，各省继续派出留学生去到日本学习。留学日本之潮，开始启动。地方比中央更为积极。

1900年很关键，这是康有为勤王的年份，也是孙中山革命有所转折的年代。对清廷而言，作为对戊戌变法的一种曲折回应，他们鼓励义和团运动，引发八国联军进攻北京，事情不可收拾。晚清此际，正是大起大落，作为挽回颜面的一种选择，这年年底，慈禧也决定变法，后世称之为“新政”。而这一变法上谕的主旨，完全依托张之洞《劝学篇》为蓝本。如果说戊戌变法是康有为与光绪的合作，康为推动人；那么，此次则为张之洞与慈禧的合作，张系推动人。张之洞的政策要点，简而言之：废科举、兴学堂、奖游学。

在张之洞暮年，各种机缘巧合相聚，这位依据传统的学优而仕路径的读书人，终于轻轻开启了现代化中国的一种关键要素，近代中国知识分子群体由此而兴。这才是更为持续而恒久的历史力量来源。只是，它虽然关键却过于“基础”，远远不如康有为在权力中央的翻手为云覆手为雨那样为人注目，因而长期不彰。这应当算为历史潜流的一种。

近代知识分子

无论按日本学者实藤惠秀，还是按中国学者李喜所的统计，留日的中国学生曲线都呈一种陡峭形状：1896年入学日本13人；1899年过百达202人，1903年超过千人，而1906年则超过万人。十年之间，增长百倍。早期的留学日本学生中，有张之洞的长孙张厚琨，为了明显地表示友好与关切，日本驻上海总领事小田切和日本外交说服近卫公爵，同意张厚琨进入近卫掌管的贵族学校，并作为这个十六七岁少年的监护人。同时，京师大学堂辅佐总教习吴汝纶的儿子，鼓吹改革的黄遵宪的儿子、孙子以及表弟、侄儿都进入日本学习。

粗略估计，1898—1911年，至少有2.5万中国学生跨越东海去到日本求学，寻求现代教育。这一数据比之“二战”之后世界性的留学潮，当然不足自耀，但回到世纪初，其意义确需重新评估。更为认真的研究者马里乌斯·詹森提出了他的判断：“（中国的留学日本运动）是世界历史上第一次以现代化为定向的真正大规模的知识分子移民潮……到那时为止的世界历史上，可能是最大规模的海外学生群众运动。”

既此，那么，我们研究现代中国之演进，岂可忽视这一历史运动？

留学日本，以图中国富强，这当然是力促此事者的初衷。那么，回到具体的留学生，或者说中国所形成的近代知识分子这一群体呢？史扶邻的观察是：“在东京，学生们更感到中国所处地位的卑微，而且不愿接受这一事实。”这种情感力量，最终聚散为总。

最早能够接续这一即将形成新型社会力量的，仍是梁启超。“武装斗争”以及“勤王”不是康梁之长，但鼓荡舆论，其时却难有超越梁启超者。同样以媒体从业者的角度来观察梁氏办报，他自己说得清楚明白：“著书者，规久远明全义者也，报馆者救一时明一义者也。故某以为业报馆者，既认定一目的，则宜以极端之议论出之，虽稍偏稍激焉而不为病。”（《新民丛报》所刊《敬告我同业诸君》）简单来看，“以极端之议论出之”，是为梁氏办报的关键理念。当时的读者评价梁启超，多用“笔端恒带情感”——这与极端之论配合，梁启超当然很迅速成为“言论界骄子”。如果我们取梁氏文章的受众角度观察呢？显然，正是兴起并且快速扩张的留日学生是其重要的读者来源；而到晚清中国，1901 年（辛丑年）科举程式改变，废弃八股，改用策论，应考的秀才失去了揣摩的工具，康梁主办的《清议报》和《新民丛报》就成为他们模仿与学习的榜样了，虽然清廷禁止，但国内却依然畅销。有此两端作底，梁启超自是声名大振。

中国近代知识分子兴起，其思想根基的培植，梁启超功莫大焉，这是实情。

将思想史的演变，简单成思想的响应与潮流来观察，或许更能理解那个时代。甲午战争之后，“变”成为潮流，而此际，梁启超另创新面，提出“国民”概念：“中国人不知有国民也，数千年来通行之语只有以国家二字并称者，未闻有以国民二字并称者……国民者，以国为人民公产之称也。国者，积民而成，舍民之外，则无有国。以一国之民治一国之事，定一国之法，谋一国之利，捍一国之患，其民不可得而侮，其国不可得而亡，是之谓国民。”由国民概念之起，导向的是“民权”概念的兴起与深入人心。那么，再往前推导：国家与统治者（清政府）并不是天然一体。忠于国家，未必必须忠于朝廷，甚至相反。

“救亡”中国，必须变法，必须兴民权，这是一种递进。其影响，金冲及论述："爱国首先要从兴民权开始。他们还把'国民'同'奴隶'鲜明地对立起来，作了强烈的对比。这种宣传对思想界产生了巨大影响，直至五四期间的《新青年》中还可以看到：他们处处以'国民'自许，反对形形色色的'奴隶'道德。"由此可观，"民权"已深植近代知识分子根基。

既有民权思想引导，国家兴亡，匹夫有责自是必然。这个时候的国家是什么样的状况呢？

义和团运动后遗症正在爆发。俄国作为八国联军的一部分，义和团运动之际侵入东北，之后在谈判处理时，却又别有居心提出单独解决。俄人先是挟制毫无权力的盛京将军私订一暂时协定，将奉天置于俄军控制之下；遭到反对后，俄方反而提出更为苛刻的条件，不仅剥夺中国在东三省的主权，且涉及华北、蒙古、新疆。消息传来，列强大为震动，警告清廷权臣不可接受，而清廷李鸿章倾向接受，张之洞等则断然拒绝……朝廷摇摆不定，将决定权交给中国驻俄公使杨儒全权处理，杨儒回电称，朝廷若无明确指示，他决不会签订。这种种纠缠，是义和团善后谈判最为棘手的事情。而清廷谈判代表李鸿章，被俄方代表威逼：如不签约，重贿将不支付（中俄密约谈判时许诺而未付之贿款）。直至李鸿章辞世当天，俄方仍来逼迫。

之后，因为国际形势不利俄国，俄方终于允许恢复中国在东北的权力，并决定俄军于十八个月内分三期撤离。但是，条约仍似一纸虚文，第一期撤兵，俄军仅将奉天辽河以西部队退集南满铁路附近；而第二期撤兵，根本不理，又于 1903 年 4 月对中国提出新的要求。后世读史者阅读近代史，每每绕不开的就是俄国谋我国土，既急且狠。令人悲愤莫名，心痛不已。

东京报纸迅速报道了俄国的非分要求，其中俄国公使对记者的谈话直接而明确："今宁断然取之，归入俄国之版图。"这个消息在留日学生里引发强烈震撼，纷纷集会，要求拒俄。这当然是出自本能的情感。拒俄学生组织了一个有130个学生愿意参加战斗的学生军，自愿回国充当驱俄先锋。学生们还派出两位代表回国，准备游说袁世凯出兵抗俄。结果学生们大失所望。当年上海章炳麟等主持的《苏报》揭露驻日公使蔡钧致两江总督端方的电文："东京留学生结义勇队，计有二百余人，名为拒俄，实则革命。现已奔赴内地，务饬各州县严密查拿。"这份报纸还载有清廷密谕："地方督抚于各学生回国者，遇有行踪诡秘，访闻有革命本心者，即可随时获到，就地正法。"

这是中国近代史里外交导内政的典型案例。清廷面对事实上基于朴素国家情感"反帝"的留学生，以"革命本义"度之，并采用"严防死守"之策，结果对学生刺激之巨，倒真使原本没有"革命本心"的留学生们逆转，由"反帝"而"反满"。

当年7月出版的留学生刊物《江苏》，在一篇名为《革命其可免乎》里，揭示了这种逆转：

> 闻其密札有曰：名为拒俄，其实革命，夫革命竟革命耳，何借拒俄之词为？今既拒俄，则非革命固无疑矣。而端方、而蔡钧，必欲合并而混同之，务极倾陷以为快。呜呼，我留学生何万幸而遽邀革命之名乎？夫有拒俄之诚而即蒙革命之名，吾知自今以往，世人之欲忠于满洲者惧矣。然使昌言革命而徐图拒俄之计，吾不知彼满洲者于我将奈之何？是故余乃抚然慨息，悄焉累欷，以敬告于我留学生，并以谂同胞四万万黄帝之胤曰：呜呼！革命其可免乎？

有民权为根基的近代新型知识分子，经此一变，国家与清朝廷概念两分，不再一体，民族主义观念迅速上升。

在接近十年之后，孙中山先生以革命行动来完成的"民族主义"，开始在新兴的知识分子群体里悄然形成。边缘集团的反抗，时势相助，遭遇更具社会资源与社会动员能力的知识分子集团的兴起，他们能否以及如何达成合流，遂成关键。

激荡与演变

民权与民族，近代中国知识分子的观念之变，仅仅只是留学海外若干学生的觉悟？当然不是。拒俄事件刚刚爆发，18 岁的留日学生邹容回到上海，出版了他所撰的《革命军》。这本小书，将民权民族种种观念与思考，直接演化为两个字：革命。开头即论：

> 有起死回生，还魂返魄，出十八层地狱，升三十三天堂，郁郁勃勃，莽莽苍苍，至尊极高，独一无二，伟大绝伦之一目的，曰“革命”。巍巍哉，革命也。皇皇哉，革命也。
>
> 吾于是沿万里长城，登昆仑，游扬子江上下，溯黄河，竖独立之旗，撞自由之钟，呼天吁地，破嗓裂喉，以鸣于我同胞前曰：呜呼！我中国今日不可不革命！

金冲及评论此书：“充满着炽热的革命感情，笔调又通俗明快，犀利有力，使人读了就像触到电流一样，无法平静下来。”很迅速，此书被广泛翻印。香港、新加坡、横滨都出了《革命军》，孙中山还将它拿到美国重印出版；而黄兴在湖北把它秘密散发给学生和陆军士官生。有统计说：这本书总共出了二十版，达一百多万册。当时正在日本留学的鲁迅回忆说：“倘说影响，则别的千言万语，大概都抵不过浅近直截的‘革命军马前卒邹容’所做的《革命军》。”

革命，由此渐成潮流。再回到思想史演化的脉络，十年之间，“变”之思潮，经民权与民族主义观念启蒙，此际，终于进展到“革命”一途。

曾经的“启蒙者”，“尊皇”而决不将国家与清廷分离的康有为梁启超，此刻遭遇挑战。章炳麟在其《驳康有为论革命书》里，以论战方式阐述了革命的意义。康有为称人民道德低下，不配革命；章炳麟则用具体历史事实来论证：“人心之智慧，自竞争而后发生，今日之民智，不必恃他事以开之，而恃革命以开之。”康有为认为革命会引发社会紊乱；章则指出：革命不只是破坏，同时也是建设，“公理之未明，即以革命明之；旧俗之俱在，即以革命去之。革命非天雄大黄之猛剂，而实补泻兼备之良药矣。”康有为将光绪皇帝说成尧舜以来所未有的“圣明之主”，而章炳麟对此，颇为挑衅，直斥“载湉小丑”——这实在过于戏剧性。传统中国的戒律之一，即皇帝名讳不可讲，可章氏竟直称小丑，无论顽固派、中间派还是革命派，无不震撼，传播因此广泛。也由于如此大不敬，章炳麟与邹容入狱。而这一事件更加大了章邹两人言论的传播广度。欧洲报纸不仅报道此事，还将《革命军》节录刊载。

这种论战，后来一直持续，而名目变得简单，“革命党”与“立宪派”之争。

拒俄事件另一后果，则为中国内地革命团体风起。黄兴、宋教仁、刘揆一、陈天华等在湖南建立了华兴会；吕大森、胡瑛、曹亚伯等在湖北建立了科学补习所；蔡元培、陶成章、龚宝铨等在上海成立了光复会；柏文蔚、陈独秀等在芜湖成立了岳王会；杨庶堪等在四川成立了公强会。

“革命”风潮之下，这些革命团体创立后，其所循路径，竟一如当年孙中山成立兴中会后的起义——直接行动。史扶邻描述说：“他们不是把自己关于民族主义和共和主义的不实用的言论变为实际的政治方案，创立一个组织去争取群众对这些口号的支持，而是遵循早期兴中会的更加冲动的榜样。他们甚至在自己所写的动人宣言墨汁未干之时，就开始制造炸弹了。”

离拒俄事件仅仅过去一年，黄兴在湖南成立华兴会后，即着手准备于1904年11月16日慈禧寿辰当天起义。黄兴是秀才家庭出身，据说他幼年除读古书之外，还学了乌家拳，有一身好功夫。后来在湖北武昌两湖书院读书，颇受重视；他还曾参加唐才常的“自立军”，未被当局发现；1901年被官府派去日本“考察学务”。他是因拒俄运动而被推派回湖南做“运动员”，这时他成立反满的华兴会。可惜，由于起义前，两个会党成员被捕，事情败露，黄兴逃亡日本。稍后，华兴会的会党成员马福益计划在湘西发动另一次起义，黄兴和刘揆一又返回大陆。结果，起义军在长江厘卡同卡弁相遇，引发枪战，马福益被捕；黄兴再次逃亡日本。按薛君度所著《黄兴》里记录，为着起义，黄兴与刘揆一借了5万元以应付开支，起义未成，而这一债务却使他们破产了。

显然，充满激情的留日学生革命团体，比如黄兴，迅速发现激烈的革命行动，意欲达成结果，并不容易。如果与早期广州起义比较，我们不难发现，当年孙中山起义，有华侨的钱（虽然不多）与会党的力两者集合，即便如此，成功却总是无望。而后来的革命者，其实连这两者资源都不充分。革命，空有热情，无可成事。

回望那个历史当口，后世读史者可以想象的是，分散而资源严重匮乏的各个革命团体，集合资源，由分散而集中，或是未来必须的选择，也是各个革命者的向往所在。

孙中山的日本追随者宫崎滔天，在1900年惠州起义失败后，颇为“烦闷而懊丧”，于是安静地回到日本写了一本自传《三十三年落花梦》，记录自己的浪人生涯。这是一本奇特而传奇的书，它于1902年在东京出版。这本书对早期孙中山革命生涯有较为具体的描述，这一切并不为中国人所知，而且，他以极其肯定的语气判定：孙中山是中国未来的杰出领袖。这个判断出自“有骑士气概的日本冒险家”之口，那些留学日本的中国学生，很难不表示出钦佩。一年后，章炳麟在上海出版了《孙逸仙》的节译本，迅速畅销；稍后，又有全译本在上海出版。值得注意的是，这一年正是拒俄运动，留日学生民族主义勃发之际。那个过去在他们视野之外的，也是他们一直在寻找的英雄，终于浮出水面。

同持民族主义的边缘集团与近代知识分子集团，有了融合的可能。

一年后，亦即黄兴计划起义时间的慈禧寿辰。清廷为了庆祝寿辰而大赦了造反者，但有三个人排除在外，其中就有孙中山。清廷此举，不啻为孙中山提供了“著名革命者”的一种证明。孙中山终于在更广泛的范围内，让他的中国同胞尤其是知识分子集团知道了他的名字。清廷另外排除在外的两个人，分别是康有为与梁启超。

1905 年，游历各国而重新回到日本的孙中山与黄兴、宋教仁等见面；8 月 20 日，中国同盟会成立，分散的革命力量终于集结。这样，中国有了一个初步具有现代政党一切特征的党——一个等级制的结构、一个纲领、一个宣传机构和一个行动计划。尤其有了一个公认的领袖：孙中山。在同盟会会刊《民报》的发刊词上，孙中山将他的全部革命主张概括为“民族”、“民权”、“民生”，并且强调“三大主义皆基本于民”。孙中山颇有信心地写道：只要实行这三大主义，就可以“举政治革命、社会革命毕其功于一役”，使中国臻于独立富强之境。

这一年，在中国国土上的日俄战争结束，君主立宪国家日本战胜强大的俄国，清廷于是采“立宪”制度，康有为与梁启超多年的呼吁鼓荡，终于结出正果。很遗憾，只是他们仍为通缉犯，被排除在外，未被体制吸纳。

未来中国，两条道路，革命与立宪继续竞争。

另种历史潜流

在《孙中山：勉为其难的革命家》里，史扶邻记录：“同盟会一成立，孙中山便在横滨印刷了200万票面1000港元的债券。他还在英国和法国印刷可望欧洲人认购的其他债券，但没有见到有人认购的记载。”很显然，资金一直是革命最为急需也最为缺乏的资源。

1903年9月底，正当孙中山的名字开始被传播声誉渐起之际，他向朋友借了200元的盘缠，离开横滨去往夏威夷。他的这次第二次环球之旅，一则为了收复被保皇会康梁夺走的夏威夷“阵地”，再就是寻找革命的资金。在夏威夷，面对被保皇会争取过去的信众，以及他们所拥护的“君主立宪”，孙中山言辞直接铿锵：“痛骂汉人之无资格，不当享有民权。夫满洲以东北一游牧之野番贱种，亦可享有皇帝之权，吾汉人以四千年文明之种族，则民权尚不能享，此又何说？……可见彼辈所言保皇为真保皇，所言革命为假革命，已彰明较著矣。由此观之，革命保皇二字，决分两途……革命者，志在倒满而兴汉，保皇者，志在扶满而臣清，事理相反，背道而驰，互相冲突，互相水火。”孙中山的问题很有力：假如汉人没有资格成为共和国的公民，那么满人又为何有资格当皇帝？收复失地，不成问题。资金方面，虽然他也迅速还了在日本的朋友借给他的200元盘缠，但进展有限。

之后，孙中山去旧金山，在致公堂大佬黄三德陪同下，开始全美旅行，寻找革命成员以及资金，但当他们跑了洛杉矶、新奥尔良、芝加哥、亚特兰大……几十个城市后，一无所获，两手空空地到了纽约。这时已是1904年的冬天，黄兴的起义业已失败。在纽约，他接到留学欧洲中国学生的邀请。这个时候，孙中山未必知道，他已经成为留学生们寻找的英雄了。在柏林的中国留学生朱和中回忆说：“我辈至今群龙无首……正可乘机觅孙逸仙。”

边缘集团与新兴知识分子集团，打开了融合的通道。1904年12月，孙中山赴伦敦。

很显然，孙中山征服了欧洲的中国留学生。之前，他们更信任读书人出身的康有为与梁启超，而康梁将孙描述为目不识丁。结果，留学生们发现，“这是一个有才华的人。穿着跟欧洲人一样，而且对西方最新的政治潮流是熟悉的。”但是，学生们与孙中山的聚谈进入深度沟通时，虽然对他在理论上的阐述明显地感到满意，但却未必同意他的策略。

这是一场超长时间的争执，史扶邻记录：朱和中坚持认为革命不能撇开知识分子（意思是学生）。他指出，策反新军（它的许多军官都是归国留学生）为革命提供了最好的机会。他的朋友吴禄贞成功的鼓动是一个足以说明问题的例证。但是孙中山坚持认为有功名的人和军官搞不成革命。他为会党辩护，认为应当优先考虑他们，并把他们作为革命的骨干。朱和中以1900年唐才常汉口密谋的失败教训为例进行反驳。他和其他支持这个密谋的人们（包括梁启超在内）一样，认为哥老会在政治上完全不可靠，他们的兴趣仅仅在于抢劫。他还提醒孙中山，孙过去之所以失败就在于缺乏知识分子的支持。在争论了“三日三夜”后，孙才决定给予学生和会党以同等的地位。孙中山最后接受了学生们的意见，凡为留学生中全心全意献身于革命者，均可做领导人。

新军，更为隐秘的一种力量，此刻才被同持民族主义的孙中山与留学生们共同意识到其价值。但是，似乎他们仍只被当作如会党一样，可以借用的革命力量而已。

所谓历史动力，换言为历史条件，亦无不妥。但是，长期以来，以纯粹的孙中山先生领导革命这一狭窄路口进入，由结果寻前因，甚至有“武昌首义”不过事发偶然之结论，因为它很难导入同盟会直接领导的名目之下。如果忽略新军这一历史动力，那么我们将无法理解袁世凯之篡权以及后来北洋军阀之混乱时期，他们当然是“革命”的动力与遗产；而同时，也正因为有后来的军阀混战，这一历史动力更难认定。新军价值由此沉为历史之潜流而未为人知，历史也由此失真。

有意思的是，如果回到历史现场去寻找辛亥何以革命，其三种历史动力：起源于边缘集团的孙中山，发迹于权力中央的康有为及其文人集团，主导者为政府的新军（及其领导人袁世凯）——所谓军人集团，皆为回应甲午战争失败，寻找现代化中国出路的选择。动力既已隐伏，历史只需等待它们各自的成形、演变以及最终的时势安排。后起的知识分子集团，当他们介入其间，社会动员则告开始。

甲午战争前三十年，重海防而视陆防，结果北洋海军一败涂地，于是有了赶练新军之议。1895 年，中央政府控制的胡燏棻练“定武军”，复将以能战知名的聂士成部改为“武毅军”，均驻天津附近。同年，张之洞创“自强军”及陆师学堂于江苏，次年立“护军营”及武备学堂于湖北。稍后，袁世凯上书论兵，于是获得督练定武军之职，名为“新建陆军”，戊戌政变后，袁的这支军队人数增至 1 万人。而日俄战争，再次促使新军扩张。面对在中国国土上进行战争的两个国家，清廷被迫采取预防措施，以保证东北边疆的安全，部分北洋军移师长城以外，将袁世凯常备军第一镇（师）开拔到山海关附近的永平府。与此同时，清廷下令立即增设实力与编制相仿的两个镇。辛亥前夕，全国一共有 14 镇（不包括禁卫军）组建完毕，实际战斗兵力大约达 19 万人。

“军事教育和军事技术的剧烈变革往往是一场政治性的经历”，这已为政治学的基本共识，经常我们会以此来分析诸如中东国家巨变的军人集团作用，那么，为什么不可能以此来分析当年中国的革命？很显然，受过专门训练的新建陆军，将与正在形成的中国近代知识分子集团一样，更清楚地意识到中国的衰弱。他们会像知识分子集团一样作出反应吗？

回到中国的历史现场。那个年代，当兵未必值得夸耀，为吸引有出息的年轻人进入新军，清廷规定：新兵经过去三个月的见习，将被豁免 30 亩土地的地赋银。无地赋银可免者，则准予享受通常赏赐给有功名书生的免税权。而且，他们的家属还得到相应的保护，以免受到地方官与土匪无赖的骚扰。军人的家眷一旦卷进诉讼案件，将由代理人在公堂上为他们申辩。当然，当军人退伍或被开除，这些特权也将失效。而且，新军的俸饷也很丰厚。标统月给俸饷 500 两……正兵月饷 4 两 5 钱，副兵月饷 4 两 2 钱。若与清朝传统的荣誉军队比较，便可见其不菲，八旗马甲月饷 3 两，步甲月饷 1 两 5 钱；绿营马兵月饷 2 两，步兵月饷 1 两 5 钱。

经现代化训练的新军，作为一种集团，在晚清不多的岁月里，迅速崛起。

对这一集团，英国《泰晤士报》记者莫理循 1910 年发出的报道描述：在近代中国可以觉察到的最大变化，或许是以往受到轻视的军事职业现在得到了尊敬……军人现在要求得到跟他权威地位相称的待遇。军官乘火车坐头等铺位，士兵不再愿意像牲口般地挤在无盖的货车里，他们现在要求坐进客车车厢。莫理循甚至断言："文官与武官的相对官秩已经颠倒过来，现在武官的地位已经优于文官。"

但是，也正在莫理循发出报道的差不多时刻，美国来华的传教士 W.J. 卡尔奥在给国务卿的一份急件中概括了当时的局势：在难以获取陆军"士气"及军纪状况可靠情报时，有一点是不会令人感到意外的，即有朝一日土耳其的革命模式在这里重复的话，真正的革命将由中国下级官佐发动。

果然，卡尔奥言中。而且时间仅过一年。

辛 亥

军队作为一个相对封闭的集团，它不那么容易被外界认识，而这一集团自身的种种变化，又被当事人视为当然而内部消化。只是，在华的外国人，更敏感更希望知道点什么。

英国驻华公使朱尔典在寄回国内的文件里最早记录了这一事实："1907 年，杭州许多军校生和教习割辫，但当地驻军的官兵还没割辫；在安徽，少数几个军人割去发辫，其他军人将发辫盘在帽子里，听任其他部位的头发生长，因此当他们戴上军帽时，看起来好像辫子已被割掉了。广州的陆军小学堂中有 25% 的学生割去了辫子。未曾听说过军校生和士兵因割弃辫子而受到严惩的事例，这表明军事当局同情割辫运动。"中国报纸也有注意这一事实的，《民立报》1911 年 1 月 3 日报道说：黎元洪非但宽恕剪辫行为，而且还为某些士兵断然剪去辫子而感到高兴。

清朝中国人留辫，是民族臣服关系里至关紧要的象征所在。相比于清人入关后最初百年里的严厉控制，这个时刻，情势已经逆转。较早研究辛亥革命里的军人集团的澳大利亚历史学者冯兆基，在其所著《军事近代化与中国革命》里论述："在中国人看来，割去辫子的真正意义远远比这种行为本身来得重要。"

中国同盟会成立后，先后组织各地起义，但仍未有成功。1908 年，方向转向运动新军。

回到首义之地湖北。1910 年 2 月以来，整个长江下游地区雨水巨多，蔓延至中游，这年武汉的水位"实际上已超出人们记忆"。之后，米价由每担 5000 文，一月之间涨到 8000 文。这个时候却传出武昌政府将削减新军费用的消息，果然，各级军官俸银决定减少 40%。当年由吕大森、胡瑛、曹亚伯等在湖北建立的革命团体科学补习所，此刻，已演化成完全是新军系统内部的革命组织"文学社"，由蒋翊武领导。另一由孙武领导的革命团体"共进会"，开始尝试并完成与"文学社"的联合。准备，已经就绪。历史条件，业已具备。

辛亥，1911 年，终于到来。

1919年7月，孙中山指定胡汉民创办一份杂志。胡汉民原欲将其命名为《改造》，结果未获孙中山同意。他说："建设为革命之唯一目的。如不存心建设，即不必破坏，更不必言革命。"杂志遂定名为《建设》。革命是为了建设，知易却行难。

广州起义九十年后，1985年，学者陈德仁与安井三吉研究当年孙中山逃亡行程，检索孙中山登陆日本时的所有报纸，并没有发现"支那革命党首领孙逸仙抵日"的报道。这次起义只有《神户又新日报》报道，但称当事人为"广州暴徒"。那么，据此以观，中国"革命"一词，源自于此，未必准确——翻检日文报纸，"革命"与孙中山名字相连的，在1898年，宫崎滔天翻译孙中山的《伦敦被难记》，其题即为：清国革命领袖孙逸仙幽囚录。当然，"革命"一词虽然未必源出神户，但这是孙中山先生一生的写照与志业，却是无疑。

1925年，孙中山先生逝世。他的遗言是：革命尚未成功，同志仍需努力！

革命。继续革命。成为革命者必须继承的遗志。

袁世凯　辛亥年间的中国政治格局

袁世凯为什么想当皇帝？答案需从他为何获权里寻找。孙中山后来说他最后悔的是将临时大总统之位让于袁世凯，袁由此而难脱“窃国贼”之恶名。国家最高权力，一个“窃”字，便可解释吗？

> 头等车内仅三数人，予觅一近暖气处坐定。旋来一人，衣素服，发毛鬓鬓，随从甚多，坐处与余相对。见其仆辈置似新闻类一束于其旁，其人遂翻阅，两点二十五分，车过丰台，阅有四十分钟，其人端坐未行动。旋有仆人又置似酒类一樽于几上，车上之仆均事之甚谨。余察其人举动，异于常人，以英语询车中检票人，知为清国军机大臣袁世凯。四点三十分，车至老龙头，袁下车，即乘一华丽马车往西去。

被清朝免官“回籍养疴”第二天，袁世凯反常地由北京去到天津，而不是回到原籍。英国人海鲁记录下了这段当时他与袁同行去津的行程。袁的家眷亦于同日抵达天津。

袁世凯着实仓皇。一天之间，带着十房夫人无数子女悉数由京至津，确算逃命了。

选择去天津，住进英租界的利顺德饭店，对于袁世凯，是准备若再有变故，可由此亡命日本避祸——大儿子袁克定在获知父亲被罢诏书后，判断是，“这是要像尔朱荣那样被杀的！”袁世凯当然恐惧。但是，袁一手扶植，并继任他的直隶总督杨士骧却拒绝了他。杨只是让自己的儿子去见袁，然后再传话说：“他本是奉旨回籍，怎么可以来这里！他要是赖着不走，我只有报告朝廷了。”对于袁，这又是一道羞辱。

在袁世凯跑路去天津的时候，他的军机处同事，军机大臣世续去袁家慰抚他，看门人说袁病了不让进门。世续不客气，硬闯袁宅。看门人无奈，说了实话。世续大惊说：这才真是加速大祸临头呢！赶紧用电话催促袁世凯回朝，并说再无追加严惩之后命。这样，惊魂稍定的袁世凯率领的一个庞大家属群，又于次日返京。

权倾朝野如袁世凯，顷刻间却觉命将不保，这只是袁自己想象的恐惧？未必。当光绪与慈禧辞世之后，袁必有大祸，即为其时清一朝官员的广泛传言。据说，一天袁退朝稍迟，即有传说他被杖毙，与袁有关系的人，都赶到袁府探问——“北洋公所车马络绎不绝”。稍后，袁世凯回到家中，误会方释，大家才各自散去。

袁之祸，那只被等待掉下来的“鞋子”，终于掉了下来。1909 年 1 月 2 日，袁被罢官。

避祸之道

袁世凯的这场灾祸，1898 年因出卖光绪皇帝，即已种下。这是袁世凯一直的隐忧，即使在他“吏、户、兵、工四部之权，一人总揽”之际，仍未敢忘怀，在给其兄袁世勋的信中说：“朝中公正老臣都已谢世，朝政尽入贵胄之手，弟此次得跻高位者，赖有太后之宠眷耳。然而慈宫春秋已迈，犹如风中之烛，一旦冰山崩，皇上独断朝政，岂肯忘怀昔日之仇，则弟之位置必不保。”

此等情势之下，袁如何避祸自保？当是理解他行为逻辑的一个隐性线索。

种祸十年之后，1908 年袁世凯 50 岁生日，慈禧念其前情，赏赐他无量寿佛、金佛各二尊……这场祝寿会由此轰轰烈烈。据当时报纸报道：袁共收到寿联五百余副，寿屏一百二十余堂，全部用泥金笺，没有用红蜡纸者。一时之间，北京、天津、保定三地的泥金笺、寿屏为之购买一空。不过，福祸同行，寿会弄大了，御史参奏袁以做寿为名，广泛揽财物，结党徇私。反过来，慈禧又招袁世凯来严加训斥，袁受惊不小，谢罪出宫时，"惊惶失足，从殿阶坠地，跌伤右腿"。后来，"足疾"，正是将他开缺的说辞。

袁的寿宴结束不足两个月，光绪与慈禧又先后辞世。摄政王载沣系光绪皇帝之弟，袁世凯延搁十年的灾祸，势将爆发。这个时候，袁有无底牌可自保？似乎有。

清朝新一任宣统皇帝登基之日（1908 年 12 月 2 日），清朝的秘密使节团由唐绍仪率领已去到美国。唐绍仪看上去的任务是与美国协调退还庚子赔款的具体办法，以及协助币制改革的一笔借款……但唐真实的使命却是希望与美国、德国接洽一个三国协约以保持中国的完整。这个计划，两年前由德国提出。

简单地看，当时的中国，正处于帝国主义列强争夺势力范围之际。当时的清朝廷的策略是"以夷制夷"——利用列强之间的矛盾来形成制约与平衡。列强之一的德国提出了一个什么样的计划呢？生长在中国的美国传教士之子李约翰，在其专著《清帝逊位与列强(1908—1912)》描述："德皇于 1906 年向中国驻柏林公使提出中国、德国和美国缔结一个新的三国同盟或谅解的可能，英国、俄国得加入这个同盟或谅解。这样一个国际阵营的重新安排会使得法国在欧洲和日本在亚洲保持安静，因此它具有双重目标：维持法德间的现状，阻止中华帝国的瓜分。第二个目标正符合美国和中国的政策。"

德国的这一计划，按李约翰的解释，"法德在世界政治中夺取领导地位的斗争以一个极有意义的方式影响了远东。”欧洲国家间的争霸竞赛，引发了德国这一创想。两年后，在军机大臣张之洞与袁世凯的鼓动下，清朝廷接受了这一计划，并开始准备实施。这个三国同盟，当然是基于清朝“国家利益”的一种选择，但于竭力促成此事的袁世凯，“他曾许下诺言说唐绍仪能够从美国获得足够的支持来抵制日本在满洲的侵略”。慈禧辞世，光绪之弟的报复将至，袁的性命有虞，这个时候他的亲信唐绍仪率团去美国——这当然是袁手里最重要的自保底牌，《清帝逊位与列强》一书说袁，“正在因为唐绍仪赴美之行预料可以成功而暂保他的官职”。

德国人提出计划到中国清朝廷的行动，整整两年时间，太长了！在唐赴美之际，日本人已经完成与美国的“罗脱—高平换文”，将法国与日本排除在外的德国计划，已被瓦解。这一结果意味着，袁世凯手里最后一张牌业已失效，“袁的命运再没有什么可以挽救他，使他不致遭受光绪之后和光绪之弟的报复了”。

之后，没有意外，袁世凯被罢官，仓皇逃至天津，然后惴惴不安回到河南乡下……

晚清，一个国家的现实

袁世凯与光绪皇帝的恩怨，竟可如美国观察者李约翰那样想象——用一次国际性的同盟来化解自保？理解这一疑问，必须回到复杂的历史现场。

1900 年，面对八国联军的进攻，慈禧一意坚持宣战，是清一朝最后一次对帝国主义列强的战争。战争的理由，后世读史者求解的过程，颇可见王朝政治的特殊逻辑。当时已采取废除光绪皇帝的第一步，即立溥俊为大阿哥。这一政治选择，最可能引发的是国内战争，即康有为的“勤王”；但却先引发了国际战争。如何理解？宋玉卿所编《戊壬录》里，有甚为传神之记录：

> 立嗣之诏既下，载漪谓其仆曰："各国公使将于今日来贺溥俊为大阿哥事，汝等宜预备茶点。"至夜寂然。初二日载漪又命仆备茶点，至夜又寂然。初三日载漪复命仆备茶点，至夜复寂然。自是载漪之痛恨外人，几于不共戴天之势。凡有满汉官员之谒见载漪者，载漪辄谓之曰："予见中国说部中，恒有剑仙侠客，何至今寂寂无闻？"谒者叩之曰："汝欲剑仙侠客何用？"答曰："吾欲用其力以杀尽外国人。"谒者乃笑谓之曰："世无剑仙侠客久矣，汝将安所求？即求而获之，只杀一二外人，安能将外人尽杀之耶？汝欲杀尽外人，不必求诸剑仙侠客，但求诸义和团可耳。"于是义和团之祸，胎于此矣。

载漪的儿子新立了大阿哥，他自是慈禧殿前的红人，他对慈禧的影响岂可小觑。列强影响中国，此际已深入内里。只是影响方式，以立大阿哥为例，在清之贵族看来，其影响以给不给"面子"为基本，却未必为外国人所尽知。列强的冷漠，当是对慈禧选择的一种态度。

冷漠还不是全部，对于立大阿哥，并由此最终触发此场战争，多数史论的证据："外国照会要求慈禧将政权交还给光绪"。从后来的材料看，这虽然是误传，但在冷漠的背景之下，有此让慈禧交还权柄的传言，已不是伤情感的问题了。战和之间，平衡瞬间倾斜。只是事后来看，这"一战"，代价太大。战争结束，当列强提出和议大纲时，流亡在西安的慈禧自此彻底臣服，立刻发出上谕，宣布政府今后对外的方针是："量中华之物力，结与国之欢心"。而且，至今读之仍觉悲愤的是，上谕还写道："今兹议约不侵我主权。不割我土地。念列邦之见谅。疾愚暴之无知。事后追思。惭愤交集。"

美国人马士在其《中华帝国对外关系史》里记录慈禧回到北京：（1902 年 1 月 28 日各国使节接见）召见从头到尾是在格外多礼、格外庄严和给予外国代表以前所未有的更大敬意的情形下进行的；这件事之所以特别值得注意，乃是因为这是西太后第一次在召见中公开露面，而不是在帘幕后面。（2 月 1 日接待外国使节夫人）在问候这些夫人的时候，表示出极大的同情，并且一边和她们说话，一边流泪。

历史学家金冲及先生在引用这些材料里得出的结论是：这些戏剧性的枝节小事，很具象征性，显示清政府同列强间的政治关系上的微妙变化。简言之，之后相当长时间里，清朝廷被广泛地认定为列强的"代理人"——中国进入半封建半殖民性的历史阶段，即由此而来。

当时在中国办报的日本记者佐藤铁治郎论及清政府对外政策：非野蛮无理，即拱手听命。——显然，转折时刻已经来临，"听命"成为主流。之后，英国《泰晤士报》国际版编辑瓦·姬乐尔描述：中国不能行使自己的主权，她只能在其他国家允许的范围内行使主权。

真正的问题是：清政府如何量中华之物力，结与国之欢心？

甲午战争后签订的《马关条约》规定，中国向日本赔款 2 亿两白银，以后为了赎回辽东半岛又增加 3000 万两白银，还加上因分期缴付所需的利息，相当于整整三年清政府的财政收入——甲午战争前，清政府财政收入大体每年白银 8000 万两上下。

义和团之战后签订的《辛丑条约》规定：中国对各国赔款 4.5 亿两白银。这意味着每个中国人都要承担一两白银。这笔赔款分四十年还清，加上利息和地方赔款，相当于当时清政府至少十二年的财政总收入。两次战争，清之财政已陷绝境。

治国本于理财。如此格局，清政府无论进退，皆为失据。财政之窘，清政府选择只有两途：其一，大量举借外债来支付赔款，其结果便成为列强借以在华争夺和划分势力范围的发端；其二，加紧对国内的搜刮，竭泽而渔。清亡由此而观，指日可待。

如此格局，即以更冷静的现代化的中国发生史角度观察，清政府担当中国现代化转型的领导者，已无可能。简言，其财政汲取能力已经丧失——以举借外债而维持国家基本运作，这成为中国现代化肇始时刻的基本条件。如果失去对这一前提的体察，所论将失当。清廷作为列强的“代理人”政府，其彼此关系与交涉，是需要有具体权臣来处理的。如此，有绝对权力亦有个人信用的清政府官僚，作为列强与清政府“国际（债务）关系”直接代理人，便变得极端重要。这是观察袁世凯的基础——化解恩怨的“国际”自保策略，并非凭空想象。不过，回到中国现实来推测，即使唐绍仪不辱使命，达成三国同盟，袁世凯就一定能够自保？夫仇兄仇，其恨其痛，在传统中国的思维结构里，对光绪之后与光绪之弟而言，感情因素或许将远远超过现实算计。那个时刻，袁世凯欲脱其咎，不易。

虽则，袁世凯期待的以国际同盟以求自保之策，难以成功，但袁世凯继李鸿章之后，成为清政府与列强交涉关系里权重最大之人，已无争议。袁被罢官之后，英国的《泰晤士报》将他定位于伟大的政治家之列，在其社论里评论：“就是这样一个官吏，居然被满洲政府用侮辱的方式放逐了。”未来，袁世凯将如何上位，这才是不可不察的核心权力资源背景。

列强与资本

义和团特别是这一运动所彰显的中国人的顽强抵抗，易被忽视的结果之一是，八国联军统帅瓦德西在其给德皇的奏议里论及，要把“华人置诸德国官吏治理之下”实在是“一种困难”。对中国实行瓜分实为下策：“并吞土地一事，与其谓为促进商业，则毋宁谓为阻碍商业。”

瓜分中国，暂时不是帝国主义列强的选择。——利用“惭愤交集”

的慈禧以及完全屈服的清政府来实行对中国的统治，成本更低。更关键，如瓜分，列强间的利益无可平衡。

八国联军侵略中国之后，中国境内又发生两场战争。1904年，日本与俄国为分割中国东北利益，展开一场激战；与此同时，英国人则公然出兵侵藏，并一举将拉萨占领——此前英国与清政府所签订的条约里，英方虽在不同程度上极力否认中国政府对西藏有主国的统治权，然而自始至终，英方不否认中国对西藏有上国的宗主权。为何？历史学家唐德刚解释："此时的西藏正处于英、俄两强对华扩张的交叉点。而此时的十三世达赖喇嘛在沙俄的暗中诱惑之下，与俄间谍勾搭，并暗上俄皇以'护法皇帝'之尊号。英为防俄，始提高中国宗主国的地位，以排斥沙俄。"不否认中国的宗主权，是英国基于平衡不得不如此的一种选择。

而日俄战争之后，迅速形势逆转，日俄两国为平分中国东北，防止英美染指，竟化敌为友，通过两次密约，擅自将东北划分南满、北满两部分——南归日本，北归俄国，彼此不可逾越；而若有其他列强欲进入，则日俄相助逐之。

这种局面维系了一种奇特而脆弱的平衡。中国的满洲、蒙古、新疆、西藏等边疆地区，帝国主义列强彼此防范，谁也不乐意它们被任何一方强占——不被霸占，他们未来也都还有分赃的希望；而若被一方强占，则其他列强将无指望。因此制衡力量的存在，中国保持着对各地区的宗主权。

明确而蛮横地瓜分中国，并非列强们的明智选择，因此而中国保持完整，亦复悲哀。

在这种脆弱的平衡格局之下，列强与清政府的关系方式，也开始调整而转变，资本在此际成为核心性的关系纽带。

这个时期，各个列强在中国已经逐渐明朗各自的势力范围：1897年德国借口教士被害，出兵占领胶州湾，随后与清政府签订《胶州湾租借条约》，租期九十九年，准许德国修造从胶州湾至济南的铁路，铁路附近30里内煤矿由德国开挖；法国取得了云南、广西、广东的开矿优先权和越南至中国境内建筑铁路、架设电线权，接着又取得了广州湾（今湛江）九十九年租借权；英国得到了中国长江流域永不割让给他国、永任英国人为海关总税务司的承诺，又强行租借九龙新界和威海卫；日本在割走中国台湾之后，还获得清政府不将福建让租他国的认可，并经日俄战争获得与俄国平分满洲的权益……起步稍晚的美国只能提出"门户开放"的主张。

1901年之后，列强此前的动辄武力相向的行动，开始转向实现各自的投资特权。与正常的国外投资不同，这种特权是在中国丧失国家主权的情况下进行的，由外国资本享有垄断权利。——统计表明：甲午战争前，虽经过五十多年积累，1894年外国在华企业资产总额还只有约1.09亿美元，而到1902年则已增至4.78亿美元。

大量资本进入中国，与清政府急举借外债以偿赔款并维系国家运行形成一种奇异的结合。借债须有抵押，而此前清政府已将差不多能够抵押做担保的东西押了出去，现在还剩下最有价值的就是铁路——"量中华之物力"，也惟有此端。铁路之于列强的价值，除了投资巨大，资本收益率极高之外，更重要的是，兴建铁路所经地区，一般将成为投资国的势力范围——在政治上，这是另种形态的争夺并瓜分中国方式。

如此局面，正如当年《中兴日报》所载《路矿其不保乎》所言："铁路为全国命脉，从经济上讲，则关于财政；从调运上讲，则关于兵政。若铁路为外人所有，不啻财政、兵政之权，全授之外人也。兵权、财权全在外人之手，国尚能自立乎？"这种简单道理，清政府各色当权人士岂能不知？只是，晚清时刻清政府选择已无，只可能以此饮鸩止渴方式维系。

国家不能自立，革命将无可避免。不过，我们以现代化的中国发生史角度而观察那段历史，那个年代，无论革命、政府再造还是现代化启动……其核心性资源，当然是资本，而资本几乎悉数需要列强输入。非常屈辱的只是，清政府以关乎国家独立的资源抵押列强，只是为了举债偿赔款而已。帝国主义列强先以坚船利舰侵占中国，继以资本控制中国……中国现代化的进程，当然屈辱。

显然，观察那个时代，资本作为列强核心性的控制资源，当是基础。非此，我们将无可理解清亡之后的中国政治走向。而资本的决定性价值，直到改革开放至今，仍可被深刻感知。同样，列强既不瓜分中国，而以经济的方式侵入，那么保持清廷政权的完整性，便成为“合法”掠夺的关键所在。其中，资本的给予与资源的获取，是这种关系里最为核心的行为逻辑。未来，在中国动荡已起，革命在即，他们将会选择何人来“保卫”自己的利益呢？答案在此。

立宪派的选择

在康有为梁启超去国七年后，1905 年，立宪运动再次成为清朝廷的热烈议程。有意思的是，这一重大转折，曾经出卖维新派而与光绪皇帝结怨种下恶果的袁世凯，却成为立宪中坚。

这种转变颇有戏剧性。袁世凯幕僚张一麐回忆：“一日余入见，力言各国潮流均趋重宪政，吾国若不改革，恐无以自列于国际地位。且满汉之见，深入人心，若实行内阁制度，皇室退居于无权，可消隐患，但非有大力者主持，未易达到目的。项城（袁世凯）谓：中国人民教育未能普及，程度幼稚，若以专制治之，易于就范；立宪之后，权在人民，恐画虎不成，发生种种流弊……及越宿，又召余入见，嘱将预备立宪各款作说帖以进，与昨日所言似出两人，颇为惊异……后见北洋与考察诸大臣会衔奏预备立宪稿，即余所拟，未易一字。”

一夜之间，霄壤之别？事实上，一年前，1904 年，与袁世凯断交二十年的立宪派代表张謇，即通信袁世凯，希望他主持立宪，以“成尊主庇民之大绩”。袁世凯的选择，并非朝夕之别，而有深谋远虑。在记录下来的袁世凯与慈禧对话里，可见他的基本考虑——慈禧说：“滇匪虽靖，孙逆未擒，仍是可虑事。”袁对答：“如实行立宪，即无足虑。”

维系清朝之不倒，当是袁世凯的关键考虑。不过，从袁避祸而求自保的个人角度观察，《袁世凯传》作者沙铁军分析：“若借助立宪，还政于民，必然可制约皇权。皇帝若不再金口玉言，拿他也无可奈何。”袁与光绪之怨，或可因立宪而消解？这是一种有趣的猜测。只是，回到历史现场，个人恩怨格局甚微，未必能够完全解释。

当时，清廷之汉人权臣，最为显赫者莫过于张之洞与袁世凯，以未来他们可能达至权力最高峰论，张之洞已经领先。慈禧自义和团一役而臣服列强之后，有了“新政”主张，这一政治选择，促使张之洞脱颖而出，成为各项政策制定的实际主导人。若取张袁竞争以观，康有为之后，此际，张之洞似已领先。那么，在“新形势”之下，如何保持自己排名汉臣第一位的位置，至少不跌落出权力的第一集团，当是袁世凯面临的挑战。“新政”之后，尤其日俄战争以日本获胜而形成的“立宪国”打败君主国的舆论大潮，“君主立宪”遂成清廷未来变革之方向，这是袁世凯可以也必须抓住的机会。

另外，从权力集团的实际运作看，任何政治选择都将是一种利益的重新调整，“立宪”若成，在此名目下新起的利益集团，至少袁世凯已获主导权。这才是政治的要旨所在，当然也是政治人物资源投放的关键。

袁世凯步调即定，随即一再奏请清政府尽快实行预备立宪，派大臣出访德、日考察宪法；请王公嫡系赴英、德学习政治、兵备；在天津设立自治局、自治研究所、自治学社和议事会。1906年8月16日，袁再奏请朝廷预备立宪；两周后，慈禧下诏：“预备立宪”。

从统治者集团当政者内部生发的政治改革力量与立宪运动，发展并不顺利。

争议的焦点是，袁世凯提出取消军机处，设立责任内阁；而满族亲贵的主张则是："立宪非中央集权不可，实行中央集权非剥夺督抚兵权、财权，收揽中央政府不可。"——对应来看，中央集权首先针对的就是袁世凯这样有巨大势力的疆臣。公允而论，其时清政府已是"外重内轻"，即中央政府权力轻，而地方都督巡抚权力大。中央无权，积累资源与财富，并无可能。但是，中国形势演进至此，还有机会与时间给清政府中央集权吗？

清末"新政"立宪的价值，尤其是其间系地方分权还是中央集权的冲突，以后世读史者的角度观察，是传统中国结构性关系之一。之后，无论是袁氏当国，还是孙中山先生继续革命，其路向清楚明确：没有强大而独立的国家（中央政府），其积累资源汲取财政能力皆为疑问。只是，在清政府即将倾覆之际，立宪选择尤其是以集权方式为路径，已非缓不济急，而是本末倒置。不成功自无意外。后来袁氏当国的集权化选择，并以恢复帝制将其制度化，其失败亦将无可避免。

事实是，袁在预备立宪最初的官制改革过程中，失去权柄。袁兼差的所有"政府职务"一并开去；其所统辖督练的军队，在袁的要求下，也只保留二镇，而且只是"调遣训练"。清的立宪运动，坠入旧窠，进入人事纠缠之中。但是，立宪运动所积累的人才资源以及利益集团，却是我们理解那个风云际会年代所不可轻视的要素；而由此以观，袁世凯明面上所失是权，隐性所得却是人脉资源，换言，即他充分地获得了立宪一派"被选择权"。

所谓福祸，对于政治人物，岂能计一时一事之得失。

革命党的目标

在一定程度上看，清廷的立宪运动甚至也是压垮自己的最后几根稻草之一。1911 年春，辛亥革命爆发前夕，清政府颁布新内阁官制，设立新内阁，结果却演化出“皇族内阁”。清走向亡途，已无可逆转。

后世读史、述史并论史，所谓公允，格局大小而已。单纯将清政府当作一个分析单元，它面临列强压迫，举借外债以求运转，亦希望由内部更张而奋发上进……似乎都在合乎逻辑的结构之下。对此失去观察，自然不公。但是，中国遭遇三千年未有之变局的这个时代，传统中国朝代兴衰更迭规律，已无法解释现代化因素介入后的中国之变局。未来中国，新路何在？各种竞争性的力量，当然都是努力着以各自方式将这个东方大国导入现代国家之途。而且，旧途亦无迹可觅，而新的潮流之势，足以完全推翻旧有格局。

两次战争所需赔付银两，举外债之外，便是竭泽而渔。甲午战争之前，清政府的年财政收支大体都稳定在 8000 万两左右。但到了 1903 年，岁入已达 1.049 亿两，到 1908 年岁入达 2.348 亿两。而 1910 年，清政府试编的下一年财政预算中，国家岁入为 2.969 亿两，岁出达 3.386 亿两。十几年时间，国家财政收支竟剧增到四倍左右。这当然不是生产发展的结果，种种巧立名目的新税，已使人民无可忍受。国家与民众对立，已至空前。

压迫之下，反抗不可避免。只是，与清政府这种苛榨对应，大变局时代，中国国民的整体性结构，尤其是“先进分子”，留学国外并了解国际形势的新型知识分子集团的出现，在现代化的潮流下，发生了前所未有的变化。

对外割地赔银，对内万税并至，如何理解这一国势？金冲及解释说：“汉族人民中传统思想，这时也起了很大作用。满族统治者和占人口绝大多数的汉族民众之间的矛盾重新突出出来。‘非我族类，其心必异’之类的话，到处被引用着。许多人把清政府种种倒行逆施，包括它所以毫无顾惜地出卖国家和民众的权益，统统归结为‘异族’统治的结果。”最早由孙中山先生所倡“民族主义”，由此而兴。

这种思潮的形成，并非凭空虚构。以新内阁官制而论，其“皇族内阁”的安排，国之将亡，而既得利益集团却仍如此把持权力不肯稍松。其腐败已臻骨髓。而且，清末经过短暂的“同治中兴”之后，其官僚集团的贪腐行为，已经弥漫而成“明规则”——英国《泰晤士报》驻北京记者莫理循记录当年御史弹劾奏章里的材料：梁士诒，铁路总办，聚敛1300万镑；陈璧，邮传部尚书，585万镑；李德勋，津浦路北段总办，142.5万镑。庆亲王据称在外国银行的存款，即有712.5万镑。而据说外务部两位大臣那桐和曹汝霖，每人每年接受外国礼品，达15万到30万镑。由此种种数据计算，莫理循说：“如果该项数字完全准确，则说明，这些官员退赃数字将足以代替外国贷款。”举债而维系国家运转的晚清政府，国家之窘与官僚之腐，其间反差，真是情何以堪。

此等情势，当年的日本记者佐藤铁治郎论及：

> 识者有言，弊随法起，假公济私，流品污贱，至官而极，支那不亡，是无天理。农工商贾，茹苦耐劳，诚信善良，实占多数。仁义孝悌，半出田间。支那若亡，是无人理。温带气候，民物富庶，矿产丰饶，天府雄国，支那若亡，更无地理。

在华的外国人，对中国未来洞若观火，长沙海关税务司伟克非在写给其上司的信里很明确：“毫无疑问，大多数老百姓是希望换个政府的。不能说他们是革命党，但是他们对于推翻清朝的尝试是衷心赞成的。”

对应于外国人的中国观察，1903年邹容在其《革命军》里将这种走投无路境地里的中国人未来的出路，作出激情洋溢的表达：革命！革命！得之则生，不得则死！毋退步，毋中立，毋徘徊，此其时也！此其时也！

在这种社会背景之下，再来观察孙中山先生的革命历程，当更易理解。1894年孙中山上书李鸿章未果，随即在当年10月——香港兴中会总会成立后，计划在广州发动武装起义。孙中山从他的革命事业一开始，便选择武装起义，推翻清廷。1905 年 8 月 20 日，中国同盟会成立，自此有了一个全国性的统一的革命组织；同盟会的誓言："驱除鞑虏，恢复中华，创立民国，平均地权。"——最符合时代潮流的核心目标，由此诞生。

革 命

1911 年 10 月 10 日，武昌首义算得上"革命"吗？这不是我们现在的疑惑，而是当时《泰晤士报》的问题——该报国际版编辑在刊发驻北京记者莫理循发回的即时电讯稿时，删掉了这个词。其编辑布拉姆在写给莫理循的信中解释道："目前为止，我只冒昧地对你的电讯改动了一个字，即'革命'一词。我们的研究文体的专家确切对我说，这个词只适用于成功的叛乱，只能在叛乱已经成功之后使用。很显然，除非和直到政府已被推翻，不论起义的形势如何严重，也不可将起义称为革命。"

武昌首义的消息传到河南洹上村里，袁世凯正在过他退休回乡后的第三个生日。据说，来贺的朋友对此判断亦如《泰晤士报》编辑，认为可能只是一场小骚乱而已，惟袁例外。

革命，对现在的中国读者而言，已是日常用词。而当年它出现时，却是完全崭新的概念，无此原因，邹容的《革命军》也不会发行一百多万册，影响深远。金冲及先生解释："革命，通常是以暴力的形式，在比较短的时间内，对原有社会秩序实行重大变革。它决不是任何人想这么做就可以把它制造出来的，需要付出巨大的代价，需要具有必要的社会条件。……一场全国规模的革命想取得哪怕是部分的成功，都需要在人们面前提出一个与往不同并被众多人接受的新的思想和目标，使人们燃起新的希望，深信目前的处境尽管艰难，这种状况是可以改变的。”在武昌打响起义的第一枪，之后名为“辛亥革命”，正是这种革命——它结束了几千年君主专制制度。

不过，回到这场革命的具体历史现场，引发它的时代因素，仍在前述结构性要件之中：铁路、列强资本、清政府举债以及愤怒的中国人。

更微观而具体地分析清政府辛亥年（1911）财政结构：按预算，这年岁出达 3.3865 亿两，岁入则为 2.9696 亿两，赤字为 4169 两。如果将各省的地方行政费 3770 两计入，则赤字将达 7939 两。这还只是官方公布的数据。清政府的解决之道只能是举债。这个时候能够拿出来的项目是粤汉、川汉铁路。当时邮传部尚书盛宣怀找到这个“招商项目”，上秉摄政王载沣，力主将其交给洋人修建以寻借款。1908 年，铁路借款开始商议。

复杂的情势在于，粤汉铁路先前由美国合兴公司承办，但这家公司在签订合同三年后仍未开工，于是于 1905 年 8 月由中国向美国合兴公司备款赎回，交给民办；同时川汉铁路亦为民办铁路，到 1911 年，四川人民已为川汉铁路集资实收股额 1645 万元。

自 1908 年开始，英、法、美、德四国银行开始商议介入粤汉与川汉铁路，两年他们完成自己的方案——并且自行商定把铁路范围向南延伸到广东，向西延伸到四川。这种重大的突破，并未跟清政府打任何招呼。这个时候，美国希望进入东北修筑铁路，与日本在这一地区就东北铁路展开激烈争夺，由此矛盾，日本《朝日新闻》将川汉、粤汉铁路的借款草案揭载出来。湖北留日学生得此消息，立刻哗然，保路运动由此兴起。

已交由地方商办的川汉与粤汉铁路，如果欲以此向四国银行借款，则必然收回国有。1911 年 5 月 8 日，清政府“皇族内阁”确定，第二天，内阁即宣布铁路干线国有。随即任命端方为督办粤汉、川汉铁路大臣。铁路干线既收归国有，之后又要将各省铁路公司的已收股金强行夺去——立宪派人士彭芬记录："夫铁路收归国有，此乃国家政策。顾收路必须还本，待遇必须平均，方不致国民之反对。乃初则坚持不能还本，不久则广东承认付还矣，不久则湖南允许酌还矣，至于四川、湖北两省，仍然不准付还……"对于湖北，尤其是四川那样广泛持有铁路商股的人来说，这种豪夺，情何以堪？国家如此赤裸裸霸占民利，激变已如弦上之箭。

四川骚乱无可避免，粤汉、川汉铁路督办端方带着湖北新军四个营入川；还未到达四川，尚在途中，端方即接到武昌起义消息。据说，当时端方不仅知道武昌起义，还知道重庆已经独立——这正是他要经过的地区。这时，他一再向部队声明，自己不是满洲人，而是"投旗"才有四代的汉军旗人，原姓陶，不姓托忒克……但是，这支入川部队仍然哗变，端方被杀。

武昌起义枪响，仅两天，起义士兵即占领武汉三镇。十二天后，湖南、陕西两省首起响应；这个月内宣布独立的还有江西、山西和云南；而以上海为中心的东南各省11月上旬相继独立——这个地区是中国社会经济最发达、社会财富最集中的地方，同样也是国际社会观瞻所系的焦点地区；稍后，起义浪潮又迅速席卷华南各省，包括贵州、广西、广东、四川。

四川独立后，长江流域及其以南各省全部光复，清朝治下只剩南京一座孤城，但是经过江浙联军苦战，12月2日，南京光复。南北对峙形成，这当然是一场全国性危机。

中国历史在此转折。清亡，君主专制制度亦由此而亡。

新制度以及新首脑

武昌起义事发，清政府最初的选择并非袁世凯，而是议定由陆军大臣荫昌督师，率领陆军两镇前往湖北剿办。清亡之际各色官僚之表现也实有趣，当时任军咨府第二厅厅长的冯耿光记录：荫昌走进来了，他身穿袍褂，脚下却蹬着一双长筒的军用皮靴。他不仅打扮很奇特，而且走上来时，十足地摆出一副三花脸的姿态……当时在座的人们忍住了笑口向他“恭喜”说：“有旨意命您督师到湖北去。”荫昌随着就有声有色地说：“我一个人马也没有，让我到湖北去督师，我倒是用拳去打呀，还是用脚去踢呀？”在座的人看到这种情形，觉得一位掌握全国兵马的陆军大臣作出这样的行动，未免荒唐儿戏。

荫昌当然没有一个人马，北洋新军是袁世凯练出来的。

袁世凯的仕途起点在朝鲜，这里也是他初获声名之处。1884 年，朝鲜开化党发动“甲申政变”，这是一连串有“国际背景”事件的起点。日本公使竹添介入，起义者挟持朝鲜国王到景福宫，胁迫国王召请日本公使进宫保卫。朝鲜是中国的藩国，此举当然是对中国利益直接的侵犯。当时任“通商大臣暨朝鲜总督”的袁世凯，一方面上书李鸿章请求派兵，一方面致书日本公使。未获答复后，果断率兵进入朝鲜王宫，营救出朝鲜国王，迫使日本之计落空。李鸿章颇认同袁世凯的行动，知遇者由此产生；同时，日本人也因此而深为折服，“袁之外交，诚有彪悍之手段”。甚至当时多数人认为，如果李鸿章处理此事，反不如袁更有效率更见实际效果。这一事件，带给袁世凯的另一种结果，则是朝鲜国王邀请他训练朝鲜“新军”。

“知兵”之名，由此生发。从传统的仕途起步，袁世凯意外地进入“专业”军事领域。袁世凯后来成为北洋新军的首脑，没有意外了。新军虽由袁世凯的小站练兵开始，后来壮大，亦为新政的重要内容。这个时候演化而来的格局，各督抚所练之兵，由地方财政供给，而袁世凯的北洋六镇（师），则为中央军队，实力最强。军队，或说军人利益集团，袁世凯另开新面，创造出属于自己的并无明确政治主张的“政治集团”。而且，传统的兵为国有，由曾国藩、李鸿章一变而兵为将有之后，虽则北洋军队为清廷之中央军队，但实际却是士兵“只知袁宫保，不知大清国”，国家军队的代理人已经事实上越位而成控制者。荫昌能有何用？

动荡时刻，这一政治集团的价值，方可由隐而显。武昌起义，对这位赋闲在家的退休官员袁世凯，是机会吗？是不是机会，有无军人集团的人脉与资源，才是关键。

主持《袁世凯全集》的编纂与整理的研究员骆宝善统计：在袁“退休”的两年八个月时间，前来拜访会晤的各色人等，有名姓可考者，至少有一百二三十人之多。而这些人中还不止一次前去洹上村。由此来重新审视袁所受“不公正待遇”的被罢官，骆宝善分析说：“罢官固然是仕途一大坎坷，但恰恰是他的这次闲居，作养了民望。一旦武昌起义爆发，举国上下，各派政治力量，都把收拾局势的希望寄托在袁世凯身上，即所谓‘非袁莫属’。如果不被放逐朝堂，而成为皇族内阁的汉臣权相，武昌起义发生后，至少不会被革命党人视作合作取代清室的理想对象。”因“足疾”而被开缺的袁世凯，福祸转换，又臻新况。

实力才是政治不二的法门。

铁路、列强资本、清政府举债以及愤怒的中国人……武昌起义的直接导因。那么，一场革命可将种种结构性条件一扫而尽？不易。甚至相反的是，这些力量，列强、清廷内部皇族与主流的立宪派，包括革命党人，虽经剧烈变动，仍是选择谁来主导未来的中国的核心力量。

四国银行团的美方代表司戴德，在武昌起义第二天即宣称：“如果清朝获得袁世凯那样强有力的人物襄助，叛乱自能平息。”随后，各国驻京公使团一致接受美国驻华公使嘉乐恒要清政府起用袁世凯的建议，由他会见摄政王载沣，转告这一意见。美国人告诉清政府：不是任他（袁世凯）做一个寻常的高级官吏，而是作为朝廷的顾问兼皇权执行者。实际上握有清廷巨大政治权力的列强，没有第二人选。

三年前为报兄仇而将袁世凯扫地出门的摄政王载沣，此刻如何接受这一选择？清政府内阁协理大臣那桐解释不得不选择袁世凯："大势今已如此，不用袁指日可亡；如用袁，覆亡尚希稍迟，或可不亡。"10月14日，清廷发布上谕，任命袁世凯为湖广总督，督办剿抚事宜；两周后，再发上谕：授袁世凯为钦差大臣。所有赴援之海陆军并长江水师，暨此次派出各路军队，均归袁节制调遣，陆军部不为遥制……清政府与袁世凯的角色关系，由此逆转。

袁世凯的军队在攻克汉口与汉阳之后，停兵不再进攻武昌，提议议和。这个时机拿捏得恰到好处，战和之间，无论对革命党，还是清廷，已失主导权，那个曾经被迫退休的清廷官僚——握有重兵的袁世凯获得了历史命运的决定权。

与清廷被迫接受并使用袁世凯对应，这个时候，革命军亦渐起"非袁莫属"之念。当时孙中山旗下最重要的人物之一汪精卫即宣称："中国非共和不可，共和非公（袁世凯）促成不可，且非公担任不可。"黎元洪致信袁世凯称：如果袁同意共和，当推他为"第一任中华共和总统"。南京被江浙联军攻克光复后，南方各省代表选举革命军大元帅，而不选总统——唐德刚解释："实双方之意，均系虚此总统大位，有待袁世凯旦夕之附议，出掌民国之大政。"

看起来，无论夙敌比如载沣以及清廷，还是交战对手革命军，都将希望寄托于袁世凯。那么，袁世凯自己的主张或者说底线是什么呢？

袁世凯派出与交战的革命军谈判的首席代表是唐绍仪，对方则为伍廷芳。唐绍仪所持谈判底线明确：君主立宪。以一位曾经立宪的重要领导者而论，其思想资源与目标设定，立宪之于袁，并无意外。而当时中国政治结构里无法回避的另一方势力——帝国主义列强，骆宝善分析："他们暂时不打算放弃支持清王朝，又一致认为袁世凯是收拾局面的最佳人选，因而也支持袁以君主立宪为底线，同革命党方面和谈。”溥仪记载：一天，在散朝路上，那位袁罢官时曾去慰抚的世续指着自己脑后的辫子问袁：“大哥，你对这个打算怎么办？”袁肃然答道：“放心，我还是很爱惜它，总要设法保全它！”

但是，这不是为革命军所同意的选择。袁的谈判代表唐绍仪在第五轮谈判结束后，密电北京：到沪后，民军坚持共和，竟致无从讨论。

情势之变是，1912 年 1 月 1 日，孙中山宣誓就任中华民国第一任临时大总统。至此，若决意君主立宪，则必须以战而定制度。仿效前辈如曾国藩一般捍卫清廷？还是另立格局？这是袁世凯选择的时刻。主流舆情之下，袁世凯的选择是接受现实。之后，袁若欲获权，目标变得单纯：说服清帝逊位。

1912 年 2 月 12 日，皇太后隆裕以宣统皇帝名义颁发诏旨，宣布清帝退位。第二天孙中山向参议院提出辞职，举袁为中华民国临时大总统。共和制度既成，新首脑亦产生。

大总统之位

实力固为政治之核心，但将潜在资源转换成现实权力，是需要条件的。很简单，袁世凯只是舆论的候选人，竞争者犹在。

武昌起义后，孙中山由国外赶回中国，孙中山初抵上海时，革命军正闹穷，当时谣传他带回华侨所捐巨款，足解燃眉。新闻记者也就以此相问，孙中山答曰：“余一钱不名也，带回来的只是‘革命精神’耳。”历史学家唐德刚评论：“中山的好口才虽能使听众大鼓其掌，然亦显示出，在这次联合推墙的众人之中，他除了声望之外，并无特殊政治实力。”《胡汉民自传》则记录了另则事实：当孙中山大总统宣誓就职之后，一次安徽前线军情告急，粮饷皆缺，急电中央索饷。临时大总统朱笔一批：拨 20 万元济急。当总统府秘书长胡汉民持此总统手批，前去财政部拨款时，发现国库之内，只有银元 10 枚。

战争是需要资源的，尤其是资金资源，立国当然也是如此。

与革命军交战的另一方，袁世凯所部，粮草与资金，也未必好多少。交战期间，袁世凯给清廷的一道奏折上说："库空如洗，军饷无着，请将盛京大内、热河行宫旧存瓷器发出，变价充饷，以救目前之急。"——袁的主意竟是：旧瓷器发出，变价充饷。这也算得上古今中外战争筹款的传奇了。随后袁又令部下姜桂题电奏清廷，要求皇宫上下、亲贵大臣们，将所有存款取回，以接济军中。结果，隆裕太后下令发库银 8 万两充作军费，而亲贵们，只有奕劻拿出 10 万，还有少数人 3 万、2 万而已。与当时各报报道皇族权贵所贪巨款比较，为保国家而各自拿出的这点战争经费，何止杯水车薪。此时此刻，此情此景，清不亡，实无天理。袁世凯当然也求款到驻京公使团，在公使团聚会上，日本人伊集院的发言，极为一针见血，他说："在日本，当革命来临时，国家的上层人物树立了爱国精神的楷模。我岳父（大久保利通）遭暗杀前，已将全部财产献给事业。他被暗杀时所有的财产还不到 50 元。你们的显贵要是对他们的国家有一丝热爱的话，在危机发生时，理应献出埋藏的财物，理应使政府阻止革命蔓延，但他们什么也没干，他们把财富看得比国家还贵重。"

"北京的财政状况到了绝望的地步"，《清帝逊位与列强》描述了那个时刻。清政府的求款首要目标当然是引发此次激变的四国银行。四国银行因在粤汉、川汉铁路上的领先，促使沙俄想组织一个银行团迅速向北京提供一笔借款，以获在中国稍显落后的地位。最初时间，看上去清政府还有足够机会。但是，"四国银行团决定等'负责'的中国政府从混乱中出现以前，不再垫付任何现款"。——这一决定反过来又让俄国觉得那笔"竞争"借款已无必要。这场战争，列强对于交战双方，都已脱身而出，袖手旁观。

钱是真的没有了。无论袁世凯之兵，还是革命军，仗是不太容易打下去了。

孙中山就职当天，即根据代表会议作出的决定和黄兴的要求，明确电告袁世凯："公方以旋乾转坤自任，即知亿兆属望，而目前之地位，尚不能不引嫌自避。故文虽暂时承乏，而虚位以待之心，终可大白于将来。望早定大计，以慰四万万人之渴望。"仗是打不下去了，为什么孙中山先生如此郑重承诺，只需袁顺应民意推倒清王朝，即将总统之位让出？孙中山先生以国家、民众利益为重，当然是重要原因。这也是孙中山先生令人景仰的关键。

不过，政治人物的选择，如果失去对其选择时的约束性条件，特别是资源条件的观察与分析，其结论，无论阴谋论还是神圣化指向，皆有失当。只有"革命精神"，无法打仗，亦无法立国。解此困境，孙中山的南京临时政府谋求举借外债，拟将汉冶萍公司作为抵押，向日本借款。既有的中国政治结构，以中国资源与主权换列强借款，并不会因革命而一夕逆转。所以，若不建立政治结构性观察坐标，我们很难真正理解当年政治人物的进退与选择。

在中国有竞争性关系的外国银行，消息更灵通。莫理循记录汇丰银行注意到的日本金融动向："汉冶萍（汉阳铁厂、大冶铁矿、萍乡煤矿）的一千万日元贷款。这笔交易完全合法，不能出面反对。各国银行多年来一直在争着作这笔贷款，然而人们承认日本人对权利的要求最为强烈。"但是，孙中山这一贷款要求，招致临时参议院和独立、光复各省，以及公司股东大会的一致反对，实业部部长张謇以辞职抗议。情急之下，孙中山于一周之内两次致临时参议院咨文，并写信给强烈的反对者章太炎等，说明情况，及有损主权，不顾声誉的不得已之苦衷。最终仍然未获成功。

南京临时政府向列强的借款尝试，就此结束？没有。仍是骆宝善的精细梳理：汉冶萍公司抵押贷款未成之后，孙中山又转而以整个东北权益作抵押，谋求向日本贷款。日方提出以接管满蒙（整个中国东北各省和蒙古）为条件，借款支持南京临时政府。孙中山向日方代表森恪表示："当此次举事之初，余等即拟将满洲委之于日本，以此希日本援助中国革命。"日本政府如能"火速提供资金援助"，"余或黄兴中之一人，可赴日本会见桂公（日本内阁总理桂太郎），就满洲问题与革命政府之前途，共商大计"。"如能在汉冶萍公司五百万元借款之外，再借一千万元，则孙等与袁世凯之议和即可中止，孙文或黄兴即可赴日订立关于满洲之密约"。孙中山表示应允租借满洲，只是未能谈判成功罢了。南京临时政府财政之困窘于此可见。可以毫不夸张地说，这也是南京临时政府难以自存的障碍。

在既有的也是屈辱的政治结构之下，政治人物之选择，也确实有限。在此背景下再来看中华民国大总统之位的"非袁莫属"，如果仅仅解释为袁世凯的权谋，失之简单。

独裁的路向

在袁世凯与孙中山相见之后，孙中山先生评论："维持现状，我不如袁，规划将来，袁不如我。为中国目前计，此十年内，似仍宜袁氏为总统，我专尽力于社会事业，十年以后，国民欲我出来服役，尚不为迟。"将孙中山评价的"现状"与"将来"，换成"旧"与"新"来定位两个政治人物，亦无不恰。

清既亡，作为替代者的中华民国及其总统袁世凯，面临什么局面，又将如何作为？

无论对袁世凯还是孙中山，旧的约束性条件与政治结构并未因革命而更张。这个时候，运转国家，急需资金。出任国务总理的唐绍仪只能重走旧途，向四国银行商借白银 8500 万两。而且，在签约之前，要求先垫付 3500 万两，以解燃眉之急。四国银行团已经答应垫款，但俄国抗议，坚持分润，于是不得已改向六国银行商借。可是新增加的日本与俄国却要求：此款不得用于满、蒙地区。事关满、蒙，应向日、俄分别磋商，不可让四国银行介入。而四国银行，又因不信任中国官僚，即使借款，也要求由四国派员监督使用……经过复杂异常的运作，这笔善后大借款终于达成协议：借款总额2500万英镑（相当于2亿银元）。以盐税、海关税以及直隶等四省的中央税为担保。

借款的谈判最初是秘密进行的，只向国会报告了一个谈判大纲。结果谈定之后，国会和全国舆论一致形成反对借款风潮——国会两次质问袁世凯政府，国会议长亲自出面阻止签字；而孙中山、黄兴、胡汉民等发通电，号召国民党全党“力行设法反对”，并在上海、香港等地多方活动，阻止借款签字。黄兴还联合国民党势力的湘、粤、皖、赣四省都督，向议会通电抗争。

这是中国政治传统里经典“名实”结构错位。向列强借款，意味着丧权辱国，在政治上殊不可取，亦不正确，这是“名”。而“实”呢？即使孙中山为着临时政府的运作，在袁世凯政府之前，亦谋求更大幅度主权让渡的借款，只是未成功。若成功，还是否与袁世凯议和也是疑问。当时反对政府举债的独立、光复省份，自己的运作同样循借外债之道，手段也是以路权矿权为抵押。比如江西省就打算以南浔铁路作抵押举借外债，而当时南京临时政府则以划拨使用若干份额给中央为条件，批准了他们的举借外债。这项借款亦未获成功。

如此这般仿佛死结的“名实”之争，当然是虚伪的政争，但它给袁世凯、孙中山提供了什么样的经验，以使他们检讨并重新规划各自未来的政治路向呢？

在南京临时政府难以自存，必须向袁世凯交权之际，为着约束袁未来的权力膨胀，迅速制定了一部《临时约法》，即临时宪法。南京临时政府是总统制，大总统有绝对的权力；《临时约法》则规定，中央政府为责任内阁，内阁总理向议会负责，大总统的政令须由内阁总理副署。这种因人而异制定的法律，能够约束袁世凯吗？

西方制度的本土化，尚且需要时日，何况这套本是基于不信任且因人而设的制度。制度崇拜的失败，此为一例。但是，这种设计，特别是互动而形成的结果——不信任而欲以制度制约，其结果可以想象袁会犯规，果真袁就犯规。袁世凯如此，究竟是行为惯性，还是有意弄权，其实也很难讨论了。共和制度安排，这个时刻，阻碍立现。

无论曾经的臣属袁世凯，还是“反对党”孙中山，即使如孙那样只是临时政府的总统，当权所面临的问题与过去做臣属或“反对党”断然有别，比如向列强举债以求政府运转，以及借款在意料之中必定面临的反弹种种。反对是容易的，现实却是残酷的。所以，若以现代化的中国进程角度观察，在中国那种半封建半殖民地的境况下进入现代化轨道，当国者如何集中权力以筹措并积累资源，是远比政制来得更急迫的挑战。孙中山黄兴北上与袁世凯商谈国是之后，民国元年八月，双方达成的“八点共识”，即《协定内政大纲八条》。针对中央政府的资源筹措，其中第六条即称：军事、外交、财政、司法、交通，皆取中央集权主义……中央集权，这算得上双方共识之一。

中央集权，晚清以来的结构性矛盾，前有康有为再造中央的努力失败，现在则轮到在共和制度之下的“集权”，可能吗？

共和制度所取的“内政大纲”八条共识，当然美好，但实际的政治运作，前有控制权力的责任内阁设计，后有善后借款的大争吵……其间所含意图，治世之能臣袁世凯岂有不明之理。经过一年运转，共和是否适应当年中国，是袁的疑问，也是当年众人的疑问。很简单，国家之运转需要“集权”来保障，而共和制度本身却是分权，偏偏此刻的制度，更为苛刻，是广泛限权的内阁制而非总统制，冲突无时不在。中央集权与个人独裁之间界限模糊，至少从结果上看，袁根本没有在乎所谓界限问题，他的权谋能力很迅速让他以再造制度的方式破坏制度——1914年12月29日参政院修正通过《修正大总统选举法》，根据这个选举法，袁世凯不特享有终身职务，死后传妻传子，悉听尊便。

这时距武昌起义，刚过三年。共和，早被袁弃。

之前，由于宋教仁被刺杀，孙中山决定“二次革命”，起义讨袁。对此，唐德刚评价说：民主共和政体的实验，以全盘失败告终。但是，恢复帝制，还能成功吗？

帝 制

由终身大总统而往皇帝，半步距离。袁世凯终于跨过这半步。

后世读史者虽能拉开距离，建立更具格局的坐标，但却未必比袁世凯的同时代人更有切肤之感与深刻认知。评论袁世凯的，少有超过当年著名记者黄远庸的。

袁总统之为人，意志镇静，能御变故，其一长也。经验丰富，周悉情伪，其二长也。见识闳远，有容纳之量，其三长也。强干奋发，勤于治事，其四长也。拔擢才能，常有破格之举，能尽其死力，其五长也。

有此五长，而乃善日少而恶日多者，一由知识之不能与新社会相接，一由公心太少而自扶植势力之意太多。综言之，则新知识与道德之不备而已。故不能利用其长于极善之域，而反以济恶。既自顾手执政权者十余年，天下之大，变故之繁，无不为其牢笼而宰御，则益骄视一切，以为天下事不过如此，于是其手段日以老辣，其执行益以勇往，乃至举中国之人物为供奔走，尽中国国家之所有供其政治演剧之材料。某今敢断言，长此不变以终古。袁总统者，在世界历史上虽永不失为中国怪杰，而在吾民国历史上，终将为亡国之罪魁。

袁世凯后来的作为，只不过在将黄远庸所言再演绎一遍而已。

新知识与道德不具备，袁世凯的洪宪皇帝之梦，所不能看清楚的，正如梁启超在其传诵一时的《异哉所谓国体问题者》中所言：吾又谓君主国体之难以规复者，则又何也？盖君主之为物，原赖历史习俗上一种似魔非魔之观念，以保其尊严。此种尊严，自能于无形中发生一种效力，直接间接以镇福此国。君主之可贵，其必在此。虽然尊严者不可亵者也，一度亵焉而遂将不复能维持……自古君主国体之国，其人民之对于君主，恒视为一种神圣，于其地位，不敢妄生言思拟议。若经一度共和之后，此种观念遂如断者之可复续。

当了八十三天皇帝之后，1916 年 3 月 22 日，袁世凯宣布撤销帝制。一如当年罢官，由京赴津时的仓皇。又过两个半月，袁世凯辞世。

宋教仁　民主政治的开始与失败

民国初年，袁世凯真正的政治对手，只有一个，30 岁的宋教仁。他俩之间的较量，实为传统实力政治与现代民主政治之分别。那么，谁能胜出？

武昌首义，辛亥革命打响第一枪，那个历史时刻，最紧张最仓皇失措的，恐怕是黎元洪。这是一出颇具传奇色彩的历史悲喜剧。黎元洪之惧，倒并非他的生命有危险，而是起义新军，四处寻找他，要拥戴他做首领——出任中华民国军政府革命军鄂军都督。这个让他害怕。

重看那段历史，黎元洪后来虽贵为民国总统，但还诚实，并不讳言自己的恐惧。在一封写给清朝海军提督的信中，他自述出任都督经过：

> 洪当武昌变起之时，所统各军，均已出防，空营独守，束手无策。党军驱逐瑞督出城后，即率队来洪营，合围搜索。洪换便衣匿室后，当被索执，责以大义。其时枪炮环列，万一不从，立即身首异处。洪只得权为应允。

如此情状，既真实也狼狈。非革命派出任革命军的首领，革命派的同盟会成员当然心有恨意。后来被称为辛亥元勋的居正记录这一时刻，又增添了更能形容黎元洪窘状的细节：“黎元洪见事急，匿屋中床下，党人搜查得之……”有此恨意，只因黎元洪所得，即同盟会所失。其中，最为后悔者，则是宋教仁。吴相湘先生所著《宋教仁传》论：“武汉情势既已展开，宋氏不及赶赴事机，引为终生大憾。”

这一历史的细节，并非只是黎氏的八卦。历史跌宕起伏，从同盟会角度看，这一拥黎之举，已使历史面目大变，而原本同盟会是可以名正言顺领导这场起义的。

失去的机会

辛亥年之夏，四川保路运动风波骤起，湖北其时也风声鹤唳，社会盛传：“八月十五（阳历 11 月 6 日）杀鞑子。”这种传言，还真不是空穴来风。当时湖北的革命派文学社与共进会商议合作，决定派人赴香港与上海，邀请黄兴、宋教仁与谭人凤来鄂主持起义，并推蒋翊武为革命军临时总司令，刘公与孙武分任军政府总理与参谋长。居正，即为当年去上海邀约黄兴、宋教仁与谭人凤的关键人物。

得到居正的信息，宋教仁与谭人凤颇为兴奋，决定不等在香港的黄兴回来，即赴武汉主事。很意外，谭人凤忽然染病入院，不及出行。随后又有意外，宋教仁的好友胡瑛，当时虽被捕在湖北狱中，也秘密派来一学生找宋教仁，《宋教仁传》记：“痛哭流涕极言湖北不能发难。”这是一桩疑案。胡瑛是坚定的革命派，他的“不能发难”真正的理由，难以认定。

从读史者后来能够占有足够的材料看，这个时机，还真是天赐良机。历史学家郭廷以统计当年湖北：“新军有第八镇及第二十一混成协，约共 1.7 万人，加入文学社、共进会（革命团体）及已有联络的约 6000 人。1911 年八九月间，为镇压四川争路风潮，新军被调入川，及分防宜昌、襄阳、岳州的近 9000 人，留守武汉的约 8000 人，其中约半数与革命党保持联系，就比例上说，情势有利革命党。”

宋教仁与胡瑛是患难之交，他更相信胡瑛。他犹豫了。

武汉之行，宋教仁先是决定等黄兴到来后，再一并同行；10月3日，同盟会中部总会催促宋教仁速往武汉，宋同意六天后启程；结果，之后，宋教仁又以于右任不在上海，《民立报》无人主持为理由，拒绝启行。再三延宕，机会一失再失。

对此极为不愤的是谭人凤，10月8日他带着各种药物出院，离沪赴鄂。这位年纪已经51岁，远远大于宋教仁的革命前辈临行之言，“此行专为维持团体信用起见，资望才能皆不及宋（教仁），仍乞宋君速装继来。”谭人凤尚在途中，武昌起义已经爆发。

平情而论，武昌起义比较仓促，计划一变再变，最后箭在弦上，不得不发。稍早一些时候，蒋翊武被调入进川部队离鄂；起义前一天，孙武因为制造炸弹失慎引发爆炸而受伤。与孙武共造炸弹的刘公，在派人送孙去医院之后，也迅速躲藏起来。其妻子与弟弟，都被逮捕——历史学家李剑农据此解释，这是胡瑛劝说宋教仁湖北“不能发难”的理由。但是，蒋翊武确实离开了湖北，但孙武受伤却是在起义前一天，亦即在胡瑛密使劝阻之前。所以，据此而论，胡的理由未必明确在此。信息不对称，或许是解释这一变故最合适也难确凿的理由。

黄兴与宋教仁之于武昌起义的重要性，历史学者迟云飞在其所著《宋教仁与中国民主宪政》里提供的一个解释是：“武汉的起义准备渐趋成熟……但是在起义最高领导人问题上却难以确定。因为不仅孙武、蒋翊武和刘公三人地位声望相当，而且他们的才干也不适合出任最高领导人。”——这是邀请黄兴、宋教仁的原因。而同时，谭人凤的观察是：“当时内地同志对于海外来者实有一种迷信心理。”这是更重要的原因。但是，机会还是失去了。

10月10日，武汉起义爆发。寻找此次“革命”的领导人，遂成关键。蒋翊武离鄂去川、孙武受伤、刘公“失踪”，而黄兴与宋教仁，包括谭人凤都未抵达武汉。一个又一个的环节错失之后，黎元洪获得了机会。虽然他甚至躲在床下，不乐意接受这个首领之位。

从同盟会以及革命事业的角度，这当然令人扼腕。谭人凤后来评论："黎元洪一无用之庸劣懦夫也，武昌革命以统率无人，拥为都督，旋而副总统，旋而大总统，居然命世之英。而察其前后事功，汉口由其犹豫而烧；赣宁由其反对而败；国会由其违法怕死而解散。推原祸始，则皆宋钝初（教仁）之迁延有以致之也。不然，安有黎元洪？无黎元洪，又安有此数年来之惨剧。"

事处历史巨变时刻的当事人，其进退稍有失措，则使历史跌宕。那个历史现场，以及谭人凤的愤怒，后世读史人当然可以感同身受。只是，历史现场还有另外的信息不容遮蔽，武昌起义事发，湖北总督瑞澂与第八镇统制张彪随即逃亡，放弃抵抗，革命军于是有了意想不到的顺利。所以孙中山先生评论："武昌之成功，乃成于意外，其主因则在瑞澂一逃……初不意一击而中也。"抽身离开同盟会视野里的历史现场，孙中山所言当然客观。

只是，孙中山先生自 1894 年致力于革命，并选择以暴力革命的方式推翻清王朝，无数先烈无数牺牲，最后一击，却于偶然间失去领导权，难免遗憾。

一百年后，再来回望那段历史，公允而论，历史逻辑已然昭著：清朝之倾覆，各种政治力量合作促成而已。任何单向度的逻辑解释，都将失之武断。这段历史，足可供后人再三思考讨论的是清亡之后中国民主政治的实践，以及经验与教训。显然，"民主政治"这一开创性制度及其演化，所有讨论，则必须回到历史现场。非此，一切徒为空论。

失败的立宪，以及新的政治力量

湖北新军起义发难，总督逃亡，然后，辛亥革命成功。历史果真如此简明？当然不是。武昌起义，史称"首义"，即"率先举义"，它的结果得等到四个月后清帝逊位，中国封建制度就此终结，才宣告成功。

这是一个既推翻旧王朝，又建立新的国家制度的时刻。所谓“民主政治”的肇始，即在这一时刻。细究这一历史时期，其方法论当是厘清各种政治力量，并研究他们的运作与互动。舍此，无可理解庞大的王朝何以顷刻间颠覆，也无法明白“民主政治”之艰难。

回到武昌首义的那个历史现场，真问题便是：谁能帮助革命军稳定战争状况下的社会格局？这是一种什么样的政治力量？

寻找这一问题的答案，需要回到清末“立宪”运动，以及由此产生的立宪派。

一般史论，1904年的日俄战争，是促使清朝取“立宪”制度的关键。梁启超论日本之胜“君主立宪为救国强国特效药”，此论迅速而广泛流行。但是，如慈禧般强人，放权，在她的人生里，何曾有过？所以，她为什么会决定放权“立宪”，当是疑问。历史学家郭廷以的解释极具洞见：“迫使清内外当局不得不走向立宪道路的最大原因，为不断增高的排满空气。满、汉的不睦，至维新运动而愈彰著。主张维新的尽为汉人，反对的多为旗人。政变后遭诛戮惩处的全为汉人，以满排汉之说，一时极盛。”由此而观，“立宪”选择，其动机实为缓和民族矛盾。此际，民族矛盾已臻极点，“立宪”制度不过为缓和与补救而已。循此而言，真正有洞见者实为能窥破民族矛盾的慈禧。可惜，爱新觉罗氏后人不肖，最后不仅未能缓和，反而激化民族矛盾，并断送大清江山。

1908年，慈禧辞世。有罕见控制力的控制者消失了。在离世前，慈禧的清廷发布了“宪法大纲”，并规定在宪法生效以前有九年预备期。时间，还来得及吗？

慈禧离世并没有中止“立宪”运动的运行。1909年开始选举“谘议局”，次年选举“资政院”——“在正式议会尚未成立之前，以谘议局及资政院作为人民练习议政的场所，是一种临时议会的性质。”若取

“民主政治”来观察现代化的中国演进，这是重要环节，毕竟，票选议员的经验，在中国是前所未有的。

简而言之，这次选举是一种复选方式，即先由选民选出若干候选人，再由候选人互选而产生定额议员。比如，陕西的议员定额为66人，初选时选出十倍于此数的候选人660人，再由这660人互选出66名议员。当然，初选，也有省份定五倍于定额候选人的。这是各省谘议局的选举。而资政院200人的选举，则一半由谘议局选出，这是民选；另一半由皇帝指派，这算钦选。如今，更为认真记录的材料已经泯然。历史学家张朋园，查访各地方志，搜索集纳，统计这一选举：如果用人口总数来与之比较，便发现当年享有选举权利者之百分比为0.39%，也即1000人中仅有4人获有选举权，出人意料地低。

即使如此，这一过程也在清朝内部产生了一支重要的政治力量。后来，泛称的“立宪派”，即由此次选举而生成。按张朋园著作的注释所统计：清亡之前，士绅阶级一直存在。当时中国上层及下层士绅总数，约为145万人。政府机构中诸种官职及头衔所能容纳者，不过15万人，闲置无职位者，多至130万人。因为谘议局与资政院的成立，传统功名之外，“议员”，新的政治之途，似乎为中国传统士绅开辟了新的政治空间。由士绅演化而来的这一政治集团，显然是中国政治的基础性力量，而且带有“地方性”特征。

观察政治之演变，若无政治集团之概念，从何谈起呢？

新的政治集团一旦形成，利益诉求，无可阻挡。1909年10月，各省谘议局成立，在立宪的倡导者张謇（此时为江苏谘议局议长）的策动之下，进行了三次要求速开国会，并迅速组织责任内阁的请愿运动。请愿的结果，朝廷下诏，将立宪筹备期由九年缩短到六年……这一决议，未使立宪派满意，他们谋求第四次请愿。这次清廷极其严厉，将新来的东三省代表“解回原籍，并命各督抚开导弹压，如有违抗，查拿严办”，还将天津的温世霖发配新疆。

体制内的进步，空间近无。《近代中国史纲》述论：“请愿不成，立宪派已无可再忍。高压政策，有如火上加油，密议相机反抗，遇有可以发难之事，竭力响应援助，起义独立。”中国基础性的政治力量，已经背弃清朝。这是辛亥革命能够成功的重要因素。

稍后，清廷宣布责任内阁人选，史称“皇族内阁”。当年为缓和民族矛盾的“立宪”选择，结果控制者的消失，反而激化了民族矛盾。清朝倾覆，无可逆转。辛亥革命后，取“共和”制度，“立宪”自然烟消云散，但这支政治力量却未消失。

同盟会，以及革命派的力量

传统中国的现代政治路向，重回历史现场，实则有两种彼此竞争的路向选择。一个是源自清廷内部的“君主立宪”运动，另一个则是孙中山先生领导的同盟会，他的目标是推翻清朝，实行“共和”制度。两种政治力量，清末年间，已经明朗。

1905 年 8 月 20 日，中国同盟会在东京赤坂区宣告成立。稍后，孙中山先生主持制定了同盟会纲领性文件《革命方略》，在其《方略》里，将革命成功后的治理分为三个阶段：即“军法之治”、“约法之治”——两个时期加起来为九年时间，然后进入与一般民主共和国家相同的“宪法之治”。这一时间，跟清廷决定准备立宪时期相去不远。后来，慈禧亦将宪法预备期定为九年，只是，慈禧的选择一般被指责为力保权力的延宕。两相比较，对真实中国国情的理解，是否也包含在双方都选择的九年的培育期里呢？历史人物，厚此薄彼，未必妥当。

后世读史者容易释怀之处是，无论孙中山先生的九年“军法”与“约法”，还是慈禧的九年筹备，皆被历史之轮轻轻掠过，无影无形。或赞或抑，皆无可言。

清朝预备立宪之诏颁布，兴奋莫过于梁启超，他放论："数年前革命之说遍天下，自预备立宪之诏既颁，乃如汤沃雪。"如此说辞，相当刻薄。只是，此时梁启超仍是清廷的罪臣，流亡日本，与革命派的争斗，不免明显而激烈。

双方政争在日本演化成的拳脚相向，读史者阅之，实在趣味横生。1907 年 7 月，梁启超在东京神田锦辉馆召开成立政闻社大会，这时，梁启超已预感革命党将与他为难，特意聘请日本"力士"保护，虽然如此，仍未免冲突。章炳麟记录会场：

> 启超说国会议会院等等，且曰"今朝廷下诏，刻期立宪，诸君子宜欢喜踊跃"，语未卒，张继以日本语厉声叱之，曰"马鹿！马鹿！"起立，又呼曰"打！"四百余人奔而前。启超跳自楼曲，旋转而坠。或以草履掷之，中颊。张继驰诣坛上，政闻社员持椅格之，金刚自后其肩，格者僵，继得上。众鼓掌欢呼，声殷天地。

但是，真正的革命，却并不像在东京砸梁启超的场子那么容易。其艰难，异乎寻常。

按郭廷以先生统计：1907 年至 1908 年，革命党至少八次起兵，均告失败。而此刻官方搜捕更加严厉，日本、香港与越南又不准孙中山先生居留；同盟会内部，章炳麟、陶成章与孙中山意见日深，引发内讧。虽然革命党自成立同盟会后，有了统一的中心机关，但其活动越来越困难，内外交困，是当时的真实境况，"1909 年，革命气氛至为消沉"。如此气氛，清廷压迫自是关键，清廷立宪派与革命派，对未来政治路向的竞争，也是原因。

在这般压抑氛围之下，革命党人最为激烈的选择，即为暗杀。汪精卫选择刺杀摄政王载沣，其因即为，"非再有激烈之举，不足以毁败伪立宪，昭雪对党人的诬诟，振起消沉的人心”。只是，汪精卫失败了。1911年4月，黄兴、胡汉兴再举广州起义，李剑农先生分析说：“这是革命党从艰难困苦到极点的境遇中振拔起来的。”结果，仍然失败。从正面的角度理解，汪精卫的暗杀虽未成功，其结果，“（清人）心理上已为革命党所慑伏”，证据是，汪精卫只被清廷处以永久监禁。而广州之役，其被广泛传播，郭廷以论，“久蛰的人心则因此次的壮烈牺牲而大为兴奋。”

即有如此艰苦卓绝的奋斗，清廷仍可苟且，可见单以外部力量颠覆朝廷，并非易事。

辛亥革命的武昌首义，当然是革命党人的起义，虽然他们未必直接受到孙中山及同盟会的领导与指挥。但论革命党人这一政治力量，真实的历史状况则是，同盟会之外，各地各种信奉、至少受孙中山先生思想影响的团体，集合而观，才可见整体。

比之同盟会与梁启超“立宪”派的海外争斗，武昌首义之后，新格局不是竞争而是合作。张朋园在所著《立宪派与辛亥革命》里描述：“武昌起义的第二天，革命党邀约谘议局人士共商大局，以汤化龙为首的湖北立宪派，正式与革命党发生了关系。汤氏表示：‘革命事业，鄙人素表赞成。’这样，双方起始合作，革命党负责军事，立宪派主持庶政，形势趋向稳定。”

若取政治的角度观察，武昌革命，新军先发，谘议局附从；新军所恃的是实力，谘议局凭藉的是政治社会声望。这种合作，才是湖北能够稳定，辛亥革命能够成功的“政治保障”。

武昌首义后，继之湖南、陕西同日起义，其革命党人与谘议局合作模式一如湖北；之后，江西、山西、云南、贵州、江苏、浙江、广西、安徽、广东、福建、四川……相继独立或光复。在《中国近百年政治史》里，李剑农说：“还有一件大可注意的事，就是各省的响应独立，虽由革命党人运动发难，而各省谘议局的立宪党人，无不加入革命动作。竟没有一省的立宪党人与革命党作敌对行动的。”如果没有立宪人士这种积极响应，弃对抗而选择合作，清末之格局将会如何？答案未必确凿。

袁世凯，隐形力量

袁世凯也能算一支独立的政治力量？对于先夺清室之权，继取革命党人“大总统”之位，最后竟谋求称帝的袁世凯，后世读史者，断难生出他是否拥有“政治力量”的疑问，历史本身早已给出答案。回到历史现场呢？武昌首义爆发时刻，事实是，袁只是清之弃臣。

最初清廷启用袁世凯的时候，只是授予他为“湖广总督”。如此轻权，袁世凯当然拒绝，之后，袁世凯提出六个条件，要求悉行允诺，否则决不出山。这六个条件是：一、明年即开国会；二、组织责任内阁；三、宽容与于此次事迹的人；四、解除党禁；五、须委以指挥水陆各军及关于军队编制的全权；六、须与以十分充足的军费。显然，前四个条件是属于“政治性”的内容，这可视为袁世凯对战争对手设定谋求合作的空间；而后两个条件则是“军事性”的，军队，袁世凯政治力量的构成与来源。

对于“袁六条”，摄政王载沣不乐意接受。僵持之际，湖南陕西同日起义，响应革命军，因此变故，载沣只得急授袁世凯钦差大臣，节制各军。军事权力，袁世凯已获。

袁世凯获授钦差大臣当天，资政院的立宪党人提出四条上奏案，要求：取消亲贵内阁、宪法须由人民代表协赞、赦免国事犯、即开国会。随后，驻守滦州的陆军第二十镇统制张绍曾协统蓝天蔚等，也提出要求立宪的十二条电奏。“清廷若不容纳，再行进攻北京”。这一天，山西也响应独立。如此情势，张绍曾的第二十镇由滦州进逼，山西由西向东进攻，北京危在旦夕。于是，载沣随即下令取消现行内阁章程，改组内阁，命资政院立即起草宪法，解除党禁、释放汪精卫……“皇族内阁”迅速解职，又再授袁世凯为内阁总理。已经失去大半个中国的清廷，所剩不多的政治权力，为袁世凯所获。

此际，袁世凯真正崛起。此刻，袁世凯身处何境？

由香港而返国的黄兴，领兵在汉阳与冯国璋一战，激战六天，黄兴败去，汉阳失陷。这时，冯国璋拟乘胜追击夺取武昌，袁世凯亲自去电制止。这个时候，是袁世凯必须思考进退选择之际。袁世凯的谋士王锡彤说："革命之气已盈海内，若再以兵力蹂之，后患方长。为袁公计，亦殊不值得。盖专制国之大臣，立不世之功，结果只有两路可走：一为岳武穆，身死而国危；一为曹孟德，风利而不得泊也。此二者非君杀臣，则臣弑君，将何以处袁公乎？"

一方面，清廷已将全部权力倾授袁世凯，以图他拯救清室；另一方面，各省都督府代表联合会议决定：袁世凯如反正当公举为临时大总统；而稍后，黄兴亦电告杨度：中华民国大统领一位，断举项城（袁世凯）无疑。同时，英国公使朱尔典也劝袁世凯终止军事行动——放弃军事行动，何以保清江山？这当然意味着放弃清廷。

简而言之，在清朝廷与独立的各省份以及革命党对抗之间，袁世凯获得了关键的枢纽位置。他的选择，在相当的意义上决定清存或清亡。换一种说法，辛亥革命，由武昌首义始，到革命成功，亦即清帝逊位止，后半程需要袁世凯完成。酬报是：临时大总统。

结果已经明确，袁世凯先领清廷之权柄，然后再获得革命党的"临时大总统"之位的许诺，迫使宣统皇帝逊位。清朝统治，就此告终。从清室角度观察，袁世凯当然背信弃义；但从历史发展的进程以观，立宪派、革命党以及袁世凯三方的合力，终使中国的封建统治就此结束，当然是历史的进步。

革命的领导权

推翻清朝，三种政治力量最终达成共识与合作，清亡必然。未来中国，如何建构？武昌首义，同盟会缺席之所以让谭人凤极端愤怒，原因只是：同盟会失去了领导权。而首义城市的军事领导人，实则隐含的权力是可以“号令天下”的。这是关键。

观察中国政治，钱穆先生的方法论，人事与制度，极具解释效力。

失去的机会，失去的领导权，同盟会还有补救的机会吗？武昌首义十八天后，10 月 28 日，宋教仁与黄兴赶至武昌。这个时候，同盟会的声望犹在，宋黄两人受到热烈欢迎。此时，湖南革命派都督焦达峰与副都督陈作新被杀害，立宪派人士谭延闿就任新都督。最早起事的两省湖北湖南军事领导人都不是革命党人。针对于此，宋教仁策动革命党人举黄兴为湖北湖南大都督，位在黎元洪与谭延闿之上，重夺革命领导权。但此议，即以孙武、刘公等人看来，也未必妥当，只能作罢。宋教仁的另一对策：先行组织中央临时军政府。如果军政府成立，作为军官的黎元洪当然惟有服从，但是此议黄兴不接受，《宋教仁传》里记录：“黄兴不以为然，必欲立一战之功而后为之”。“11 月 3 日，黎元洪筑坛拜黄兴为战时总司令，所有各省来援军队均归节制调遣”。可惜，黄兴与冯国璋汉阳一战告负，无战功，亦失话语权。

同盟会的革命党人，艰难奋斗牺牲无数同志力图推翻清朝，但当各省起事，革命党人却没有领导权，失去控制力，从革命派的角度观察，这当然令人焦虑。湖北重夺领导权的努力，没有成功。两周后，11 月 13 日，宋教仁给前线督战的黄兴留下便条，顺江东下，离开武昌。

单从军事的角度，当时中国的核心战场，一为武汉，一为南京。如果能占据这两个战略城市，至少南中国可以对峙清廷。武汉，起义军队正与袁世凯的清军正待激战；南京，则被清军张勋所控制。宋教仁顺江而下，也是希望革命派能够夺取南京这一战略要塞。

南京的战事，令同盟会兴奋。同盟会会员、新军管带林述庆先是光复镇江，接着挥军攻进南京，12 月 2 日，在各支反清军队协同下，击溃张勋之军，首先进城占据原两江总督督署，并自称江宁临时都督。仍以军事角度观察，此际武汉、南京两城都在战事之中，如果武汉失陷，黎元洪败退，而南京易手为革命党人所控制，那么，此处也可能产生新的全国性领导人“号令天下”。而且，就一般常理以观，武汉之战，是清军主力，只要袁世凯力攻，守城不易；南京则不然。所以，南京既为军事重点，也是政治重点。后来，它果真演变为政治重点城市。

但是，攻城容易，守住“都督”之位却是困难。林述庆自称江宁临时都督，协同他进攻南京的浙军与原驻扎南京的新军第九镇统制徐绍桢不同意，竭力抵抗。审时度势，同盟会与宋教仁决定同意程德全驻南京为江苏都督，林述庆为北伐总司令，徐绍桢为援鄂军总司令。

这段历史复杂纷繁，或粗或细叙述，都难得要领。不过，回到前述政治力量结构关系里观察，当可纲举目张。简单来看，武昌首义后，江浙最早响应的是上海（11 月 3 日），领导人是革命党人陈其美。据有上海，革命则有饷源军火。这很关键。两天后，江苏巡抚程德全在苏州宣布独立，他是第一个参加革命的清朝疆臣。为什么他会背弃清廷？郭廷以解释：“（程德全）从立宪派之请独立，张謇实有促成之力，目的在牵制革命党。”攻下南京城的革命党人，却放弃总督之位，由此观看，政治实力使然。

推翻清廷，是革命派与立宪派的共识与合作的基础与主流，但这不意味着他们没有竞争。未来，谁以及用什么方式领导中国？政治问题，并不会因战争而中止，事实上，政治之争反而更为剧烈。

以最早独立的十四个省份来看，湖北、湖南、陕西、江苏（上海例外）、浙江、广西、福建为立宪派或新军控制，江西、山西、安徽、广东、四川以革命派为主体控制，而控制云南的蔡锷与他派去夺得贵州控制权的唐继尧，既近立宪派，也近革命党。在这种基础性的格局之下，革命党人，很难说占有控制权。正因为如此，辛亥革命的早期，革命领导权之争是核心性的政治问题，它主要在革命与立宪两派间展开。

同样，各省独立或光复，在相当长时间里，都有自为政。如何组织中央临时政府，则为其时关键问题。在宋教仁尚未离开武昌之前，11 月 9 日，黎元洪即通电各省要求派代表赴鄂开会讨论——这就是首义城市首领“号令天下”的权力。两天后，立宪派都督程德全（江苏）汤寿潜（浙江）联合致电上海陈其美，建议在上海设立会议机关，陈其美随即致电各省。新一轮政治权力争夺，由此展开。奇怪的是，黎元洪的电报先发，各省先收到的却是上海方面的邀请，于是各省都督府代表齐集上海。后来决定，各省代表再赴武昌，只留一人在上海——明确约定：赴武昌者，会议组织临时政府事，留沪者为通信机关。

风波由此而生。

明确为通信机关的留上海代表，在宋教仁与陈其美的策动下，认为武昌在危急之中，而临时政府又必须从速组织，所以迅速选举黄兴为大元帅，黎元洪为副元帅，并议决以大元帅主持组织中华民国临时政府。去鄂代表得讯，当然反对，认为不合法。并用黎大都督的名义，电请上海方面取消。同盟会此次夺取革命领导权的行动，再次失败。宋教仁也因此而被广泛注意，只是他的举动予人印象未必正面。

12 月 25 日，孙中山从海外归国。先前革命与立宪两派的权力之争，告一段落。简言之，无论黄兴，还是黎元洪，在可担当全国性领袖方面，皆不足以抗衡孙中山。四天后，12 月 29 日，代表会正式选举临时大总统，孙中山在 17 张有效票中以 16 票当选（另一票投给了黄兴）。历史学者迟云飞评论：“至此，同盟会才算战胜黎元洪，取得了革命阵营领导权。”

政治制度的选择与设计

领导权确定，亦即人事就位，随即则为制度安排。人事与制度，不可分离。以孙中山为临时大总统领导革命，共和制度当是必然，与袁世凯谈判清帝逊位，这是无可让渡的底线。共和制度之下的政府组织安排，分歧则是，孙中山主张总统制，宋教仁则坚持内阁制。

所谓内阁制，宋教仁自己的解释是："吾人则主张内阁制，以期造成议院政治者也。盖内阁不善而可以更迭之，总统不善则无术变易之，如必欲变易之，必致动摇国本，此吾人所以不取总统制，而取内阁制也。"历史学者迟云飞解释说："由议会中的多数党首领出任内阁总理，由总理组阁，内阁对议会负责。而总统就像英国国王那样，只是有很高的地位和名誉，但无实权的国家元首（当然不能世袭）。"与此对应，总统制则将权力集中于总统。

袁世凯对革命党人的评价所有史料不多，蔡寄鸥在其《鄂州血史》里曾记录袁世凯对其谋士杨度一段评论："孙中山襟怀豁达，是容易相处的，天真的黄兴也好对付，顶难驾驭的，只有一个宋教仁。……以暴动手段来抢夺政权，我倒不怕；以合法手段，来争取政权，却厉害得多了。"总统制，无论对孙中山，还是袁世凯，当然是他们所乐见的制度安排。只是，袁世凯就任大总统后，制度安排却偏偏是内阁制。因而，民国初年，袁世凯真正的对手，只是宋教仁。他是另外一个主角。

理解民国初年的民主政治运作，内阁制是重点，宋教仁很关键。

在与黄兴赴武昌的两周时间里，宋教仁力推黄兴为湖北湖南大都督失败了，但却在此时完成了他的《鄂州约法》——"中国历史上第一部共和制宪法性文件"。细研这一文件，虽明确规定"都督有总揽政务、统率水陆军队、任命文武官职等大权"，但在执行这些权力时，"需经过政务委员的副署"——这就是典型的"内阁制"限权。而从宋教仁为中部同盟会制定并执行的制度看，他们采取的是同样的"内阁制"方式。所以，宋教仁坚持内阁制，是其对民主政治实际运作的基础理念。至少最初，并无功利性色彩。

反观孙中山先生，在其主导制定的《革命方略》里，革命后先要实行“军法之治”，军政府拥有绝对权力，而军政府的首脑权力更为集中。“总统制”当然是他一以秉持的制度安排。

孙中山返国的第二天，同盟会核心成员召开最高会议，宋教仁的内阁制与孙中山的总统制，在此次会议上引发争执。胡汉民记录孙中山坚持总统制的理由：“吾人不能对于惟一置信推举之人，而复设防制之法度。”——以孙中山先生革命经历而论，他出此言，分量颇重，但这一理由，却随后因人而变。

1912 年 1 月 1 日，孙中山在南京宣誓就任临时大总统，中华民国正式成立。此时，由于之前临时政府组织大纲只有大总统而无副总统……过于简单，提出修正案，势在必行。宋教仁等提出的修正案，在总统制结构之下，加上了“国务各员执行政务，临时大总统发布法律及有关政务之命令时，须副署之”——按此规定，总统不能单独公布法律和发布命令，须国务员“副署之”，这仍是内阁制。宋教仁坚持政见之顽强，由此可见。

这次出来狙击宋教仁的，不是孙中山，而是审定临时政府组织大纲修正案的各省代表。结合此前宋教仁在上海力举黄兴为大元帅种种夺权举动，代表普遍认定，这一条款的动机，系“宋教仁自谋总理”，因而集体拒绝。随后，孙中山提名宋教仁为内务总长，代表会仍然反对。宋教仁落选。可见成见之深。

此时的大势则是，以革命派和立宪派为一方，坚持共和制度，而代表清朝的袁世凯一方，已经放弃武力对峙，进入与革命派谈判的时刻。如何推翻清王朝，当然成本最小的方式是促成清室主动逊位，这则完全有赖于袁世凯的选择与努力。孙中山先生再三昭示天下：如果袁世凯能够说服清室逊位，将让出临时大总统一职予袁世凯。

人事变化，此刻又到关键时期。孙中山任临时大总统时的“总统制"，在将让渡给袁世凯为临时大总统后，将取何种政府组织法则？在宪法性文件里如何规定？

宋教仁究竟是湖南人，倔犟。在他完成的以袁世凯为总统目标的《中华民国临时政府组织法草案》里，仍一秉"内阁制"安排。孙中山将此草案送呈参议院"以资参叙"，显然，孙中山此时放弃了自己坚持的"总统制"。这个时候，参议院也在组织人起草一部《大中华民国临时约法草案》。对宋教仁的草案，参议院的回应很明确："宪法提案权应属国会特权。而在国会召集前，本院为唯一立法机关。因此，该法当由本院制订。现在，法制局预为编订该草案是为越权。所谓'以资参叙'，亦非本院必需。"参议院对孙中山不客气，对宋教仁更不客气，在接到宋氏草案第二天，即将草案退回。

政治当然没有这般决绝，毕竟临时大总统是孙中山。在同盟会内部的高层会议上，由于孙中山的支持，会议同意"改总统制为内阁制"；之后，参议院在举行审议会时，确定"实行责任内阁制"；并且增添了更为严厉的条款："任命国务员须得参议院同意"。同时，典型内阁制，对总统的限权条款——"国务员于临时大总统公布法律及有关政务之制令时须副署之"，亦明列其间。

宋教仁终于扳回颓势，实现自己的政见。

总统与内阁，运作与摩擦

内阁制、总统制一变再变，李剑农先生的批判极其深刻："这种拘于一时环境的立法精神，是所谓'对人立法'的精神；对人立法，在理论上是不能赞许的；因为真正的大枭雄，不肯把法律放在眼底，徒使公正的政治家，失去政治运用应有的活动（后来约法屡遭破毁，半由于袁氏和北洋军阀的跋扈，亦半由于约法本身的不良）。但是，当时的参议员，大都不明白这种道理，以为只要是黑字写在白纸上经过议会多数通过的法律，便是神圣，可以压制一切恶魔，便如铁笼，可以防御一切猛兽。”

孙中山先生坚持总统制的理由是：“吾人不能对于惟一置信推举之人，而复设防制之法度。”显然，袁世凯不是他可以“惟一置信推举之人”，于是弃总统制而择内阁制。只是，民主政治所需的基础性互信，似乎也在这一过程失去了。

当然，更政治亦更冷酷地看，这个时候，革命派的竞争对手，已由立宪派易为实力派袁世凯。人事之争愈烈，与人事不可分离的制度愈苛。革命派手里所能够拥有的资源，也只有约法一途。在约法与限权上，这场竞争，革命派占据先手。只是，胜负未易轻料。

第一任内阁总理为唐绍仪，看上去这是革命派与袁世凯都认为合适的人选。唐绍仪与袁世凯相识于朝鲜，此后一直被袁世凯器重，关系最深，与革命派谈判清帝逊位，袁世凯的代表即为唐绍仪。内阁八名成员，内务、陆军、海军三部为袁氏人马，财政为共和党，农林、司法、教育、工商四部为同盟会成员。基本班底搭建完毕。

民国初年的民主政治运作，颇有趣味。属袁氏集团的内务总长赵秉钧从未到过国务会议开会，他自己解释说：“会议关系本部之事物至少，而现在维持秩序之事，诸关重要，故以不赴为便。”而革命派的工商总长陈其美，则呆在上海，根本不去北京。比较起来，这还真算是小事。财政一直是中国当权者的核心问题。唐绍仪想摆脱六国银团，计划向比利时的银行借款，此举不仅惹恼英美德法俄日六国，也跟财政总长熊希龄形成龃龉，熊则以辞职相威胁。清末民初，凡涉外事件，都是听从列强，贷款之事，如若更张，则越弄越僵。

更重要的，则是“责任内阁”如何与总统袁世凯相处。唐绍仪虽跟袁世凯交情甚久，但在坚持内阁“责任”上，并不轻弃权力。李剑农在其《中国近百年政治史》里引民初名记黄远生所记：“袁第一次向参议院发布的宣言书稿，即经唐绍仪改篡后发表。”而双方果真总统与总理各就其位后，“有时总统发下的公事，唐以为不可行的，即行驳回，甚至在总统府与袁面争不屈；总统府的侍从武官看见唐到，每每私相议论，说‘今日总理又来欺侮我们总统了！’但是袁起初也能容忍”。看起来，这个时候，责任内阁的权力迅速达至顶点。

总统与内阁的磨合，迅速触及袁世凯的底线。当时各省都督，系由省议会（即过去的谘议局）推举；直隶省议会公举革命党人王芝祥为都督。李剑农分析：“因为袁世凯既不肯南下，想用革命派的直督去监视他。”——仍是缺乏互信的选择。唐绍仪也将王芝祥任直隶都督一事请示过袁世凯，袁也同意了。只是，王到了北京，袁世凯又反悔不干了，他对唐绍仪说：“除令王督直外，诸事皆可听总理之命。”但唐仍坚持。于是，袁世凯将任命王芝祥去南京遣散军队之令，不交唐绍仪“副署”，而直接交给王芝祥。这是赤裸裸地破坏“责任内阁”中的明文规定：“国务员于临时大总统公布法律及有关政务之制令时须副署之。”结果，唐绍仪于次日提出辞呈，并不告而别。此时，距唐上任也就三个月时间。

袁世凯是传统的中国政客，人事权是其权力关键，宁可破坏约法，也不轻易让渡。

总统与内阁运行仅三月，即已冲突如此，那么，政治中人如何检讨此事呢？当时，各种政党正在分化融合，以同盟会为底色的革命派往国民党演化；而同盟会与立宪派分化出来的则组合成统一党；传统立宪派，则化为共和党——三党为参议院主体。从同盟会的角度观察，唐绍仪的去职，吴相湘先生论述：“主因盖袁世凯利用参议院中共和党与统一党联合攻唐之机会而故意以约法问题难之。”正是基于这种判断，宋教仁及同盟会的四位阁员，也联袂辞职；由此，宋教仁认定，这种“混合内阁”制度，不能维持阁议一致，必须提倡政党内阁。

很显然，宋教仁强有力地主导了此次风波的“舆论导向”。从理论上看，政党内阁，由参议院占多数的政党选出内阁总理，内阁总理自定内阁成员，在意见统一上，自然容易，不易彼此掣肘。这是在技术与规则上强化“责任内阁”，以此对抗总统可能的分化与瓦解的手段，并真正实现权力在内阁而非总统。针对这种意见，觉得本党无组阁希望的共和党则提出“超然内阁”的制度设计，即内阁由无党派人士出任。

袁世凯不得不进入宋教仁设定的议程，因为他既不想要政党内阁，也不想要超然内阁。袁世凯为自己选择的“混合内阁”的说明，不是理论推演，而是事实呈述：

诸君以为组织内阁系从政党上着眼，余则纯从人才上着眼。我国现今党派虽多，而于一党之中求其人才与国务员地位相当者一时恐难求全。故余不注意党派，而专注重人才，其人为余深服者无论甲党、乙党或并无党，但热心国事，余必引为辅助。余主意在得人才，但问其才与不才，不问其党与不党。……总之，余奉告诸君当放大眼光从中国全局着眼，从世界大势着眼，断不可沾沾于一党关系，亦不能硬以平和时代政党更迭消长成例适用于今日危急存亡之中国。总须大家破除成见协力同心共同建设：为国务员者以热心任事为主，须有自信力，万不可轻听局外褒贬，以为进退；为议员、为国民者当体当局者之苦衷，力以维持，不宜以党派意见拘束而牵制之，使其无发展之余地。如是则中华民国庶有完全之日乎。

《临时约法》特设总理，大总统不负责任，然以予观之，不负责任者亦有大小区别，譬之商店，国民如东家，大总统如领东，国务员如掌柜，商业之计划布置，银钱货物之经理出入，固掌柜责任，然苟掌柜不得其人，驯至商业失败，濒于破产，则领东不能不负责，东家亦不能为领东宽。现在国务员当行政之冲要，一国政务罔不赖其筹划，政务得失自属国务员之责成。然苟国务员失职，驯至国随以亡，或虽不亡，而至于不可救药，则大总统究能不负责任？国民能不责备大总统否？

这一当年刊载于《民立报》的袁世凯的立场，至少表明，袁世凯尝试着寻找互信的可能。这当然是现代政治的基本前提。

对于袁世凯的立场，宋教仁的回应是："此次国务院必组，本人向主张纯粹政党内阁；至他党组织，本会各员退出，本人早已发表，刻即他人不欲退出，本人一人亦决辞职；即本会同志必不赞成，则余退出党亦可，决不使自己主张之宗旨致相矛盾也。"

责任内阁，而且是政党内阁，宋教仁立场鲜明，并不放弃。

民主政治的要义之一，即为信任与制约的平衡，只是，仅经一届内阁，原本就缺乏的互信，不仅未能弥补，反而加大。

冲突，以及妥协的可能性

唐绍仪之后的第二任内阁总理，经参议院投票通过后，袁世凯任命原内阁外交总长陆徵祥为国务总理。随后又形成内阁总理与参议院对峙风波，而且远远超过此前冲突。

同盟会因为秉持政党内阁主张，决意不参加此次内阁，但陆徵祥向参议院提交的六个内阁国务员名单里——当然按袁世凯的授意确定，其中包含两个同盟会会员，孙毓筠（教育总长）与沈秉堃（工商总长），这先引发同盟会的不满；而其他党派参议员在听取他任命国务员的演讲时，"猥琐支离，毫无政见。旁观骇异，全院失望"，认为他根本不配做总理。因而决定否决他所提交的六个国务员名单。

袁世凯得到消息，致函参议院，要求推迟表决，暂缓投票。但是，第二天，参议院宣布袁函不是正式咨文，无效。即日投票表决，把陆徵祥提出的总长六人一律否决。

参议院先票选陆徵祥为内阁总理，随后又因其内阁名单而全盘否定，这岂止是没有信任。政治活动至此，已形同儿戏。李剑农先生评论说："平心而论，参议院否决六国务员的举动，诚属幼稚，好比小孩得了一具铅刀，随处乱砍，不管有效无效，有害无害……我所谓他们幼稚病，就是他们当时所把握的武器明明成了一具铅刀，还不知道是铅刀，拿去向凶恶的猛兽示威；约法成为无用的具文，在不经副署王芝祥的委状上，已经表现得很明白，他们可以承认总统下委状不须国务员副署，还要坚持国务员任命的同意权，与小孩滥试铅刀何异？"

对参议院的否决，袁世凯的回应大大抬高了冲突级别。第二次向参议院送出新的阁员名单后，袁授意下的军警会议公所再次开会，声称："如参议院此次再不通过，则请大总统解散。"另有更强烈的说辞则是："用兵力解散参议院。"在此压力下，阁员名单通过了。参议院不愤，随后便有弹劾陆徵祥失职案提出，陆也自此不理政务。同样仅三个月，陆亦走人。

后世读史者翻检民初史料，组成其时政治运作结构的各个部分，参议员、内阁成员以及内阁总理，都有扩大各自权力的本能冲动。因而，政治乱相，总有出人意料之处。比之此前唐总理与袁总统的冲突，这次既无政治的技术含量，也无基本的议事逻辑的风波，近乎单纯斗气吵架，更容易广泛传播，参议院之混乱与恶状，遂成普遍印象。

政治当然是各种政治力量的竞争，因而，参议院、内阁与总统冲突种种，其解套之策，不在明规则，而在隐规则。袁世凯就任临时大总统后，多次邀请孙中山与黄兴到北京共商国是，陆内阁风波掀起之时，孙中山先生决定启程去京。

当时报纸报道，劝阻孙中山出行的是主流舆情，甚至有女士拔出手枪说，如果孙先生一定要自投虎穴，她就在孙先生面前自杀。情绪激昂至此，颇令读史人惊讶。孙中山同意黄兴缓行，但他自己决意北上。他说："无论如何不失信于袁总统，且他人皆谓袁不可靠，我则以为可靠，必欲一试吾目光。"这才是真正大政治家的风范。

《国父年谱》统计，孙中山先生在北京一个月时间，竟与袁世凯晤面达十三次之多，且多为两人密谈，有时只有总统府秘书长在座。这本官修年谱里记录："每次谈话时间自下午四时至晚上十时或十二时，更有谈至次晨二时者。"稍后，黄兴也北上来京。

显然，在那个历史现场，孙中山与黄兴对袁世凯印象良好。孙中山比较他与袁世凯之短长，在维持现状与规划将来两端。黄兴在初次见过袁世凯后，即对人表示："袁公确是英杰，民国第一流人物。"当报纸采访黄兴时，他的表述更热烈："袁公是英杰，民国可靠人。今共和虽成，基础未固，望新闻界注意维持。遇有不法，随时纠正，方为妥善。万不宜心存成见，取过激之攻击态度。"

后世叙史者，多以袁氏欺诈而使"光明磊落的孙中山与诚厚笃实的黄兴"上当论述这段历史。世事多变，或亲或仇，也在瞬间，后置逻辑当然以结果推前因，只是未必真实。

孙中山离京前夕，袁世凯提出内政大纲八条，孙中山、黄兴均表示同意，袁世凯又征得副总统黎元洪的同意，以四人名义公布。这八条是：

> 一、立国取统一制度。二、主持是非善恶之真公道，以正民俗。三、暂时收束武备，先储备海陆军人才。四、开放门户，输入外资，兴办铁路矿山，建置钢铁工厂，以厚民生。五、提倡资助国民实业，先着手于农、林、工、商。六、军事、外交、财政、司法、交通，皆取中央集权主义，其余斟酌各省情形，兼采地方分权主义。七、迅速整理财政。八、竭力调和党见，维持秩序，为承认之根本。

八条政纲，当然是民国建国之初的根本。只是，如果我们取政治运作的角度观察，当时总统府、国务院机构已经运行，政纲却需总统副总统与在野的孙中山黄兴联名签署发布，可见，政治是以力量为核心的。袁世凯、孙中山、黄兴、黎元洪四人合署，可视为三方政治力量，在建国之初的共识寻找与建立。只是，历史弄人，政纲徒为纸面文字而已。

孙中山与黄兴的北京之行，如果仍取革命派与袁世凯实力派的政争角度观察，这实亦可视为一种寻求政治妥协与合作之途。只不过，取何等合作方式，孙中山、黄兴与宋教仁各自不同。李剑农评述说："中山仍主张把政权让给袁氏，已则率其党员，尽力于社会的培养开化，所谓二十万里的铁路政策，人家说他是放大炮，在他是真实主张。故中山的新旧合作是朝野合作。而黄兴的新旧合作，是最老实的新旧合作，是希望北洋军阀官僚与国民党同化的合作。宋教仁的理想却不同，他是政党内阁主义的急先锋，尝对人说，现在非新旧势力合糅不可，正式大总统非袁公不克当此选，但内阁必须由政党组织始能发挥责任内阁制度的精神，但不必出于己党。故他的新旧合作，是总统与政党内阁的合作。"

即使合作，也各有方式不同。问题是，对革命派而言，哪种合作路线能够胜出呢？

国民党的组建与国会选举

孙中山先生到北京，除会晤袁世凯之外，更有一件重要之事，即参加国民党成立大会。

同盟会在辛亥革命之前，因为屡次起义屡次失败，加之种种因素，内部已成分裂状态。原光复会的章太炎、陶成章 1910 年重新打起光复会旗号——后来他们与非同盟会分裂出来的政治人物，合并成统一党，成为国民党的竞争对手；当时孙中山在重建旧金山同盟会分会时，也把同盟会改为"中华革命党"，显现分离倾向；宋教仁、陈其美、谭人凤则组织同盟会中部总会，虽自认是同盟会的一支，实际也表现出分离倾向。

唐绍仪内阁倒台，宋教仁辞去农林总长，专心组建国民党。报纸丑化他，“简直是拿着本子乱填，谁要进党都可以登记，大批因势趋利的投机分子都混了进去。”即使革命派同志，也未必同意他的作法。胡汉民说：“他以为我们那时不要再秘密地做革命工作，只要到国会中去做政治行动者就是。他为扩充国会中的势力起见，要将当时五个政党，合并为一个国民党。兄弟对于他这种主张很反对，因为这样一来，把本党的革命性销蚀大半了。”

不过，如果我们回到宋教仁责任内阁、政党内阁的制度设计逻辑，他拼命造党，也属必然。也就两个多月时间，宋教仁将统一共和党、国民共进会、国民公党、共和实进会、全国联合会五个政党，与同盟会合并成国民党。俨然第一大党。

孙中山到达北京的第二天，国民党在北京召开成立大会，孙中山出席大会并作主题演说，而且他还以 1130 票的绝对多数，当选为理事长。但是，孙中山力辞此职，于是国民党中央决定由宋教仁代理。宋教仁终成中国第一大政党的首领，于他的政党内阁目标更近一步。

《临时约法》规定在参议院成立后十个月内举行国会选举，宋教仁合并六党成立国民党，当然意指国会选举。如果国民党能够获取国会多数席位，政党内阁，不正可由此而出。从孙中山先生任临时大总统之时，即坚持内阁制的宋教仁，此刻当然是他为宪法理想最后奋斗之时。当时有传言说，组党完毕的宋教仁准备南下省亲之时，袁世凯约见他，赠送 50 万元的支票，但宋将支票原物奉还。宋教仁的梦想绝对不是金钱。

1913 年的这次国会选举，史称第一届国会，离谘议局开办仅五年时间，距九年的预备立宪时间也提早了五年，这是辛亥革命的催化作用。无论慈禧的九年预备立宪，还是孙中山的九年“军法”与“约法”，计划总是比不过变化。仅与日本明治维新比较，他们经过二十二年才开始召集国会，中国选举国会的速度当然够快。这曾是多数辛亥革命论著所予赞誉的速度，但如果回到宪政在中国后来运行的实际观察，我们现在仍取赞美，难免不智。

按国会组织法规定，中华民国国会由参众两院组成，参议院名额为274（后因青海及中内学会均未选出，实际为263人），众议院议员按人口比例选出，每80万人产生议员一人，共计596人。虽然仅过五年时间，此次选举较之谘议局选举，参与度大大增强。张朋园在其《中国民主政治的困境》里统计：“前清之选民千人得四人（0.38%），此次则百人得十人（10.50%）。”选举方式仍如前清，取复式选举模式。

此次选战，国民党表现颇为凌厉，成为报纸关注重点。但凡选举，当然花样百出，《时报》报道一桩吴宝璜诉汤化龙案，说汤化龙向其贿选而未兑现。这一故事实在跌宕起伏：

> 具诉状人吴宝璜，为营谋被欺骗乡愚恳请传案追讯事：窃公民来自田间，不谋世事。本月三号，以众议院初选当选，赴第三覆选区投票。初六日即有同乡汤用彬、石山俨介绍于汤化龙，嘱投伊票，甘言媚词，而受关节，许票后酬洋三百元及后种种利益。民思本区覆选，既有张大晰、彭汉遗买票于先，今又有汤化龙买票于后，必系正当行为，遂慨然应允。及投票，遂照关节行事，出场后即向伊等寓所追索前款。汤化龙已杳如黄鹤，石山俨、汤用彬则左支右吾。与之再四理论，仅给纸洋二十元。……上呈，计证人李之万，证物纸币二十元。

初读此节，不免意外。当时国会组织法规定，候选人资格之一：年纳直接税二元以上。按此标准，300元买一选票，实在天价，匪夷所思。

《时报》接着报道，揭示说，这是国民党诬陷汤化龙的一个苦肉计，因为汤化龙与同盟会不合，且汤为名士，“如能打倒，则对（国民）党之前途阻碍减少”。《时报》还披露：国民党许诺每月津贴生活费 240 元（这更是天价），所以吴氏才不顾本身受贿之罪嫌而出面告发。后来结果如何？《时报》没有再报道。不过，国会选举，汤化龙不仅顺利当选，而且后来还担任议长，由此推断，此案恐未受理。故事虽然曲折，能有这般结果，还是令人欣慰。

这样的故事，在当时的报纸上虽不时可见，但与此后（1949 年之前）的两次国会选举，比较起来，此次选举，算得上“非常干净”了。

这次国会选举，按历史学家张玉法的统计：以党籍计，参议院党籍可知者，国民党占全院的 54.5%；众议院党籍可知者，国民党占全院的 60.4%。国民党大获全胜。

这是中国历史上的一个关键时刻。

研究中国历史，尤其还会涉及日本历史的外国学者，在正文之余的札记或随笔里，不时会有感叹。比如美国佐治亚州立大学历史学教授任达，就有如此感叹：“中国的政治文化是高度个人化的，似乎需要一个放大了的人物或象征，把信奉的人们团结在他的周围，并组成特别的关系网络，才能工作。日本的政治文化是高度制度化和非个人化的，总是围绕着已经建立起来的机构和等级制度运作，类似中国式‘个人崇拜’差不多是不存在的。由于这种差别的影响，博闻广见的美国人，今天都知道孙中山、蒋介石、毛泽东、周恩来和邓小平。但有多少同样博闻广见的人们，能说出或知道一个日本明治年代的领袖，或者说得出现在日本首相的姓名呢？”

人事与制度，由此以观，传统中国，人事永远强过制度。只是，民国初年，极其曲折生长出来的责任内阁制度，在这一时刻似乎有机会改写中国政治传统。这当然是关键时刻。

暗杀与终结

在既定的规则里，国民党获得了国会多数，年纪只有 31 岁的宋教仁，无限接近他认定的理想政治形态。

后人读史至此，不免掩卷而叹。看上去这是一场袁世凯与宋教仁两人之间的竞争，实际上，是传统政治与现代政治的错位性竞争。以人事（个人）与实力为内核的传统政治方式，跟制度与限权为要素的现代政治，在民国初年，一经竞争，即达至如此高度，当然震撼。

当然，如果离开人事，单论制度，也是片面。当国民党占据国会多数议席之后，虽然宋教仁多次坦言“正式大总统非袁公不克当此选”，但从制度安排上推导，袁世凯落选总统，并非不可能。如果大家遵守既定规则的话。

回乡省亲的宋教仁，在湖南乡下获知了国民党国会的选战胜利。那么，此刻的宋教仁，对未来有何计划？蔡元培在为宋教仁日记《我之历史》的撰序言里说：“（宋）以同盟会与其他三四政团相结合而组织为国民党，以为有此多数党为大本营，足以操纵袁氏。既而知袁氏终不足与有为，乃舍袁就黎（元洪）……”宋教仁的日本朋友北一辉记录：“彼（宋教仁）组织国民党而成为实权总理，（国民党）占上下两院三分之二的绝对多数，策划即将选举之正式总统人选……彼不推南孙（中山），不愿北袁（世凯），而默想第三者——最为愚呆脆弱之黎元洪。”而当时的《时报》分析，“（宋教仁）竭力推黎，其用意所在，欲以黎氏为虚位的总统，而本身则于其下掌握政权”。

国会里的多数党，退可以组织政党内阁，进可以决定总统之人选。责任内阁，当然不仅仅是“负责任”一词那么简单。舍袁就黎，当时遂成一股舆论潮流。

选举结束后，离开湖南去到武汉的宋教仁发表演讲：“现在接到各地的选举报告，我们的选举运动，是极其顺利的。袁世凯看此情形，一定忌克得很，一定要钩心斗角，设法破坏我们，陷害我们。我们要警惕，但是我们也不必惧怯。他不久的将来，容或有撕毁约法背叛民国的时候。我认为那个时候，正是他自掘坟墓，自取灭亡的时候。到了那个地步，我们再起来革命不迟。”由武汉开始，宋教仁抨击袁世凯言论日多。

宋教仁犀利之词，袁世凯自然闻知，时任总统府秘书的张国淦回忆：“各省办理选举，其选举人在各处言论登报者，由府秘书每日剪呈。宋在黄州演词，甚激烈，袁阅之言：‘其口锋何必如此尖刻？’”

传统政治方式以及袁世凯本人，当然不会那么轻易退席。一般史论，袁世凯的实力是其军队，这固然不错，但在民国初年，更窘迫的是财政。先前让第一任内阁总理唐绍仪头痛的借款问题，此刻跟五国银行借2500万英镑的借款谈判，已近尾声。仍回传统政治的“实力”因素，袁世凯有足够的底气了。

1913年3月20日晚，宋教仁计划乘火车由上海赴南京，刚到车站检票处，有刺客向宋教仁连开三枪。两天后，宋教仁辞世。孙中山在挽联上写道：“为宪法流血，公真第一人。”

刺客武士英与应桂馨迅速落网，由此上追，牵涉出国务院内务部的秘书洪述祖，而洪又受命于国务总理赵秉钧……结合此前宋教仁有“舍袁就黎”的“环境证据”，至少相当舆论认定袁世凯与此事难脱干系。这桩公案，虽然是否袁世凯明令刺杀，很难结论。但宋教仁之死，民国政治，将另走他道，则是无疑。

正在日本考察铁路的孙中山，闻讯迅速返国，主持召开军事会议，力主武力讨袁。黄兴反对，他说：“民国元气未复，仍不如以法律解决之为愈。证据确凿，俟国民大会发表后，可组织特别法庭，缺席裁判，何患效力不复生？”金冲及在其《二十世纪中国史纲》里述：

“已成为各省都督和国会议员的国民党人，响应孙中山号令的更是寥若晨星。”但是，孙中山仍然坚持武力讨袁，“二次革命”由此爆发。民主政治的中国试验，事实上，就此终结。

刚刚开始实践的民主政治，迅速回到“实力（武力）”决胜负的旧轨道。有军队，亦有五国银行借款的袁世凯，由此进入了自己熟悉并擅长的政治旧游戏之中。

辛亥十年后　革命的民国逻辑

辛亥革命十年之后，1921 年，中国共产党诞生。革命，若以建立独立的中国为目标，实则由中国共产党完成这一宏业。曾经的三种历史动力及其政治集团，康有为文人集团的立宪派、孙中山的革命党以及袁世凯的军人集团，彼此竞争融合，十年之后，终于清晰展现出革命的“民国逻辑”：军事即政治。

白帽西服。这是北大同仁记忆陈独秀最鲜明的形象符号。

1919 年 6 月 11 日，现藏北京档案馆的京师警察厅档案记录：晚 7 时，陈独秀受友人之邀，到浣花春四川饭馆聚餐。晚餐后，约 8 时，陈独秀往新世界游艺场。到新世界后，见戏场、书场、台球场内，皆有电灯照耀，如同白日。于是潜入第五层屋顶花园，那里既无人，也无电灯。时间已近 10 时，恰好四层正放露天电影，陈独秀趁此机会，将大把传单投向楼下……这天，新世界游艺场密探甚多。几天前，外右五区警察署查获一张传单，说将在新世界安置炸弹，警署及步军统领衙门都安排了众密探。“白帽西服”陈独秀反复上下楼之际，已被跟踪，传单刚出，陈即被捕。

新世界人多，公众场合捕人，得当心，“一名侦探脱下自己灰色大褂，将白帽西服陈独秀罩住，押往外右五区警署”——检索档案的研究者梅佳，看来对“白帽西服”也印象深刻。

这次被捕，对陈独秀意味着什么？

陈独秀之变

陈独秀被捕，当然是重大新闻。尤其在“五四”这一特殊时期，它迅速成为议题。

当时正在上海进行南北和谈的孙中山，对北洋政府的代表许世英颇为厉声：“你们做了‘好事（逮捕陈独秀）’，很足以使国人相信，我反对你们是不错的。你们也不敢把他杀了，死了一个，就会增加五十、一百个。你们尽管做吧！”据说许世英回应：“不该。不该。我就打电报回去。”声援并营救陈独秀，从目前史料看，当时确为一时潮流。远在湖南长沙的毛泽东亦在他编辑的《湘江评论》上撰文《陈独秀之被捕与营救》：“陈君之被捕，绝不能损及陈君的毫末，并且留着大大一个纪念于新思潮，使他越发光辉远大……我祝陈君万岁！我祝陈君至坚至高的精神万岁！”

陈独秀一生五次被捕，但细观下来，惟有这次（第二次）最为戏剧也最为显赫，描述也颇多。后世读史者回到历史现场，仍稍有疑惑，陈独秀的动机是什么？

陈独秀所散传单，系他所撰《北京市民宣言》：“中国民族乃酷爱和平之民族。今虽受内外不可忍受之压迫，仍本斯旨，对于政府提出最后最低之要求，如左（下）：（1）对日外交，不抛弃山东省经济上之权利，并取消民国四年七年两次密约。（2）免徐树铮、曹汝霖、陆宗舆、章宗祥、段芝贵、王怀庆六人官职，并驱逐出京。（3）取消步军统领及警备司令两机关。（4）北京保安队改由市民组织。（5）市民须有绝对集会言论自由权。……”从传单内容看，这些内容大体也是五四时期学生一般要求，只是陈要求免职者稍多几位而已。

按“五四运动”的进程，6月2日至4日，确系北洋政府逮捕学生之高潮。陈独秀记录6月3日，“端午节的后一日，离学生的‘五四运动’刚满一个月，政府因学生团又上街演说，下令派军警严拿多人。这时候陡打大雷刮大风，黑云遮天，灰尘满目，对面不见人，是何等阴惨暗淡。”(《独秀文存》)只是，6月5日，上海罢工罢市消息传来，北京军警即已完全撤离，不再干预学生任何事情。当时正在中国访问的美国哲学家杜威记录北京街头：“学生的故事是好笑的，尤其滑稽的是星期五（6月6日），学生手持旗子，欢呼喊叫着，列队游行演说，警察站在旁边像保护着天使，没有一个学生被捕或干扰。”顷刻之间，从逮捕到“保护”，政府态度变化巨大。稍后,6月9日，北洋政府接受曹汝霖、陆宗舆、章宗祥辞职，并于次日公布。北洋政府接近完全妥协。

学生已悉数释放，曹汝霖等人也被去职，陈独秀传单里的直接要求似乎达成。这个时候，陈仍选择行动。或者我们对此行动的理解，应从作用于学生运动的价值，转向陈独秀本人。

这一时期，陈独秀写了不少类似现今微博一样的百字左右的文字，刊发于《每周评论》，其中有一则后来被广泛引用：“世界文明发源地有二：一是科学研究室，一是监狱。我们青年要立志出了研究室就入监狱，出了监狱就入研究室，这才是人生最高尚优美的生活。从这两处发生的文明，才是真文明，才是有生命有价值的文明。(6月8日)”三天后，陈独秀果然被捕。后来陈独秀出狱，李大钊写了首情绪激烈的诗以示欢迎，亦借用监狱与研究室概念：“你今出狱了，我们很欢喜，他们的强权和威力，终竟战不胜真理，什么监狱什么死，都不能屈服你；因为你拥护真理，已经实行了你那句话：‘出了研究室便入监狱，出了监狱便入研究室’。他们都入监狱，监狱便成了研究室；你便久住在监狱里，也不须愁着孤寂没有伴侣。”这次被捕经历，于陈独秀当时的朋友们而言，洞若观火：他的人生由此而变——只谈思想，不谈政治的《新青年》的主导者陈独秀，由此迅速变为职业革命家。

只是，当时倾力营救陈独秀的胡适，不认为变化只发生此刻，而是稍前。

“五四运动”爆发前一个多月，陈独秀失去北大文科学长之职。中国各时期出版的陈独秀传记，对这一事件，并不讳言。红旗出版社出版的朱文华所著《陈独秀传》引周作人《知堂回想录》：“北京御用报纸经常攻击仲甫（陈独秀），以彼不谨细行，常作狭斜之游，故报上记载时加以渲染，说某日因争风抓伤某妓下部，欲以激起舆论。”这当然是传统文人对新文化运动的攻击策略。只是，曾力荐陈独秀出任北大文科学长的北京医学专门学校（北京医科大学的前身）校长汤尔和、北大教授沈尹默，此刻亦要求北大校长蔡元培撤销陈独秀的文科学长之职。后来蔡元培坚持，才保留陈独秀教授之职，“并由校方给假一年”。但此时，陈独秀事实上被迫离开了北京大学。

对北大这一决定，胡适极为愤怒，“当时外人借私行为攻击独秀，明明是攻击北大的新思潮的几个领袖的一种手段，而先生们亦不能把私行为与公行为分开，适堕奸人术中了。”这一变故，胡适看来，才是陈独秀转变的关键，“独秀因此离开北大，以后中国共产党的创立及后来国中思想的‘左’倾，《新青年》的分化，北大自由主义者的变弱，皆起于此夜之会（决定撤销陈独秀学长会议）。独秀在北大，颇受我与孟和（英美派）的影响，故不十分‘左’倾。独秀离开北大之后，渐渐脱离自由主义的立场，就更‘左’倾了……不但决定北大的命运，实开后来十余年的政治与思想的分野。”

无论起因是撤销学长，还是被捕，可以确定的是，1919 年，陈独秀开始了思想之变。

李大钊的世界观

三个月后，陈独秀终于出狱。旋即接到孙中山先生南方政府的邀请筹办西南大学，陈独秀接受邀请南下。陈独秀离京去沪，又转向武汉作了几场演讲，演讲过于轰动，武汉警方迅速将情报报至北洋政府。并且，“对于陈氏主张之主义，大为惊骇，令其休止演讲，速去武汉”。此时陈独秀还处于“监视居住”状态，不可随便离家。略有意外的是，陈独秀未从武汉直接去广州，而是返回北京，北京警员接获消息，严阵以待，准备再捕。

李大钊获闻消息，赶到火车站将陈独秀接到北大教授王星拱家躲避。1920年2月，《新青年》的编辑同仁高一涵记录：“李大钊挺身而出，自愿护送陈独秀从公路出走（北京）……时当阴历年底，正是北京一带生意人前往各地收账的时候，李大钊同志雇了一辆车，从朝阳门出走南下，陈独秀头戴毡帽，身换王星拱家厨师的一件背心，油迹满衣，光着亮发，坐在车子里面，李大钊同志跨在车把上，携带几本账簿，印成店家红纸片子。沿途上住店一切交涉都由李大钊同志出面办理，不要陈独秀开口，恐怕露出南方人口音。因此一路顺利到了天津，即购外国船票，让陈独秀坐船前往上海。”

也是根据高一涵的这个说法，此行，“南陈北李，相约建党”，遂成建党起源。只是，后来党史研究者对此说颇为慎重。理由是日本的研究者石川祯浩所考证：当时高一涵正在日本，根本不可能知道陈独秀逃离北京的过程。而李大钊与陈独秀两人并无此说法。

逃离北京，确如一个象征，意味着陈独秀与过去的更接近自由主义的思想说再见了。而这个时候，李大钊已经完成他那篇具有历史价值的论著：《我的马克思主义观》。研究马克思主义的中国传播，乃至中国共产党建立，当然绕不开李大钊。

虽然比陈独秀要小整十岁，但在处事与性格上，两人却是与年纪相反。时人评价：在处理问题的方法上，李大钊注重调和，力求全面稳妥，陈独秀则喜欢辨别是非黑白，弃取分明，甚至爱走极端；在性格上，陈独秀激烈果断，李大钊平和温厚。

与陈独秀“五四”时期的激烈行动，甚至以身投狱不同，细索这一期间李大钊的表现，他不仅没有直接的参与行动，而且著文为“五四”鼓与呼都没有。《李大钊传》的作者朱志敏疑问说：“是他担任图书馆主任工作难于脱身吗？那总不至于影响到他多写几篇参与斗争的文章吧！”从结果看，这个时候，李大钊正在完成他这篇2.6万字的《我的马克思主义观》。马克思主义以何种方式与线路传入中国，李大钊是最好的研究对象。

在那本极被中国党史研究者重视，并广泛引用的《中国共产党成立史》里，日本学者石川祯浩考证说：1917年爆发了俄国革命，日本国内的社会问题也日渐尖锐，使社会主义再次唤起人们的瞩目。到了1919年，马克思主义终于得到青年们的热切关注：被誉为马克思《资本论》第一卷最准确释本的考茨基著、高畠素之译《马克思资本论解说》，第一版两万册即刻被抢购一空，其后连续再版达十几次；河上肇研究马克思主义的个人杂志《社会问题研究》，第一册售出12万册，第二册售出8万册……“中国的共产主义运动从开始接受社会主义学说到取得有关俄国革命和其领导人动向的信息，以至于摸索共产主义运动的形态，都与世界社会主义思潮和世界性共产主义运动密不可分。可说是世界性‘思想链条’的一环。”

在李大钊写作他的马克思主义观之前，北京《晨报》记者陈溥贤即在《马克思研究》专栏里，开始翻译连载主要是日本河上肇的有关马克思研究文章。这些文章又迅速被《民国日报》、《时事新报》、《新青年》反复转载。陈溥贤与李大钊同一时期在日本早稻田大学学习，接受并传播马克思主义，当然有彼此相互影响的一面。

这当然只可论为环境因素，问题是为什么是李大钊会敏感并迅速接受马克思主义这种新学说？当时新文化运动核心议题之一是比较东西方文明，东西之间，断然两分，或取东方或取西方文明，是当年论战的焦点。可否有第三条道路，即非对立的中间之道？这是李大钊思考的问题。有趣的是，曾任美国驻华大使，此刻被聘为北洋政府法律顾问的芮恩施认为：俄罗斯文明足以在东西文明之间担当起媒介之任。——《李大钊传》作者朱志敏认为：李接受了这一观点，将目光投向了俄罗斯。这当然是李大钊的个性因素。在他看来：就地理位置而言，俄国位于欧亚接壤之处，故其文明兼有东西两种文明的特质。综合起来看，亚洲人长于宗教，其政治为神权政治；欧洲人长于政治，其发展演变的结果，创造了近代自由民主国家。俄国国民既接近亚洲人的尊奉神权和独裁君主的思想，也有接近欧洲人的向往人民权利的思想。从而，人道、自由观念"深中乎人心"。

同样留学日本，亦精通日文的李大钊，在日本马克思主义思潮涌起之际，结合他过去对东西文明思考并特别注重俄国的倾向看，他对马克思主义的接受，毫无意外。研究者指呈：李大钊的马克思主义研究，其资料来源同样是日本河上肇及其杂志《社会问题研究》。1919 年夏天，也即"五四运动"最激荡的时刻过后，7 月，李大钊离开北京去往昌黎小住，开始写作被称为"中国历史上第一次较为完整、较为准确地介绍马克思主义基本原理的文章"——《我的马克思主义观》。并于当年 9 月开始分两期刊发于《新青年》杂志。

也正在写作此文同时，李大钊与胡适展开了一场新文化运动中颇为著名的"问题与主义"之论战。这当然可视为李大钊接受马克思主义的一个注释。对这场论战，精彩的描述来自《中国近代史》的作者徐中约：表面上，争论以胡适占上风而结束。然而，这却是空洞的胜利，因为年轻人当中讨论"主义"成为时尚，甚至胡适本人也经常提到自由主义、实用主义、实验主义等。一位风趣的批评家这样描述胡适和实验主义者："你们应当放弃所有'主义'来接受我们的'主义'，因为根据我们的‘主义’，没有‘主义’应当被看作金科玉律。”而李大钊却是坚定认为：“‘主义’在社会改造中起着与航海定向一样的必要功能。”

显然，1919 年，尤其是“五四运动”是个分水岭——历史学家们基本由此断代。新兴力量兴起，陈独秀开始了思想之变，而李大钊相对完整地将马克思主义引进中国。

外省青年毛泽东

对于 1919 年，当时长住北京的日本牧师清水安三有个极具洞见的观察：“中国猛增者有二,一曰杂志，一曰游行。”如果说全球思潮，以马克思主义的传播为例，中国是“思想链环”中的一环。那么，以北京上海为枢纽接受的这些思潮，如何在中国内地传播呢？

在延安接受美国记者斯诺的采访时，毛泽东说：“我在长沙师范学校的几年，总共用了 160 块钱——里面包括我许多次的报名费！在这笔钱里，想必有三分之一花在报纸上，因为订阅费是每月一元。我常常在报摊买书、买杂志。我父亲责骂我浪费。他说这是把钱挥霍在废纸上。可是我养成了读报的习惯，从 1911 年到 1927 年我上井冈山为止，我从来没有中断过阅读北京、上海和湖南的日报。”——非常有趣的是，在此记录之下，斯诺还加了一个自己的注释：当时现代报纸在中国仍是个新鲜事物，许多人，特别是当官的对之极为厌恶。

1910 年毛泽东离开韶山来到湘乡县城附近的东山小学堂，这个时候他才知道光绪皇帝与慈禧太后死了；到了长沙，进了第一师范读书，《新青年》自然也是毛泽东的读物之一。1917 年，毛泽东所撰《体育之研究》在《新青年》刊发。这年在与蔡和森一次夜谈里，毛泽东论及陈独秀：“冲决一切现象之罗网，发展其理想之世界，行之以身，著之以书，以真理为归，真理所在，毫不旁顾。前之谭嗣同，今之陈独秀，其人者魄力雄大，诚非今日俗学所可比拟。”现代媒介，迅速将全球思潮传播到中国各主要城市。这是古老中国所未曾有过的现象，而且，这还不是一种单线条的思想传递，1919年，毛泽东在长沙也创办自己主编的杂志《湘江评论》。稍后胡适在其编辑的《每周评论》上发表其所写《介绍新出版物》：“现在我们特别介绍我们新添的两个小兄弟。一个是长沙的《湘江评论》，一个是成都的《星期日》。《湘江评论》的长处是在议论的一个方面。第二、三、四期的《民众大联合》一篇大文章，眼光很远大，议论也很痛快，确是现今的重要文字。”《民众大联合》，正是毛泽东所撰。思想在现代媒介里，传播、反馈、互动然后激荡，与传统传播路径判然有别。

猛增的报纸与杂志当然是现代思想传播最重要的方式，但细察马克思主义的中国传播、信仰者的形成，尤其是团队的建构以及迅速采取行动，更重要的途径仍是人际传播，以及由此构成的人际网络。

1918年底，毛泽东为送自己的同学去法国留学，来到北京。他的老师杨昌济将之推荐给北大图书馆馆长李大钊，毛泽东成为北大图书馆助理员，“每月薪金8元”，而当时北大教授月薪大多为二三百元，虽此，毛泽东跟斯诺说，“(8元) 工资不低”。回忆这段岁月，毛泽东跟斯诺津津乐道的是他此际认识的北大人，“在那些来阅览的人当中，我认出了一些有名的新文化运动头面人物的名字，如傅斯年、罗家伦等等，我对他们极有兴趣。在新闻学会里，我遇到了别的学生，例如陈公博，他现在在南京当大官了；谭平山，他后来参加了共产党。还有邵飘萍，他对我帮助特别大。还遇到了张国焘——现在的苏维埃政府副主席；康白情，他后来在美国加利福尼亚州加入了三K党[！！！]；段锡朋，现在在南京当教育部次长……”显然，这只是对景仰人物的近距离接触，属于浅层的人际网络。

1919 年底，为驱逐湖南军阀张敬尧，毛泽东再次来到北京，这时日益病重的杨昌济致信当时任广州军政府秘书长的章士钊，推荐毛泽东和蔡和森，说：吾郑重语君，二子海内人才，前程远大，君不言救国而已，救国必先重二子。

后来的研究者似乎对章士钊的重视不足，而在毛泽东早期的回忆里，此人分量甚重。1901 年，陈独秀在安徽安庆发表反清演说，被通缉，逃到南京，结识了章士钊；稍后他们两人，加上蔡元培还在上海一个秘密小组学习制造炸弹的技术，彼此因此秘密活动，关系日深。再后，章士钊在日本创办反对袁世凯恢复帝制的杂志《甲寅》，正在日本的陈独秀当然是重要撰稿人；正是这份杂志，李大钊、高一涵、李剑农等因阅读及撰稿，而成为一个有意思的小团队。1916 年底，蔡元培被任命为北京大学校长，过去的人际网络随之转移北大，陈独秀成为文科学长、章士钊成为教授并兼图书馆馆长——他后来将此位置让给李大钊。毛泽东第一次到北京，到此做助理员。显然，就此网络而言，民国名士章士钊至少是核心的介质人物。

第一次北京之行，毛泽东建立了自己的浅层人际网络；第二次进京，有老师杨昌济先生的竭力推荐——这是最重要的信用让渡，毛泽东有机会真正进入陈独秀李大钊的人际网络。这自是重大收获。比较已经相当丰富的毛泽东早期材料，第一次北京之行，虽则是图书馆馆长李大钊的助理员，但彼此关系确凿记录只有一条：去天安门听李大钊的《庶民的胜利》的演讲。而再度进京，情况大变。解放前夕，在西柏坡，毛泽东很深情回忆李大钊："在他的帮助下，我才成为一个马列主义者。"——也就是第二次进京期间，毛泽东自述阅读了《共产党宣言》、《阶级斗争》（考茨基 / 著）、《社会主义史》（柯卡普 / 著）。陈独秀与李大钊的北大圈子，不仅向毛泽东开放，接纳了他，而且将他引为重要的同路人。

1920 年 5 月——这是一个重要时间，毛泽东离京，如同第一次离京去上海然后折返长沙一样，这次他再度去上海拜会陈独秀。毛泽东后来回忆：在上海与陈独秀讨论所读的马克思主义书刊，而陈的言论思想很让他折服，“在我的生活中，这是一个转变时期，可以说陈独秀对于我的印象，是极其深刻的……他影响我也许比任何人要大。”

当然，毛泽东不是没有属于自己的人际网络，早在 1918 年 4 月，以毛泽东为干事（随后主持）的新民学会即在湖南成立。学会的早期成员：蔡和森、萧子升、何叔衡、张昆弟、陈书农、邹鼎丞、罗章龙、李维汉、周世钊……对应早期中国共产党人名录，这些人中多数名列其中。1920 年底，回到长沙的毛泽东接到留法的蔡和森的信件，蔡直接写道：“（我们要）明目张胆正式成立一个中国共产党。”

巴黎和会，情绪跌宕

思想传播当然是我们考察马克思主义中国之途的重要方式，但是它解决不了这样的疑问：从李大钊 1919 年夏天完成《我的马克思主义观》，仅仅两年时间，中国共产党即在上海召开第一次代表大会——从思想到行动，是断然不同的质变，两年时间究竟发生了什么，能够如此迅速完成蜕变？解决这一疑问，我们需从静态的思想传递，进入动态的历史现场。

1918 年 11 月 11 日，第一次世界大战结束。以英、法、美、意、日等国组成的协约国，打败德国、奥匈帝国、保加利亚、土耳其组成的另一方同盟国。大战结束前六天，北洋政府对德奥宣战案，终于在国会众、参两院通过。中国虽未出一兵一卒，也跻身战胜国之列。从鸦片战争以来，中国何尝有过“胜绩”，此次胜利，虽有侥幸，但却同样激荡人心。

全国各处都有热烈真诚的庆祝，北京大游行以太和殿为集中地——十八年前，这里也是庆祝“胜利”的地方，只不过当时是八国联军因战胜义和团而庆祝，予中国人正是耻辱。当时清政府还为被中国士兵杀死的德国公使克林德立碑，现在情形反过来，中国是战胜国，而德国却是战败国了。克林德碑也被迅速改造，正面铭文重新刻上“正义战胜强权”，而背面则以拉丁文刻为“维护正义之纪念”。历史学家周策纵评论：“全国普遍的感觉是，所有的国耻都会永远跟着这块北京人惯称的‘石头牌坊’的纪念碑而消失。”

中国人尤其是知识分子的兴奋，是基于大战结束前美国总统威尔逊的“公理”宣言，即“十四点”议和条件：废除秘密签订外交条约；公海航行自由；除却经济障碍，使利益普及于爱和平诸国；裁军；尊重殖民地人民的公意；德国在欧洲强占的土地应退回以及组织国际联合会，对大小各国同等保障其政治独立与土地完整的权利……按此宣言，对应于中国现实，周策纵解释说：“（中国人）假定德国自1898年以来占有的中国土地和所有权都会归还给中国。并且在大战期间在日本威胁下所签订的中日条约和协定会在紧接着的巴黎和会里重新调整。”直接而言：取消中日新约（“二十一条”），即先被德国所占、继被日本所夺山东应归还中国。这是所有中国人的期待。

中国知识分子，尤其是新知识分子对此极其乐观。比如蔡元培即将此次胜利论为“民主战胜了专制和军国主义”；而李大钊的演讲更直接：“庶民的胜利。”

中国民众尤其是知识分子满怀热诚的期待，与政府参加巴黎和会的谈判者，未必完全步调一致。中国代表团的构成即充分表明了当时中国分裂的政治结构，五个全权代表——陆徵祥（外交总长）、王正廷（南方领导人之一，广州参议院副议长，南方政府派驻美国代表）、顾维钧（驻美公使）、施肇基（驻英公使）、魏宸组（驻比利时公使，后来被伍朝枢接替。伍是南方代表，是伍廷芳的儿子）。代表团除了陆徵祥从国内出发，经日本赴法外，其他都直接由国外赴会。问题恰恰出在由国内出发的陆徵祥，一箱中国代表团的文件（丁字文书一箱），在运往巴黎途中，经过日本东京时遗失——更多人怀疑是被偷走了。同时，路透社报道说：中国总代表陆徵祥在东京和日本外务大臣内田康哉，密谈两小时之久，“约略谈及胶州问题”。和会尚未开始，不祥信息即已传来。

谈判是一个复杂曲折的过程，简而言之，日本方面出具了两份极有杀伤力的文件，证明他们仍然有权控制山东尤其胶州。其一，日本出具1917年与英、法、意三国签订的秘密协定，保证战争结束后“援助日本要求割让德国战前在山东及各岛屿之领土权”。如此一来，中国所赖以为支援的美国，变得被动并且孤立无援。其二，更麻烦的是，北洋政府和日本秘密商谈借款（西原贷款之20），在战争即将结束之前的1918年9月25日，将山东省境内建设的济（南）顺（德）与高（密）徐（州）铁路作为借款的抵押品。——据说这一秘密协定，到巴黎和会公开时，甚至连有些中国全权代表都从来不知道。中国谈判极端被动。先前中国谈判的策略是说明：中日新约（“二十一条”）在日本胁迫下签订，自当废除。但日本方面引用此密约，说明：1918年关于铁路的合同和有关山东问题的换文，是在中国参战以后签订的，所以不能说是受了胁迫。

后世读史者，细看清末民初的中国近代史，日本时时处处谋我领土，其工于算计，每读每叹。有此外寇，中国现代化之艰难，自是痛苦难言。最后终须一战而定胜负。

中国人为美国总统威尔逊的“公理论”而折服，自然期待在巴黎和会上威尔逊践行诺言，“保障（中国）其政治独立与土地完整的权利”……结果在日本方面精心的攻势之下，威尔逊退让了。王芸生编著的《六十年来中国与日本》记录当时谈判文件，威尔逊质问中国代表："1918 年 9 月当时，协约军势甚张，停战在即，日本决不能再强迫中国，何以又欣然同意与之订约？"巴黎和会的结果，德国在山东所有的利益都转让给日本。

从战胜国的极端兴奋，到巴黎和会的重大失败，半年时间，中国民众情绪犹如过山车，由最高点迅速跌至最低谷。反对签订巴黎条约——"五四运动"由此诞生。

威尔逊理想和诺言的失败，极其反对美国对日本妥协的芮恩施有此洞见："世界上可能没有任何地方像中国这样对美国在巴黎的领导抱着如此大的希望。中国人信任美国，信任威尔逊总统宣布过的原则，他的话传播到中国最远的地方。正因为如此，那些控制巴黎和会的老头们的决定，使中国人民有着更强烈的失望和惊醒。……自从美国参战以来，大家就有胜利的信心，相信所有的牺牲和痛苦，都会使战后国际活动建立起正义的原则。在这种原则之下，人类可以生活得更幸福和更安全。现在所有的希望却都给粉碎了。"

当时上海学生联合会在学生罢课说明书里更清晰地表示了中国人的失望："全世界本来都倾听威尔逊的话语，像是先知的声音，它使弱者强壮，使挣扎的人有勇气。威尔逊曾告诉过他们，在战后缔结的条约里，像中国这种不好黩武的国家，会有机会不受阻碍地发展他们的文化、工业和文明。他们告诉他们不会承认秘密盟约和在威胁下秘签的协定。他们寻找这个新纪元的黎明，可是中国没有太阳升起，甚至连国家的摇篮也给偷走了。"

美国尤其是威尔逊的失败，徐中约评论说："许多中国知识分子对西方国家失去了信任，并且发觉很难将西方同时看成为导师和压迫者。"新思潮不可避免有了历史的机会。在"五四运动"的中心北京，亲见亲历这一运动并深切感受民众情绪的知识分子如陈独秀、李大钊，他们会如何观察、思考，并选择自己的行动方向呢？

苏俄废约，新的机会

历史充满着偶然与意外，在中国知识分子对一直倾心学习的西方，尤其是美国深深失望之际，新的昭示迅速填补这一巨大的空虚。

1919年7月25日，中国方面拒绝巴黎和会签字一个月后，莫斯科的工农苏维埃政府代理外交人民委员列奥·P.加拉罕发出“对中国人民和中国南北政府”宣言：愿援助中国人民脱离外族压迫，以往俄国与中国、日本及同盟国所订密约，概行作废，放弃帝俄在中国夺得的权利，中东铁路及租让所得的林矿产业，无条件交还中国，放弃庚子赔款、租借地、领事裁判权，愿与中国解决帝俄与日本及协约国所做的一切不公事件。中国人民如欲免除巴黎和会所给予朝鲜第二、印度第二的命运，惟有接受苏俄的提议，彼此恢复友好，合力奋斗。

对比中国在巴黎和会上的抗争及其失败，苏维埃政府的放弃一切不平等条约的这一宣言，不啻极端意外之喜。

奇怪的是，载有这项宣言的电报在传送过程中竟被延误了八个月，1920年3月才到达北京。3月25日，上海的俄语报纸《上海生活》最早刊发了这一宣言；4月3日，北京的《晨报》对此做了全文报道。随即中国各报迅速刊发加拉罕宣言。当时在华的外国新闻媒体声明他们无法保证这个文件的真实性；而北洋政府也拒绝与之谈判，在给各省督军的电报里，宣称：不能正式接受此项建议，是因为该电报可能是伪造的。——当然，很难指责北洋政府的愚顽，刚刚经历巴黎和会打击的政府当局，犹豫与迟疑，当可理解与同情。

西方新闻界的怀疑，来自所谓“内在证据”的矛盾。宣言讲：“凡从前俄罗斯帝国政府时代，在中国满洲以及别处，用侵略手段而取得的土地，一律放弃。”这与沙俄并未合法地获取整个满洲这个事实不符。换言之，宣言过于慷慨了。后来发现，1920年6月在中国出版的宣言的英译本中有一段关于向中国归还中东铁路的文字，而这未见于在莫斯科发表的文本。一些苏俄官员指责说，此段是由译者或其他人植入以将问题搞乱……周策纵在其经典的《五四运动史》里说："列强阻挠中苏谈判的意图是相当明显的。"

1917年俄国十月革命，列宁领导的布尔什维克成立苏维埃共和国。同时通过向德国妥协的方式，退出第一次世界大战。加拉罕发出对华宣言之际，苏维埃共和国尚未完全控制俄国全境，与白俄之战仍在继续。如此格局，当是北洋政府怀疑宣言真实的重要因素。但北洋政府仍有极愚蠢之处。中国参加一战，条件是拒付庚子赔款，事实上北洋政府已有相当时间未向俄罗斯支付这一赔款了，但沙俄被推翻三年多，沙俄已无法维持其在华公使馆和领事馆的大批人员的开支了。此时，北洋政府却开始向北京的旧俄公使馆支付赔款。这些赔款又迅速被用于与苏维埃政府对抗的组织手中。

经历过巴黎和会以及"五四运动"的中国知识分子，在知晓加拉罕这一宣言后，"对照日本的'二十一条'和向中国施加的其他压力，对照西方强权加给中国的特权与歧视，中国人没有理由不去热烈欢迎这个提议。"更为意外的是，"北洋政府依旧承认这个丧失了自己的政府的俄国使馆，并向他们支付赔款，却拒绝同愿意无条件放弃在华一切租界和特权的苏维埃政府进行谈判。"周策纵称："在中国民众看来，这当然是荒唐无稽的。"

"五四运动"之后，新的社会舆情再起，愈演愈烈，而且，看上去这是令人乐观的未来。

加拉罕的宣言刊布，周策纵记录当时："中国新闻界及包括学生、教师、商人、实业家、工人、妇女的各种团体，都回应以强烈的感激。值得注意的是，宣言不但给知识分子，而且给工商业者留下了深刻的印象，而后者在通常条件下是不会受共产主义者行为的鼓动的。全体国会成员，不论其政治信仰如何，也都加入了这种狂热。这样，在‘五四运动’后期，1920 年春季后，中国知识分子开始比以往更关注苏维埃联邦。尽管仍有一些群体对苏维埃持敌视态度，但亲苏势头正在高涨。”加拉罕宣言以及北洋政府的冷淡与拒绝，反而越发制造了苏维埃的吸引力，并使之具有了戏剧性的张力。

对西方列强强烈失望的情绪尚未散去，苏维埃政权释放善意的加拉罕宣言到来，历史学家徐中约分析：“社会主义吸引人的地方，在于能够提供摒弃‘中国昔日传统和西方目前统治’的实践思想。此外，社会主义所追求的理想目标还没有在西欧和美国出现，中国能够接受社会主义，将可以在思想上领先于资本主义。这一微妙的心理满足感，来自与西方打交道时的普遍失落感及为克服这种情绪的内在欲望，因此马克思主义对中国人特别具有吸引力。”

据此来看胡适对陈独秀“左”倾转变的分析，仅仅一年不到，陈的转向，至少被加拉罕宣言所制造的大势证明正确。

加拉罕宣言在中国报纸刊布之际，俄共特使魏金斯基从符拉迪沃斯托克出发来到中国，他当时公开的身份是一名记者。在北京与李大钊见面之后，手持李大钊的介绍信，当年 5 月，魏金斯基来到上海，拜会陈独秀。正在此时，毛泽东从北京也来到上海拜访陈独秀。这次见面，毛泽东说，“他影响我也许比任何人要大”——稍后，毛泽东写信告诉蔡和森：建党事宜，仲甫（陈独秀）正在进行。中国共产党的建立，无可逆转。

历史是个连续性的演进，只是叙述者的自行裁剪使其断裂。巴黎和会与加拉罕宣言当然有后续结果——威尔逊在巴黎和会上对山东问题的屈意日本，结果引发美国国内舆论不满，参议院拒不批准凡尔赛和约，于是有 1921 年解决巴黎和会不当措置的华盛顿会议。此次会议，中日双方《山东悬案条约》签字：中国收回胶州湾及海关权，胶济铁路于十五年内分期付款赎回，沿线日军定期撤退，济顺、高徐铁路借款权让与国际银行团。历史学家郭廷以评论："中国不无所得，山东问题总算有了解决办法，关税稍有改进，九国公约亦不失为均势之下的一种保障。"1924年，《中俄协定》亦正式签订，双方恢复邦交，条约里基本包含加拉罕宣言里的内容。但之后，郭廷以记录："究之实际，苏俄不惟未完全遵照对华宣言，且于协定本身多方破坏，援助容共后的国民党……与'东三省自治政府'签订关于中东铁路的沈阳协定，等于承认张作霖的政权。与日本签订建交协定，承认1905年的日俄和约仍然有效。"历史，不简单。

剧烈的结构性冲突

后世读史者，如果不克制现代思想之影响而进入历史现场，难以接近并理解历史真相究竟如何；但是，读史人比之历史中人，稍显幸运之处则是，在足够长的时间线索里，有条件将当事人彼时彼刻信息碎片拼集成形，并以历史演变的结果而重新审视曾经事实的价值。如此而为，当然挑战智力与情怀。只是，非此，又何以从历史现场而寻得历史逻辑。

中国共产党的成立，如前述情势种种，已无疑问。问题是，这样一个弱小的政党，何以生存并壮大？ 1921年的历史现场里，有答案吗？

中国作为战胜国，在"公理战胜强权"的逻辑下，却失去山东，"五四运动"由此爆发。这是一个后来被反复研究并传播的历史时刻，历史在此转折——只是这一时刻在后置叙事里太过强大，那个问题：中国为什么参战以及参战过程如何？同样的历史现场，却被遗忘。那么，与"五四运动"、加拉罕宣言这两种一时浪潮性事件对应，潮头下的中国北洋政治“海底”结构又是怎样呢？失去观察，那个历史现场将是破碎的现场。

1916年6月6日，按英国《泰晤士报》驻华记者莫理循所言：袁世凯这匹参加障碍赛马会的夺标马，在试图跳越帝制这道高栅栏时，意外而“及时地”死去了。黎元洪继任总统，段祺瑞组织内阁出任总理。初期，段祺瑞并无意完全倾向日本，段积极寻找靠近美国，与芝加哥银行进行500万美元借款的秘密谈判，但美国对华政策服从于当时的“一战”压力，无意资助中国，美国之途于段而言，已经不通。这个时候，日本内阁换届，寺内正毅出任总理大臣，寺内对华政策一改其前任所秉“威压”、“排挤”，极力鼓吹中日两国的“亲善”与“提携”。

日本对华政策之变，须从日本国内经济形势的角度观察，来新夏等所著《北洋军阀史》分析：寺内内阁执政时期，日本的经济因第一次世界大战的刺激等原因而呈现极旺盛的景象，国内工商业发展迅猛，对外贸易也连年出现巨额顺差……资本大量过剩，必然会造成严重的通货膨胀。至1917年2月，日本56种主要商品中已有三十余种日见腾贵。基于稳定国内局势和维护大财阀利益的考虑，日本政府必须寻找和开辟广阔的海外投资市场。资源丰富，国力羸弱，地理位置又邻近的中国，自然成了最适宜之投资地。——史称日本的“菊分根”政策，即为此种背景。

中国中央政府，自清末以来，全系举债维系。以这一时期为例，1917年9月至1918年6月，北洋政府的收入约7000余万元，连应付外债2400余万元，必需的支出共约1亿余元，不敷3000万元。欧洲正在打仗，美国亦无意资助中国，此际，日本资本的出路，自然是段祺瑞的机会。由此，段祺瑞被日本套牢，一味亲日。以西原亀三牵线中日双方而达成的贷款，即所谓“西原借款”即达1.45亿日元。

尚在袁世凯谋划恢复帝制时期，日本即与英、法、俄、意达成谅解，四国同意日本继承德国太平洋及东亚权利，日本负责促成中国参战。之后，日本与四国达成密约，接管德国在中国山东的一切利益，即后来巴黎和会时，日本方面所出具第一份关键证据。日本的贷款，前提条件，自然是中国加入协约国、参加第一次世界大战。对于“一战”，段祺瑞当然有意加入，一则参战，庚子赔款的德、奥部分可自然取消；再则，其他各国赔款亦可缓付，这对窘迫的中央财政，不无裨益。何况参战还有日本的大量贷款。

日本促中国参战的阴谋，当时并未揭晓。因而，段祺瑞之所想，这当系正常的外交事务。只是，中国格局，所有外交全系内政。是否参战，成为当时所有政争的核心线索。

以 1913 年孙中山的“二次革命”为肇始，尤其是在袁世凯恢复帝制，南方举兵反抗，当时中国事实上分为南北两个政府。如何统一，当时有三种思路：武力统一、和平统一以及联省自治最终统一。段祺瑞持武力统一之道。与如何统一中国相对应，对段内阁更重要的问题是参战——其间逻辑是：若参战，即有日本贷款，有贷款则可有钱用兵，“统一中国”。当时只有段祺瑞与梁启超参战态度坚决，其他政治人物尤其是南方政治人物当然反对。看上去似乎反对参战颇有声势，但客观分析，中国参战程序走到国会投票的最后关口，李剑农的《中国近百年政治史》说：“假使北洋军阀不用过激手段，参战案当然可以平安通过，因为国会里面持反对态度的，本只有极左翼的丙辰俱乐部一派，研究系自然赞成，政学系派和益友社派也是赞成的。”段祺瑞不放心，想一举拿下，效仿当年袁世凯选举总统的惯伎，用甚为流氓的威胁手段，“众议院开会时，忽有所谓公民请愿团、五族请愿团、北京市民主战请愿团、军政商界请愿团，共约 3000 人，由陆军部人员指挥，包围众议院驱辱议员多人，并声言必俟参战案通过才解散。众议院因此愤激，停止会议。”段祺瑞弄巧成拙，不能收拾。

由参战引发的一系列事端，这一轮结果是黎元洪免去段祺瑞国务总理之职，随后辫帅张勋率兵入京复辟，之后段祺瑞“保卫共和”粉碎复辟再获权柄……段祺瑞“接受教训”再造国会，以自己的安福系人马把持，参战案终获通过。但是，中国南北战争也因此箭在弦上。

那段历史之混乱，权势人物更迭之频繁，不静心深究，难知究竟。中国由清末而来的结构性矛盾，至此，冲突最巨。简言之，没有统一的中国，且不说进入现代化轨道，国家图存亦为困难；而一统中国，又须强有力的集权中央；但是，中央财政已经枯竭，只是维系运转也须举借外债——借外债，则又可能带来国家倾覆与灭亡。如此往复，遂成死结。

在此结构性的矛盾之下，再来观察段祺瑞的“一战”“参战案”的政治操作，又是进入死循环。共和制度 1912 年开始运行，其制度的基本内核，即为分权与制衡。总统府、国务院与国会彼此的制权，当然是现代国家的良性政治制度，只是挣扎在生存边缘的中国现实，与这套制度之间的磨合，甚生乱相。“一战”参战案，便是这种结构性矛盾最具标本意义的案例。它具体的表现则是，力争集权中央并一统中国的当权者如段祺瑞与制衡方无休止的政争。冲突之下，当国者所用手段日趋“传统中国”方式，现代政治制度已经被中国方式改写。段祺瑞为对抗制衡，保证自己政令畅通而再造的安福系国会——因为有日本贷款作财力支持，每个议员每月领安福系津贴 300 元（相当当时大学教授的每月薪资），重要选举投票时则另外津贴，比如选徐世昌为总统，每张赞成票 5000 元；选曹锟为副总统，每张赞成票 3000 元……共和制度运行至此，制衡与反制衡，结构性冲突已臻极端，结果政治极度糜烂。

这当然是更真实的历史现场，只是它常常被后世研究者轻轻放下而不置一词。如此极端格局，其现实表象则为：官民分裂、朝野分裂，权力集团内部更是分裂——政府的控制能力极度低下。在这种背景之下，其社会大势又是中国与世界前所未有地联为一体，全球性马克思主义思潮在中国流行以及中国共产党诞生，外部约束，接近于无。

以战止争，民国逻辑

此种结构性冲突，若取政治运作一层观察，何以解决？

1920 年 5 月，一个极有意思的时间，俄共特使魏金斯基来到上海，毛泽东也来到上海……历史的结果已经明确，最终完成中国独立与统一的中国共产党，此刻正在酝酿建立之中。而此刻，南北之战已转化为北洋军阀内部的直皖战争，由政争而战争，这一历史现场所包含的历史逻辑，失去观察，无法理解中国历史后来的演进。

南北中国，如段祺瑞取武力一统的策略，从军事地理的角度观察，湖南与四川两省是南北之争的枢纽。北军据此可攻击南军，而南军据此可为屏障。在毛泽东两次进京之间，他个人在湖南最为重要的活动，则是驱逐湖南督军张敬尧。按毛泽东的自述，当时他只是在从事“教育工作和舆论鼓吹”，而他所主编的《湘江评论》却被张敬尧蛮横封禁。在 1919 年底的驱张运动中，中央文献出版社出版的《毛泽东传（1893—1949）》记录：“他以小学教员的身份成为这场驱张运动的主要领导人。在长沙各校总罢课一天，派出驱张代表团，分赴北京、广州、上海……等处请愿联络。”毛泽东率领的是赴京请愿团。这是他第二次到北京。湖南的地理因素，以及毛泽东的这次经历，对此后中国共产党发展之影响，不可小觑。

张敬尧被驱，事出何端？简言，段祺瑞的北军攻击南军，以吴佩孚最为骁勇，段祺瑞忌惮吴系曹锟人马（所谓直系），于是派出张敬尧督湘（张属段所控制的皖系），以图牵制。只是张敬尧督湘，作恶多端，一时之间，“张毒不除，湖南无望”。虽有战功，却未有实权，驻扎湖南衡阳的吴佩孚通电宣称，应改武力统一为和平统一，“罢战主和”。军人干政，古今严禁，只是吴佩孚的此次通电，还属于“政策”选择层面，即仍在当权者的政争范畴。随后的发展出乎意料，直系皖系各陈兵数十万，于北京南部准备决战。史称“直皖战争”。

中国政治格局由此战争而根本逆转。吴佩孚的通电指责段祺瑞亲日卖国，“认贼作父……实敌国之忠臣，民国之汉奸”。这是吴佩孚利用现代传媒工具，并鼓动社会情绪的极有效的一种政治动员手段。整个战争动员过程，情势极有利于吴佩孚。但是，站在历史的此刻去观察曾经的彼时，政争最终由战争而定胜负的“民国逻辑”，亦由此而诞生。这当然令人扼腕。

历史学家陈志让先生梳理北洋军阀史，“军阀”一词，随直皖之战，而开始成为媒体描述此战以及后来各次战争之定语。这词精准。两年之后，第一次直奉战争，直系的吴佩孚与奉系的张作霖，也迅速借用这一有力量的概括，彼此都指责对方是“军阀”。如果说，此前的南北战争，尚含有统一中国的正当意义与价值；那么，至此直皖战争，已纯属军阀混战了。先前的结构性矛盾，政治解决之途，已至末路，最终方案，惟剩战争。“以战止（政）争”，政治即军事，无武装无政治，民国进入新的结构关系之中。

衡阳的吴佩孚班师北上，张敬尧“目送而去”，随之湘军进攻张敬尧军队，张被武力驱逐出湖南。而仅仅五天时间的直皖战争，段祺瑞兵败如山倒，民国政坛再无此人位置。

1920 年的直皖战争，那个历史现场，重构了中国政治格局。陈志让先生所著《军绅政权——近代中国的军阀时期》记录一个有趣故事：1925 年冯玉祥在天台山休息的时候，汪精卫和吴稚晖去看他，谈起打倒帝国主义。冯玉祥不懂，他问：“人家欺凌吾国，我们反抗它，这是应该的。但是何必还要进而替人家打倒皇帝呢？”——陈志让感叹："这已经是'五四运动'六年以后的事。那六年之中学生和工人的反帝国主义运动把执政的军—绅政权的领袖们远远地抛在后面。他们已经从自省的民族主义发展到了反帝的民族主义。"

外部环境既有巴黎和会之耻辱，也有加拉罕宣言之鼓荡；内部政治则因是否参加"一战"而形成毫无意义，因政争而战争的混战——此例一开，直皖战争之后，直奉战争登场，一次不够还打两次。海面是浪潮，海底亦澎湃。如此复杂的历史现场，最终演化出的结果是：打倒列强，打倒军阀，自直皖战争爆发，迅速成为压倒性的中国共识与思潮。

细部现场

1921 年间的历史现场，各种内外部压迫性环境齐集，共和的制度设计与中国的不适应性，已经以极端而尖锐的方式逐一呈现，决定后来中国如何一统的各种要素，均已渐次展开。

也许进入政治运作的细部，我们会对那个历史现场有更深入的理解。比如军人干政已经恶劣，那么，制衡内阁的国会如何运转？这个细部的观察，不妨以梁启超为例证。

1912 年，逃亡日本的梁启超，受袁世凯之邀，回国进入袁政府内阁。当时梁自己希望出任财政总长，未果；后来进入"第一流人才内阁"任司法总长。从戊戌变法算起，书生梁启超议政十四年，终获实际行政的机会。他自是观察民国政治运作的好样本。袁世凯称帝，梁启超反对，并以《异哉所谓国体问题者》一文而真正名动天下，成为名实相符的舆论领袖。而且，蔡锷起兵云南，甚得助于梁氏的幕后支持。

袁世凯称帝而亡，梁启超得以回归政府，并获得他真正想要的权力位置，出任政府财政总长。这一时期，进入我们前面讨论的段祺瑞弄权时期。

段祺瑞政府当时的核心矛盾，仍一如袁世凯时期，是国务院与国会之间的矛盾。段祺瑞最后妥协，恢复被袁世凯解散的旧国会，随后又因“一战”参战案而与国会闹翻；张勋复辟被段祺瑞粉碎，段重获权柄，这个时候，还要不要恢复与段作梗的旧国会？自是关键。段祺瑞自然不乐意复活旧国会，只是他尚未有此倡议，梁启超与他的“研究系”即已窥破其欲，率先提出新国会主张：“中华民国既经一度之复辟推倒，即成已死蜕化过去之中国民国；现在复生之中华民国，乃段祺瑞手造之中华民国，非复从前之中华民国，是旧国会断无恢复之理。况旧国会不良，由于国会组织法不善，倘不先组织一种过渡机关，将国会组织法修改，仍用旧法选举新国会，未有不蹈旧国会覆辙者。”比较当时各种意见，梁启超还真不失“意见领袖”风范，说得铿锵有力。但是，政治中人，谁不精明，虽然未必能有梁启超能言善辩，但看通梁氏算计者自然大有人在。平定张勋复辟后的新内阁，梁启超“研究系”三人入阁——梁任财政总长，汤化龙任内务总长，林长民任司法总长。有此基础，如果国会重造，梁氏之“研究系”——梁启超公开表示：“树政党政治模范，实现吾辈政策。”《北洋军阀史》解释：实现所谓“政党政治”，亦即意味操纵国会，左右政局。

民国初创，有宋教仁精心营造国民党所控制的国会——即所谓“旧国会”，在尝试操纵政局过程中，一直与内阁形成制衡。此际，梁启超也想仿效先贤，达到控制国会进而左右政局之目的。政治中人，有此理想，自是当然，无可指责。只是，私利动机之外，梁氏此举将国会生存之基础一举瓦解，历史学家李剑农先生一言道破：“（梁启超）研究系勾通军阀以威胁本身所托命的机关，借以制服敌党，尤为越出政治常轨的举动。”所以，我们观察北洋时期政治之腐败，不可单单只注意军人干政，文人败德，在制度中瓦解制度，为害更甚。

既然新国会重张，各方势力力争上游多获位置，自是必然。《北洋军阀史》描述当时代理总统冯国璋，“拿出 40 万元私款，交给研究系用作竞选经费。”但是，段祺瑞及其属僚，如何可能让梁氏控制国会？他们的手段直接明确，明码实价：给钱！——安福系由此诞生。此次国会选举结果，参众议员共选出472名，安福系擒获330席，成为惟一能够左右国会的多数党；研究系只获取20席，绝对惨败。此次国会选举，是梁启超及其研究系力倡而成，结局如此，也算报应。——“威胁本身所托命的机关”，机关既受胁，梁氏出局亦必然。选举结束，梁启超提交辞呈，获准。历史学家郭廷以评论：“梁有政治抱负，五年来两度入阁，一见卖于袁世凯，再失欢于段祺瑞，国民党恶之尤深，梁于政治虽仍不忘情，已不能有所作为。”

1920年，五天时间，直皖战争结束。清算之下，由安福系把持的新国会，当然作鸟兽散。两年后，北京大学校长蔡元培等发表《我们的政治主张》宣言，希望“好人”过问政治，实现一个“好政府”。极有意思的是，八天后，梁启超等通电，赞成恢复旧国会——这个国会当年的瓦解，正是梁氏鼓吹所致。政治对人之塑造，此为极端一例。共和制度中甚为关键的一环——国会，内外压力之下，从内部被瓦解了，其生存的合法性基础，已经丧失。

1911年，辛亥革命，清室灭亡。十年时间，共和制度于传统结构性矛盾解决，未见缓和，反而迅速演化出“以战止（政）争”的民国逻辑；其政治运作，即以细部观察，合法性基础业已瓦解。真实的中国内部历史现场，竟如此不堪。

谁将可能一统中国，并领导未来中国图存、自强并复兴？

后 来

1921年7月23日，来自全国的12位代表，在上海召开了中国共产党第一次代表大会。这些充满理想与激情的年轻的共产党员们，将会如何拯救这个国家？

陈独秀因为筹措广东大学预科校舍经费，无法离开而没能参加这次代表大会，但他仍被选为党的书记，成为中国共产党领袖。因为对国民党一味退让，1927 年中共在武汉举行的“八七”会议上，陈独秀没能进入中共临时中央政治局。《陈独秀传》称：“至此，陈独秀事实上被撤销党的总书记之职，他的中共政治领袖的生涯也正式宣告结束。”

李大钊同样未能出席中共第一次代表大会。1927 年被捕，就义。

同在这一年，蒋介石领导的国民党完成了北伐革命，由孙中山主导的国共两党合作，随着蒋的胜利，亦告结束。

对于年轻的中国共产党员们而言，后人尝试复原的历史现场，就是他们当年生活的现实。问题只是，他们能否通过现场洞悉规律。这段历史，在后世读史者看来，或许我们未必认真探究过湖南作为曾经南北之战的枢纽价值，以及驱逐张敬尧的经历对毛泽东的真实影响。这一经历，相信毛泽东对北洋时期中国的认识，其深度将远远超过曾经的北大文科学长陈独秀与北大教授李大钊。也就在陈独秀中共政治领袖生涯宣告结束的中共“八七”会议上，毛泽东强调中国共产党，“要非常注意军事，须知政权是由枪杆子中取得的”。这一论断，随后简化成著名的“枪杆子里面出政权”。这不正是军事即政治的“民国逻辑”。

距中共一大召开二十四年后，1945 年，抗日战争结束，国共两党有了携手共建新中国的可能性。在美国的深度介入下，国共两党就国家权力的再分配进行了和平谈判，细研这一谈判及其破裂，历史学家邓野在其《联合政府与一党训政（1944—1946 年间国共政争）》里论述：“和平谈判，从本质上讲，这是双方武力的对比所产生的政治现象，也就是说，和谈本身就是武力的派生物。然而，和谈的本质却又在于制止武力、取消武力，这样便产生了一个头足倒置的关系：以武力的派生物——和谈，反过来剥夺这个派生物赖以存在的依据——武力。这种倒置的关系具体表现在实际活动中，必然构成一个解不开、走不出的怪圈。”民国中人，其实逃不出民国逻辑的制约。蒋介石最后的选择，仍然是以“以战止争”。

1949 年，中华人民共和国成立。中国共产党完成中国的独立与统一，并带领这个国家走向复兴。

那些人，这些书

曾经，刚刚开始记者工作之际，读黄仁宇先生的《万历十五年》，佩服的不是他的述史之别开新路，而是感叹他最后提供的参考书目之繁多。这深刻地影响了我对新闻正途的认知，所谓新闻，不同样是你能够采访到多少的信息源吗？

当我有机会来写一下辛亥革命的历史，其遵循的路径，或许更依靠的是新闻方法。像一位真正的历史学家那样，穷尽史料，然后立论，并无可能。所以，记者写史，身份最多也只是读史者。所谓新闻方法，以操作而论，那些历史中人与历史事件，能够“采访”的只是“这些书”。读书，另种采访而已。而采访，则以好奇为驱动力，以疑问为进入之策，一个一个问题，在这些书里找寻答案，然后建立理解与分析的框架，最终提供一点菲薄的己见。

这些书，帮助我认识了那段历史，虽然它们不是我所读书目的全部，但正如采访一样，并非所有的采访对象，都会让人印象深刻。这些书，却是我需要表示敬意的。

之 一

《清代通史》

萧一山 / 著　华东师范大学出版社 /2006.3

萧一山先生在完成这部洋洋四百万字的巨著“上卷六篇”时，还只是北京大学政治系三年级学生。那是 1923 年，萧一山先生年仅 22 岁。据《清代通史》上卷初版版权页，注明著作兼发行者——铜山萧一山，历史学家王家范推测：这应是著者自费出版。

年纪轻轻立志写清史，而且自费出版。现在看来，几近传奇。由此可见萧一山对清史研究，尤其撰写清通史，是志与愿。王家范公允的评价：中国第一部体系完整的新式清代通史。

清亡于 1912 年，是辛亥革命的伟大成果。之后三年，1914 年日本早稻田大学出版稻叶君山所著《清朝全史》；这年年底，中译本出版。五年后，1919 年冬，还是山东济宁省立第七中学学生的萧一山读到此书，这已是萧先生毕业前夕，于是，“余方读中学，以国人不自著书，而假手外人，真吾国学术界之耻也！稍长，乃埋头致力，发奋著《清代通史》……国家既无暇以奖励学术，士林尤多存门户方隅之见，稿费报酬，不足抄工，遑言资生与参考书乎？顾常端居私念，以为国史之大业，岂学殖谫浅者，或一手一足之烈所能胜任，使余努力以成草稿，藉开近代史研究之先路，则外人视之，或不至于目中国学术为无人，斯余之愿遂矣。”由此而观萧一山先生之发奋，颇见精神，令人感佩。

萧一山先生有志向，也有机遇。

宣统登基，醇亲王载沣嫌内档太多，下令将他认为“无用的东西”堆放一起，以候随时销毁。幸亏张之洞力奏保存不动，方逃过此劫。这可能是张之洞为这个国家做的最后一件好事，稍后张之洞辞世。这些内档此后即易手北洋政府历史博物馆筹备处，再后划归教育部管辖；1922 年又发生将明清档案作废纸出卖的丑闻，其中 8000 麻袋为罗振玉转购所得。罗除部分卖与日本人之外，其他又曾转卖，最后归于历史语言研究所——傅斯年先生组织人员整理，遂成史语所三大功勋之一。历史博物馆筹备处余存档案，还有1502麻袋，北京大学校长蔡元培经与教育部力争，终于将此档案移付北京大学整理。作为参与整理的一员，萧一山“披阅所及，取证滋多”。这当然是萧一山先生的机遇。“此虽案牍之言，实难尽信，然较之官书，胜万万矣。”

清亡之后，官方修史，并未放弃。1914年，袁世凯开设清史馆，以替传统的王朝正史体系收尾。很可惜，袁世凯称帝而亡之后，历届北洋政府财政窘迫，屡减经费以至于无，史稿工作遂全面停顿，直至1927年匆匆收场，次年开始印行《清史稿》。国家动荡，官方修史，也甚艰难。如此局面，也是萧一山先生《清代通史》能够脱颖而出的外部因素。

后来，蒋介石读萧一山先生所著，大为赞赏，于是邀萧一山出仕。有此起伏，《清代通史》全部完成，距第一卷出版，已是四十年后。

这部通史，其体系与传统正史比较，迥然有别，而且完整。学术是一个知识积累与认识深化的过程，虽有时代变迁与议题的变换，但萧先生的结构体系，尤其是资料选择与议程设计，至今读之，价值仍在。

《近代中国史纲》

郭廷以/著　格致出版社、上海人民出版社/2009.4

如果只选择一本近代通史阅读，我觉得郭廷以先生这本足矣。历史学家王尔敏评论：“他晚年所著《近代中国史纲》是一种简约的通识读本，我们近代史家同道，恐怕只能参阅，甚难超越……但我也肯定说，我们每个人都做不了，因为这是量宇师一生学力识力简化表达的一个成品，后人无法做得到。”评价当然高，但是准确。

郭廷以先生的代表作《近代中国史事日志（清季）》、《近代中国史事日志（民国）》——这当然是近代史研究最关键的史实建设。这样的基础建设，才是造就真正史学家的关键。

读史者按此情此景思索郭先生，那一日复一日的爬梳史料，按日格逐日填之，并前后线索连绵……所谓历史，不也正是郭先生每日重构的一场场戏剧？只是，近代中国，无论晚清，还是民国，其令人心痛与扼腕之处太多。其悲其痛，如何能够在这日复一日的工作里透出气来，想想，怎么容易。

只是，衰年郭先生而作《近代中国史纲》，所有波澜尽在胸襟，所出只不过平实与平静。即使如此，平实叙述所构成的跌宕，也能深刻地将读者带入，时常难以自抑。

我以读辛亥革命而进入这段历史，欲知为什么会“革命”？但是，那个历史现场，那场武昌起义——所谓事件，当然偶然。偶然造就历史，未必能够解释。所以，必须由现场进入两端，一为线性的历史演变，一为横面的各方角力。不知清之由来，尤其若不知晚清之变更，而论“革命”，胡扯而已。由此，在完成辛亥年间中国政治格局之后，通史阅读便成我的功课，幸运的是，碰见郭先生以及他的《近代中国史纲》。

深入日志史事，出而史纲，这等功夫，当然令后世读史人景仰。只是，那平实文字里郭先生深沉的叹息，仿佛眼见耳闻，这才最为可赞！

《中国近代史》

1600—2000 中国的奋斗 [第 6 版]

[美] 徐中约 / 著 计秋枫 朱庆葆 / 译　世界图书出版公司 /2008.1

这是一本教科书，主要读者是美国同学。但后来竟成畅销的学术教科书，也算罕见。初读之下，尤其分明的是其逻辑构造能力之强大。线性的历史，芜杂的事实，通史叙述最易成为事实排列，有史实而乏史识。此书恰在此处胜出。

清朝历史，特别晚清，在徐先生看来：“探寻一条在新的世界中体面地生存下去的道路，是推动近代中国发展的一个主要动力。”在美国做教授的徐先生，这当然洞若观火。有趣的是，郭廷以先生也论：“任何民族的命运，胥决之于其对于时代环境的适应力。”这当然都是史家的不刊之论。以此立论，其著史境界，已然卓越。

比较郭廷以与徐中约两先生的通史，郭先生似字字深蕴情感，而徐先生则冷静理智以求通达。因而，两册通史比较着看，更易让读史人通晓。若论对比，三本通史，金冲及的《二十世纪中国史纲》、郭廷以的《近代中国史纲》与徐中约的《中国近代史》，颇有重合时段，正可代表大陆、台湾与海外治史之高境界。相互参阅，才是知史捷径。

有意思的是，徐中约的通史，接续的是萧一山先生一路。只不过，结构更完善；而萧一山先生原始材料的排列，此刻已化为徐中约先生史识之证据来源。学术的积累、识见的增进，两本比较，颇见明确。

《我的前半生》

爱新觉罗·溥仪 / 著　东方出版社 /2007.1

《往事如烟：溥杰自传》

爱新觉罗·溥杰 / 著 叶祖孚 / 执笔　中国文史出版社 /2001.10

将末代皇帝兄弟的这两本自传，以读畅销书心理对待，未必有误。实则，这两书之出与流传，展示皇帝及后宫生活之腐朽，是其初衷。

末代皇帝及其皇弟的人生际遇与经历，当然是重大题材。任何时代，当凡“重大”，必为各种权力争夺与控制；其悲感与戏剧性，实则在书与写书人背后。但论此书，显见的是两重因素：一则时代，这百年中国历史如录音机之快进键，一经启动，极难心平气和；在被一次又一次彻底颠覆后的新时代里，回望前朝，比白发宫女说往事都难都不堪。再则，溥仪之后期生活，固然衣食可以无忧，但像他这样一位从崩溃王朝出生，而历经革命、北洋、伪朝、国民政府种种，终被新时代洗脑者，历史冲突因素，过于集中于他的生命，如何选择并安放自己的立场，殊为不易。非有绝对智慧，难以超拔反省。即使有此智慧，环境也未必许可。仅此两端，便可知写作者落笔及行文之不易。因此，读史人若有苛责，也为不智。我读此两书，经常放下书卷，神游书外，感叹生命之承受力。比如溥仪，值此时代起伏，如何自处？

虽此，这两书仍颇具阅读价值。毕竟是当事人，宫中生活之细节，还是非外人可知；有趣之外，有价值之处，则是提供了家天下的“阴谋论”氛围及证据。

戊戌之后，找人顶替光绪皇帝，即为慈禧之重大事情，先是找了个“大阿哥”，结果间接引发了庚子义和拳事件，“大阿哥”翘了；之后，光绪之皇位虽保，后续是谁？一直是皇族内部争斗核心议题之一。到了 1908 年，光绪之将不起，已非秘密。谁能接位？

当时慈禧想把庆亲王奕劻开缺——因为他跟袁世凯走得太近，中枢要人与疆臣之首如此勾结，当然是王朝之祸。有此念头，慈禧找到军机大臣瞿鸿机，稍有透露，结果瞿竟将此事回家告诉了太太。这位太太有位在外文报馆做事的亲戚，于是此事便传到了外国记者耳朵，北京还没有人知道，伦敦的报纸却登了出来，英国驻北京公使又据此去找清廷询问……慈禧当然不认，查来查去，找到出处，将瞿鸿机革职。

这样的八卦，证实不易，若非皇族至亲，想来断无可知之理。所以，以家族史的立场来看此书，才是收获。若论历史，这种种“八卦”与宏大事件之外的细琐小事与情感状态，复原的方为活着的历史。

溥仪家这一支，说起来确实托慈禧之福，出了两个皇帝：光绪与宣统。家天下的传承规则，脱不开的是血缘。光绪父亲醇亲王奕譞，是咸丰皇帝的弟弟；而他的福晋（妻子）是慈禧的妹妹。慈禧的儿子同治死后，她妹妹的儿子光绪即位。似为当然。光绪之后呢？慈禧选择了光绪的弟弟载沣的儿子溥仪。当时据说袁世凯准备废掉光绪，推庆亲王奕劻的儿子即位……虽然老醇亲王奕譞、小醇亲王载沣在听到自己的儿子要入宫当皇帝时，恐惧远远大于喜悦。但在选择未定的当口，全力争胜，才是正常。所以，醇亲王一家听闻袁世凯此事，当然紧张。随即，慈禧将庆亲王奕劻调去查看东陵工程，然后调兵入京，接着才宣布溥仪接位——环环相扣，慈禧安排得极其有步骤。这才是权谋与权力运作。

按溥仪这一描述，他当上皇帝还挺惊险。这种家庭内幕，溥仪兄弟两书中，比比皆是，算得上高级八卦。只是，这种基于信息不对称的彼此猜测，无可证实，后人读时可一乐，但若当真，却是困难。这种困扰，仔细想想，也正是家天下出产“阴谋论”之真实境况。由此而入，最具价值部分，是可以体察那个时代特别是当事人的心理事实。有此认识，治史之知世论人，也就有了部分基础。

《紫禁城的黄昏》

[英]庄士敦/著 陈时伟等/译 山东画报出版社/2007.4

末代皇帝的故事，溥仪兄弟的自传，再加上溥仪洋师傅庄士敦的这本，几近垄断。其他著者，迄今也未有超越之作。所以，要了解这段历史，这三本是必选书目。

1919年3月3日，庄士敦来到紫禁城：

> 穿过神武门，我进入紫禁城，庄严的城门把我带入了一个空间和时间与外界迥然不同的新世界。正是通过这道城门，使我不仅从一个共和国度回到了君主国度，而且使我从二十世纪的新中国倒退回了其历史可追溯到古代罗马之前的古老中国。

这是不是有点像好莱坞电影的台词呢？

与溥仪的自传不同，庄士敦的雄心是想从叙述一段王朝崩溃后，与末代皇帝共同的生活开始，由这一历史现场构建探索中国王朝的内部结构及其运作。所以，庄士敦的个人经历是其叙述的串联，而他通晓这一时期西方人对清王朝的著作，在此知识积累之上，发出己见。有知识，有亲历，然后思考、判断、选择，自然卓越。

这个故事，亲历部分后来成了贝鲁斯科奇电影《末代皇帝》剧本的素材。如果没有庄士敦的深入，很难想象《末代皇帝》能获奥斯卡大奖。

《爱新觉罗·载沣——清末监国摄政王》

凌冰 / 著　文化艺术出版社 /1988.12

关于末代摄政王，亦即溥仪父亲的传记极少，可能仅此一本。甚至在溥仪的自传里，他对自己父亲载沣之论，都多有不堪。那么，如此一个皇族，很偶然得居高位，其进退选择，将会如何影响历史，当然值得研究。而且，就在他当国之际，辛亥革命爆发。晚清那些结构性的矛盾，如何在此际发酵而引爆，由此人而进入观察，实为一独特的视角。只是，此书未必能堪此任。稍加收拾的史料集合，是此书面貌。惟因稀少，所以不可放弃。

《苦命天子》

茅海建 / 著　生活·读书·新知三联书店 /2006.4

清朝若论转折，由盛而衰，以乾隆之后期和珅当道算起，也是不错。但真正标志性的转折，以咸丰朝为节点，当更近事实。咸丰一朝，内外两次战争，都前所未有。内，是太平天国起事；外，是第二次鸦片战争。咸丰自己感叹，他是不当亡而亡国之君。只是，清一朝最苦痛的咸丰，竟未亡国，之后，又由他的贵妃慈禧把持权柄四十八年。

茅海建此书，即为咸丰皇帝之传。他的结论很明确：苦命天子。

检索茅海建先生的治史历程，他以鸦片战争“再研究”起步，这当然是他治学的主业，“苦命天子”则是他寻找环境证据的一个副产品。即使是副产品，此书所展现的考据功底，也是昭著。咸丰一朝，作为晚清之肇始，由茅海建此书起读，于一般读史人而言，是一个美好的开始。

《慈禧外纪》

[英]濮兰德　白克好司/著　陈冷汰/译　紫禁城出版社/2010.7

作者一个是当年《泰晤士报》驻上海记者，一个是汉学家。这本书最早在1910年美国费城和英国伦敦同时出版，四年后，即由陈冷汰翻译成中文。当年的中国读书人，对域外的中国著作，尤其传主是慈禧这般强人，其兴趣当然一如现在。

相信当年的中国读者，跟现在的中国记者兴趣指向也可能差不多，看看外国人如何评价“老佛爷”，而且还是两个能够在中国呆这么长时间的老外。

至少出于现在的读者意外，这两老外的评价公允：

> 其一，太后性质虽转变极速，而难以测度，其学问知识虽或不足，其心虽贪权势且暴怒而善报复，然实非如假名文庆之所记，“若一野蛮之怪物也”。
>
> 其二，吾等既论太后，当知太后所处之时势及其地位，更思其周围之情形。自幼之熏习，初得皇帝之宠，长年居于宫中，其所见闻唯虚伪之礼貌、诡谲之阴谋，以制精致之罪恶而已。中国未与欧洲列国交涉之先，其朝廷之情形，大与欧洲中古相似，其后虽败北数次，外力侵入犹未改变其旧。近日有一著名史家所著之中世史，玩其言，则北京之宫廷与吾欧洲十四世纪大相类也。其言曰：“宫廷之情形，乃曲折而幽深者，幼稚而愚拙者，极其快乐而忽酿悲剧者，转变极速而不可测度者。然其中罪恶虽烦，

而亦自有清白纯洁之处。凡一问题之起，大抵以赤子诚实之心，与成人阴险之谋掺杂而成之。”

其三，慈禧自当国之始，既富于自恃之心，绝不求助于他人。盖四顾朝臣，其可资臂助者绝少，盈廷之中非衰弱腐败之老者，即沉迷于鸦片或信天任运之人，其亲贵宗室则又暗无所知，趋炎附势，不能自立。惟慈禧一人禀阳刚有为之才，以视英明神武之列祖，可以继绳而无愧也。……凡太后所信任者，皆坚毅不屈之人，如荣禄、曾国藩、左宗棠等，皆秉性坚刚，言语迟钝，敢于直言者也。凡以阿谀谄媚，求恩宠者，太后深轻之。

此书刚出之际，慈禧刚刚辞世两年。这些评价，可见时人，尤其是与朝廷权势关系相对较弱的外国人，在彼时彼刻的一般见解。历史的有趣之处，时间一点点过去，当国者慈禧，在后来的思潮里，事实被观念一点点改写与混淆，面目越来越不清晰了。

历史都是当代史。当然。

一百年之后再读此书，其可读性仍然卓越。这很罕见。那么，如果我们想想当年的中国人读此书时，会有什么样的震撼，当是有趣的。

之 二

《李鸿章传》

梁启超 / 著　海南国际新闻出版中心 /1993.7

这是一本旧书，不长，14 万字。李鸿章辞世当年，梁启超即撰写此书。

写传记的态度，梁启超颇可一赞：

合肥（李鸿章）之负谤于中国甚矣。著者与彼，于政治上为公敌，其私交亦泛泛不深，必非有心为之作冤词也。故书中多为解免之言，颇有与俗论异同者，盖作史必当以公平之心行之。不然，何取乎祸梨枣也。

比较后世学者所撰李鸿章传记，能超过梁启超之见识者，目前仍无。这真遗憾。

李鸿章是一个议题，此刻先按下。以李鸿章而论康有为、梁启超，很有意思。康有为 1895 年以二甲四十八名考取进士，当年，即在北京创办“强学会”——自强运动的老派领袖李鸿章献银 2000 两，欲入会；而正当年的张之洞，在康的游说下，也想另辟强学会分会。一时之间，强学会颇引风潮。只是康与他的同党拒绝了李鸿章，也拒绝了张之洞。

小小少年之际，即被邻人称为“圣人为”的康有为，要新辟门阀，不弄统一战线。晚清现代化之进程，代际之间，由此断裂。这真是奇怪。当年自强运动的核心人物恭亲王，也不待见康有为；而伸出橄榄枝的李鸿章，康又拒绝。清之历史进程，门户之争，党同伐异，支离破碎，真是可惜了。之后，康有为亡命日本，正巧革命党领袖孙中山也在日本，孙欲拜访，却被康拒绝。这同样是门户之见，康说对方是革命党，而他是藏有皇帝密诏欲救光绪的，怎能见面。这个密诏本就是胡扯，康固执如此，也是罕见。

康的弟子梁启超，则是另番面貌。那段几乎毫无关联的历史，只有他的人生经历是不经意将其联结的。为李鸿章作传，为其“解免”、与孙中山见面、回国做袁世凯“第一流人才内阁”的司法部长。其思想与观念，亦由保皇、排满、民主、立宪，而最后也“共和”，短短数十年，竟五变。所以，他的善变，当时的人不是没有疑问。

理解那个时代，晚清现代化之不易，康有为、梁启超是值得深思的两个文人。他俩几乎一枚硬币之两面。康守一而终，梁一变再变……后世读史者，当然可以将之理解为巨变时代寻找中国出路的不同路向。只是，这种解释，虽然正确，亦略显空泛。

唉，最后我的感叹，仍不免堕入旧窠：书生弄政治，最终也是难成开创性领袖。为什么？这是真问题何在。

《从甲午到戊戌——康有为〈我史〉鉴注》

茅海建 / 著　生活·读书·新知三联书店 /2009.5

康有为从上海搭船去香港的逃亡路上，英国公使馆中文秘书戈颁一路陪同，有三天的深入谈话机会，最后，戈颁评论说康有为："真是个可怜人，一个狂热的人和空想家。"与这种劣评对应，康有为一直自诩：圣人。这个称谓，他小时候邻居就叫他：圣人为。可见，很早康氏就自以为天将降大任于斯。

空想家的评价，近百年来几成定评。为康有为辩护重量级的历史学家，一个是萧公权，他说："作为一个不设防的人，康氏自有其缺点与错误，他并不是圣人。他的努力失败，不能说是英雄。虽一度颇受人注目，但情况迅即转变。历史总是以现实的社会与政治标准衡量人。一个先知的预见不能成为事实，便得不到掌声。但在思想领域内，现实的裁判并不很相关。康有为的改革与乌托邦思想毕竟对中国思想史有着重要贡献。"另一位辩护者黄彰健说："一个人目空一切，也往往由于他的学识才干确实较普通人高出一筹。这种人的态度虽可厌恶，但当国者却不可以人废言。"这当然是同情与理解。

那么，茅海建将康有为置诸何种位置来研究呢？他自己说：萧、黄两先生如此说，是将康当作思想家来看待，当作建策者来看待，而作为政治家，康的这种性情与性格显然成事不足。《我史》主要是讲康的政治生涯，我为此作鉴注，也不得不坚持对政治家的评价方式，即会对他有更多批评。

在这本书的自序里，茅海建对康稍有客气：细心地想起来，康也是一个真了不起的人，以一介书生，年方四十，却创造了历史的伟大画面。当时与今天的人们，可以向康提出无数指责，康也确实有着种种毛病，但历史的最奇妙之处就在于不可重复性。事情已经发生了，假设再多，也只能是寄托一种心情而改变不了历史的本身。——有此客气之后，这本书本之于“求真”，康有为的种种花招，便不再被虚掩，而被一一剥离呈现。

不过，我们作为读史者，将目光穿越康有为，而进入那个时代，相信会是另一种更为可取的阅读姿态与价值取向。这本 2.5 万字的《我史》（甲午至戊戌五年间部分）鉴注出 83.5 万字的大书，其中仅戊戌一年，就占全书七成多篇幅。相信很难有哪本年度史，可能有此深度与广度。所以，康有为只是进入那个年代的一扇并不重要的门而已。

另外，如果大学历史本科同学能够最早时间选读此书，相信会是一种最具效力的自我测试，结果有两种，其一，早早断了做学问之心；其二，知晓如何真正做学问。

《戊戌变法史事考》

茅海建 / 著　生活 · 读书 · 新知三联书店 /2005.1

光绪被幽囚瀛台之际：

> 由于光绪帝从小陪慈禧太后看戏，对此也有心得，其中最爱响器，即锣、鼓、镲、钹之类。据当时的艺人称，其鼓板的尺寸、点子相当讲究。在此烦闷的病中，他也玩一点响器以自我消遣，松懈一下过紧的神经。（戊戌年）十二月十一日，升平署总管太监马得安当面奉到慈禧太后懿旨：“以后传内务府差务等项，先请旨后传。皇上若要响器家伙等，先请旨后传。”从此光绪帝下达给内务

府的旨意，即便是要几件乐器之类的小事，也须经过慈禧太后的批准。这一年，光绪帝为27周岁，这样的日子他以后又过了十年。

这是这本书里最能让读史人动感情的一段。

史实重建是此书最主要的价值取向。所以，如果将此书视为一种有自我建构方法论的史著，不如将其认为是一连串细密史实的爬梳结果。因此，阅读此书，需要基本的知识准备。

当然，对于历史学家而言，再缜密的写作，此时此刻面对彼时彼刻的人与事，不免仍有逸出学术规则之外的抒发。比如慈禧在戊戌年间为什么最后翻脸，第三次出来训政，并把光绪给废了——这是至今仍有疑问的问题。茅海建写道：

> 我在完全没有材料的情况下，大胆想象了这样一个场景：即光绪帝八月初五日接见伊藤博文之后，到八月初六日早朝之前的某一时刻，慈禧太后得到报告，康有为尚未离开北京，康有为、康广仁与光绪帝之间有联系，甚至听到某种康有为欲有所发动的传闻，他命令光绪帝将康氏兄弟抓起来送刑部审讯。光绪帝对此表示不能从命。于是，慈禧太后出示杨崇伊的奏折，光绪帝见有“仰恳皇太后……即日训政，召见大臣，周咨博访，密拿大同会中人”一语，只能跪请皇太后“训政”。慈禧太后因此密召崇礼捉拿康氏兄弟。

这个想象难道不是很精彩？当然，即使最普通的读史人也不会把这种猜测当真的，所以像这样的内容，这本书稍少了一点。

虽然研究与评论的是百年前的旧人，在这本书里，茅海建但论光绪与慈禧，必称“光绪帝”与“慈禧太后”，这种恭敬，确实也是治史者的良善之情，当足感佩。

《甲午战争前后之晚清政局》

石泉 / 著　生活 · 读书 · 新知三联书店 /1997.11

这本书出版与它写完的时间，有五十年的距离，所以，很难说它是一本新书还是旧书。

在未成书籍之前，这只是石泉先生在陈寅恪先生指导下的一篇硕士论文。五十年前的一篇硕士论文，现今仍然能够翻检出来印刷出版，是不是说明它能够穿越五十年而不失其价值呢？答案当然是肯定的。

路线斗争是相当长时间里描述中国共产党历史的一种叙述框架，改革开放之后，这一思维方法论才被放弃。但是，客观而论，传统中国政治，亦即人事与制度两方面而已。所谓人事，不正是政见、方针、政策与路线的差别，以及由此差别而形成的冲突。党同伐异，描述的也是这种冲突性关系。在基本的政治含义上，不同政见者不同路线的选择，也是当政者面对未可测的未来，各种选择的竞争与比较，若将其良性化，正是政治与政策运行的必然程序。只是，在传统中国，如果没有对冲突的超强的控制力，这种冲突就容易形成恶性，动辄即以性命相搏。

石泉先生研究的“晚清政局”，选择的正是甲午战争期间“不同路线”——主战与主和派之间的冲突关系为考察对象，来描述那一时期的政治格局。这种研究，最耗学力，人事纠缠，言辞与行为、政见与利益、权力与制衡种种，都掺杂其间，弄不好，即成阴谋论叙述。

能够避免阴谋论叙述，最重要的是基于材料的结构搭建。石泉先生结构安排分为三端：洋务运动与守旧势力；满汉；朝臣党争。有此结构，基本上已可摆脱堕入阴谋论窠臼。

《南北之争与晚清政局（1861—1884）——以军机处汉大臣为核心的探讨》

林文仁 / 著　中国社会科学出版社 /2005.7

《派系分合与晚清政治——以“帝后党争”为中心的探讨》

林文仁 / 著　中国社会科学出版社 /2005.4

林文仁系台湾学者，他的研究思路，延续的是石泉先生一路。

晚清派系的形成，始自清廷太平天国与第二次鸦片战争，尤其是前者，耗尽清廷国力。于是中枢权力垄断逐渐减弱，内轻外重，满轻汉重格局形成。满轻汉重不仅表现在疆臣的汉大臣比例上，也表现在中枢决策机构，早期尤其是军机处汉大臣的权重变化上。汉大臣一旦拥有重权，则分化与对立，宗派与门户便随之而出。

这些当然都是历史的后置叙述，回到历史现场，其始也简。慈禧与小叔子恭亲王奕訢（电影戏剧以及野史里，他被称为“鬼子六”。他是道光皇帝的第六个儿子，也即咸丰皇帝的六弟）合作拿下了顾命大臣肃顺，这样，一方面让慈禧有了后来四十八年执政的机会，另一方面也有了奕訢重组清廷军机处，执掌实际权力的条件。当时军机处是六个人的名额，除去奕訢，他的岳父桂良，以及奕訢长期追随者户部左、右侍郎文祥、宝鋆四位满大臣之外，还有两位汉大臣的位置需要选择。经过一段时间的调整与运行，皇帝的师傅，直隶人李鸿藻进入军机；稍后，江苏吴江人沈桂芬也进入军机。他俩一方面在军机呆的时间长，另一方面也是南北两地出生，后来他们各自的派系，即称“北派（李鸿藻）”“南派（沈桂芬）”。

据说沈氏甚谙为官之道，既得慈禧宠信，又以善理洋务而为奕訢所重；因而北派李鸿藻遂与守旧派一道，与倾向洋务的奕訢形成制衡。真正的冲突与形势的再造，是李鸿藻因母去世，他要离职回家尽孝，这时军机空出一缺。按道理，也按已经形成的南北平衡而言，补此缺应当为“北派”人士才对。结果沈桂芬有私心，把属于自己人的王文韶提升到军机处。如此一来，权力生态的平衡打破。“在野”的李鸿藻，能够使用的权力武器也只是“清议论政”——所谓清流由此而来。

看上去，这只是军机处两位汉大臣之间的搞三搞四，似乎难起波澜。其实不然。汉大臣在军机处数量虽少，能量却大，晚清政局中中枢的运转，多由汉大臣维系。因而这种争斗，便贯穿之后所有朝政大局之中，无时不兴。其竞争规模也渐渐脱轨，甚至国家利益也成了党争的内容，而不惜有损国家利益。

正因为汉大臣的能量甚大，他们的冲突，第一波的结果是将恭亲王奕訢、醇亲王奕譞兄弟卷入冲突，结果恭亲王出局；第二波更麻烦，将慈禧与光绪带入，以戊戌政变事件为转折，光绪皇帝出局……这一结果，当然令后世读史人感叹不已。

这两本书用现代的史学方式将这一脉络勾画得清楚明确。人事纠缠及其钩心斗角，自《三国演义》一出，即成中国人理解中国政治最主体甚至是惟一的方法论，所以中国政治最容易形成阴谋论叙述，因而不可证亦难可靠。这两本以史学研究为依归的著作，当然材料丰富，不似一般旧人笔记那样，出自私见，倾向与偏袒明显。因为大体可信，又因为这是合乎传统中国人阅史习惯的著作，所以读起来极有阅读愉悦。

只是，中国人事过于复杂精细，各种笔记传言作为史实证据，一不小心就容易流向想象一边。而且尤其此时，想象之结论，又极具戏剧性与传播性，写作者临此时刻，往往经不起诱惑。这也真是矛盾，那些略加想象而成的关键节点，予阅读者极痛快淋漓；但证据部分可能又真是不足。按作者说法，那位以写历史小说而著世的高阳，其考据功夫也是一流，在两相矛盾之间，高阳最后选择用小说这种体裁去表达自己的见与识了。

《中华帝制的衰落》

[美]魏斐德/著　邓军/译　时代出版传媒公司、黄山书社/2010.9

基本上可以将此书看作清史简史，极其简明的简史。但是，要找个中国学者写出如此流畅通晓的简史，还真不容易。一位美国人写的清朝简史，可以如此流行，亦显时代之窘。

美国人写清史，其所长，在于结构与方法论。

此书前四章分为：农民、绅士、商人、王朝循环。如果将清一朝视为一部二百多幕的大戏，那么这种结构安排，即先由清朝大戏的角色出场——士农工商。这是不是有点好莱坞的色彩了？所以，这书好看，自是无疑。由此而论，即使写一本极简明的简史，也不是容易事，需要恰当的结构，而所谓结构，来自思维与见识。

中国传统，士农工商，一应概括，但中国著史者所能见者，仍帝王将相而已。我们深处其间，不知其异。只是，有魏斐德的重新结构，同样的内容，甚至他拥有的材料未必多过中国人，但经他恰当安排，便远远超过一般中国人所著历史之秩序，而新开局面了。

《中国觉醒——国家地理、历史与炮火硝烟中的变革》

[美]丁韪良/著　沈弘/译　世界图书出版公司/2010.3

作者在中国生活了六十二年，这个还真不可思议。丁韪良，美国北长老会传教士，曾任同文馆和京师大学堂的西学总教习。同文馆，一般史称：清代最早培养译员的洋务学堂和从事翻译出版的机构，估计跟现在的中央编译局差不多。但是，在清朝年代，这样的机构在古老中国之影响力，或许不可以轻易用编译局的现代机构简单视之。

在这个位置上的西学总教习，观察中国，角度特殊，少人能及。丁韪良关于中国的著作甚多，不完全统计，他出版的中文著译达42部，英文著述8部。其间《花甲忆记》、五卷本的《汉学菁化》与《中国觉醒》被视为他观察中国的三部曲。《中国觉醒》出版于1907年，一般认为这是他以自身经历对前两部书的补充，所以，初读之下，还是稍觉不习惯。这本书里有历史、有地理，更有游历和对中国权势人士比如张之洞的观察与记录，如此种种，当然杂混。不过，如果明白这本书的读者对象是外国人，则或可释然。

之 三

《二十世纪中国史纲》

金冲及 / 著　社会科学文献出版社 /2009.9

20 世纪过完，回过头看，中华民族在这过去的一百年时间里，其历史任务：一是求得民族独立和人民解放，一是实现国家的繁荣富强和人民的共同富裕。这两条当然是定论，由此来贯穿这整个百年历史，历史现象虽各有各见，但历史逻辑大体相同。虽此，但若叙论持平，也是不易。目前所见，能超越金冲及先生这一百年通史者，尚未有。

金冲及先生 1984 年任中共中央文献研究室副主任，2004 年退休。在中国，如果希望对近代史尤其是 1949 年之后的历史做深入研究，没有比这个位置更有条件去获取原始史料的了。所以，先前我读金先生主编的《毛泽东传》、《周恩来传》，即深感其排列史实之精细。在我们并不陌生的逻辑框架之内，材料本身自有其价值与魅力。比如一页复印的原始档案材料，一则注释的“访问某某”所得，皆有可细观之处。官方修正，这是展示历史现场最具可能性的一种方式。

显然，这是考据学派之治史精髓。但与传统考据学者比较，金先生的建构能力非一般的突出。以《转折年代——中国的 1947 年》为例，为了论述“人心向背”——这是解释当年国共两党形势逆转之关键用词，但“人心”如何证实？却经常容易形成疑问。金先生此著，解决这一问题尤其精彩，他在历史实际进展过程之中，以已经成为影响中国城市市民心态关键的媒体为证据，层层展示其渐变与转折，既有方法论的价值，亦相当成熟。利用媒体证据，并不新鲜，但以此为核心材料来源建构论证体系，少有超过此书者。

有考据之长，又有建构之力，兼具材料的巨大优势……这大概是退休前二十年金先生治学之黄金时期。之后，抽身而出的金先生有此《二十世纪中国史纲》，可以算得上是他一生学与识的巅峰之作了。后人，我们得等多久才会出现一个才力与机缘都合适的后世天才？

《革命逸史》

冯自由 / 著　新星出版社 /2009.1

14 岁即入同盟会的冯自由，是最早以一己之力撰写国民党党史的，在完成《中华民国开国前革命史》之后，1936 年又开始编写这部《革命逸史》。冯自由先生在自序里说：史有正史逸史之区别，吾国自周秦以来迄今三千年，除官书外，举凡民间记载及历代相传之遗闻轶事，皆逸史也。逸史又称野史，其所以异于正史者，则正史以简约明达要言不烦为主，而逸史之旨趣，则在于搜罗纪闻之典章、故实、嘉言、懿行、旧闻、琐语、奇谈、艳迹，一一倾囊倒箧出入。体例无须谨严，记载不厌琐细，既可避文网之制裁，亦足补官书之阙漏。

因此，这本“逸史”颇具可读性。不过，此书成书甚早，中国尚未稳定，以结果而追溯历史的“合法性逻辑”结构也未成形；同时，作者又与孙中山先生属于一代人，虽有仰慕，却更多平视，故所记事实，多可作原始材料采信。这点殊为不易。

比之后世更谨严的考订以及逻辑分明的结构设计，此书读来亲切，亦易进入历史现场。

《孙中山与中国革命》

[美] 史扶邻 / 著　丘权政、符致兴 / 译　山西出版集团、山西人民出版社 /2010.11

史扶邻先生两本著作《孙中山与中国革命的起源》与《孙中山：勉

为其难的革命家》合并而成此书。1968年，《孙中山与中国革命的起源》由美国加利福尼亚大学出版社出版，十三年后，即1981年，为纪念辛亥革命七十周年而有中译本出版。现在来看，此书当年出版，可以说恰逢其时。中国大陆此际正进入改革开放初期，史扶邻先生的历史观，尤其是历史研究与述论的方法论，对中国研究者反省中国历史，特别是近代史的研究，可谓别开新面，打开了一种新的空间。所以，以研究辛亥革命而为世人所知的金冲及先生，在中译本前言里即论：在近年来西方历史学家对孙中山的大量研究著作中，要算是最重要的一部了。

那么，三十年后再读此书，还能称其“最重要”吗？在我看来，如果选择另一本而论为“最重要”，很困难。

简单来看，《孙中山与中国革命的起源》或许更容易让人进入，这其间的基本原因是，这本著作里再现历史现场，并由此而论及“革命”与“起源”颇有条理；而《孙中山：勉为其难的革命家》则为概述性，其篇幅更小，偏向于以论带史，是其对孙中山以及中国革命结论性表达。所以，此著应为中国近代历史专门研究者所注重。

以一般读史者的角度观察，史扶邻先生提供了什么样的方法论，以及此种方法论在现今还有什么样的价值可借鉴？这是重要问题。

史扶邻的孙中山研究，是一部中国领袖的传记，还是一部通过研究中国领袖的个人经历而认识并理解中国以及中国革命？这是不同的研究路向。当然，要断然分开传记、以传主为载体的中国发现，其实很困难。所谓知世论人或知人论世之分别，即为这两者之别。不过，史扶邻先生的著作，尤其是《孙中山与中国革命的起源》，显然其路向是由人而论世（中国与中国革命），这是明确的。而其价值亦在此端。作为一个外国的研究者，史扶邻的这种选择，似为必然。因为外国的中国研究同行以及一般读者，对孙中山以及孙中山活动的“中国舞台”，全然陌生，其论述不兼顾两端，则难以表达，更无从传播。

所以，这种人物、历史现场（中国舞台）以及冲突的结构内核的历史研究与叙述，则为史扶邻先生所具的方法论。即使现在，这种方法论，仍为可供学习与效仿的路标。

中国的传统史学研究，也有知世论人与知人论世的总结，但落实到具体的近代史研究，比如孙中山的研究，突出成就者，不多。可以辩解的理由之一是，这段历史是中国人自己的历史，各种论述——无论文艺的、戏剧的，还是教科书的，已经构成了一种全体国民共同的“历史想象”，或者说“历史记忆”。所以，那个历史现场，对中国人是“熟悉的”。于是，专门论述省略此节，在大家共同的想象里，来建造一种叙述，便为自然。

那么，当史扶邻先生这样一位陌生的研究者闯入这一领域之后，那么先前中国人共同的历史记忆，便因此有了破坏的可能，至少我们也因此可以反省自己曾经的共同记忆，特别是这种记忆背后的历史观。由此处看，史扶邻先生的价值甚巨。

而且，如果更深入地讨论，或许本土研究者与域外研究者的分别，因域外研究者现实利益所涉有限，会更自然倾向于发现并理解历史本身及其运作的一般规律；而本土研究者，如果中国传统史学研究不是惟一的话，也可能以历史研究来建造当朝的合法性为主体倾向。在中国，修史多为太平盛世之重大工程之一，基本原因之一，即“盛世”的现实，更易由历史来溯源证明其历史走向的“必然”如此。当然，也不惟中国这般，各国著史，基本格局皆此。只是，中国的现代化，是一个漫长的过程，即令由辛亥革命算起，也已经经历一百年，目前断言成功，为时尚长；所以，一代一代，重望历史，原本相对恒定的史观，便容易发生变化。而域外研究者的中国理解，至少可以视为认识中国的基础性思想资源来源。

回到史扶邻具体的《孙中山与中国革命的起源》，他的方法论颇有启发性意义之外，或许更直接令中国研究者耳目新颖之处，则在于他多利用国外的档案材料，至少在相当长的时间里，这是中国研究者所难以涉足的领域。史料与史实的新鲜，自然从另一方面打开了认识孙中山先生以及中国革命的另一路向。所以，在更苛刻的立场上看，如果将历史研究也视为一种竞赛，这便构成了中外研究者“不对称”的竞争。当然，也正是因为有这种不对称竞争的存在，我们认识历史，才具有了接近真相的机会。

在这种意义上看，中国的孙中山研究，长期为史学研究的显学，而史扶邻之著却能在中国获此高评，也证明着中国目前正在寻找重新认识历史并形成共识的过程之中。

《孙中山：壮志未酬的爱国者》

[美] 韦慕庭 / 著　杨慎之 / 译　新星出版社 /2006.8

研究诸如孙中山这样的具有世界性影响力的领袖，难度何在？韦慕庭的感叹是，认识“真正的”孙中山是有着许多困难的，“孙博士的被人们‘神话’，某种程度上已经制造出了一个有传奇色彩的英雄形象和扭曲变形的历史真实。它把孙中山的个人特质弄得模糊不清，并将他的大多数革命同志投入朦胧的暗影之中。此外，它使我们对于许多与孙中山有联系的事件的判断含混难辨，有些时候，它夸大了事件的重要性”。

诚实的研究者将如此穿越这种种挑战呢？

韦慕庭先生选择的路径，充满荆棘。他努力去还原孙中山先生革命事业中最为复杂，也极其日常的那部分工作：寻找资金与外国政府的支持。同时，他也尝试了解释在寻找外国政府支持之下，孙中山晚年为什么会倾向苏联。显然，这两者皆为史扶邻的孙中山研究所缺乏的。所以，将史扶邻与韦慕庭两者的研究结合起来看，将会更为完整地理解利用非中国材料，所能得出的关于孙中山先生的整体面貌。

辛亥革命之后的孙中山，无论二次革命，还是护法运动……这个时候的孙中山，其面目实在复杂异常。单以这种种摇摆而论，理解晚年孙中山即已颇具挑战；何况，历史本身的反复，各种选择时是时非，后世著史，又以成败而回溯，其面目将更难把握。所以，如何纲举目张，才是治史者真正的考验。“联俄扶助农工”，便是理解晚年孙中山的纲要所在。同时，这也是接续 1921 年成立的中国共产党与孙中山先生“革命”旗帜的关键。韦慕庭先生由此破题而入，虽然挑战，却是史学研究之正途。

《庚子勤王与晚清政局》

桑兵 / 著　北京大学出版社 /2004.4

桑兵先生此著的“绪论”，论述跌宕跳跃，既有论析康梁与晚清政局种种，也有对治史尤其是近代史种种属于研究者的感叹，大概皆为治史同道之心路。所以，一般读史者，不仔细认真，便难以跟随其似有若无的脉络。

比如传统中国史学的政治史研究，其甘苦与沉浮，绪论里便有妙论：

> 自“新史学”倡行以来，政治史的研究颇受非议，实则中国固有史学以政治史为大宗，是受历史文化的特性所制约，并非统治者个人好恶所致。政治以胜负为基准，必须讲究权术。尽管后人多以顽固腐朽目之，近代好参与政坛角逐的官绅，大都心术极深，难以探测。非心智过之且能由政治角度予以理解同情，无法透视其内心思维，也就无从判断其外在言行。这可以说是对学人智慧耐力的极大考验。学人不察，一味借“新史学”开辟新领域之名，实则避难趋易，而心存取巧。凡事标新立异，大抵与表浅

为伍，虽然易于出人头地，稍不留神，也容易误入邪魔外道。庚子勤王不仅是隐秘的政治，而且是武力谋国，所谓兵行诡道。学人须以同情理解政客与兵家之心，才能不为各种表象所惑，以免重蹈古今多少帝王为奏折所误的覆辙，为史料的表面字义所蒙蔽，令研究对象取笑于九泉。

由此以观，政治史之研究，实则与历史中“心术极深”之人，作智慧较量。那么，后世研究者，胜算几成？这才是有趣的问题。所以，历史研究，看上去是研究者之间的竞争，实则更深刻的较量，则在于研究者与研究对象之间。桑兵的感叹：力图与古往今来的中外前贤心灵沟通的学术独语……读书不必与人较，起码应与古人较，因为古人已经留了下来，今人却未必留得下去。与今人较，如何取法乎上？

桑兵先生之见，才是真正中国历史研究者深思对象与自我的真知。可贵。

庚子勤王，是康有为与梁启超集团的惟一一次武装斗争，当然它失败了。后世读史者在桑兵先生拨清重重疑幕之后，对那段历史有何感叹？在这样几方面，或许我们会有所校正：

其一，戊戌变法与辛亥革命，在时间次序上是晚清中国两次重大变革，它们之间是何种关系，一般论为体制内的变革无望，于是体制外的革命成功。在时间逻辑上讲，这固然无疑。在历史本身，却未必如此泾渭分明，比如康有为与孙中山的竞争——选择什么样的现代化的中国之路，如果失去观察，难免不智。

其二，若取竞争论，那么，变法之失败与革命之成功，其间因果，则呈复杂面相。传统由学优而仕的康有为，使用体制内资源，技术性的失误固为失败之因，除此，制度内资源可否支持制度变革，则为可考察的疑问所在。比如勤王，秀才康有为用兵，在相对程度上他比孙中山更具动用体制外资源的能力，但却一事无成，何故？晚清制度能否吸纳并使用体制外资源的能力，康有为实为一可细考的对象。

其三，在康有为看来，他与孙中山不啻霄壤，这固然是康氏褊狭。但庚子年间，为何康有为也选择与孙中山同样的“武装斗争”，这种趋同，则值得思考。此际中国，义和团运动、庚子勤王以及东南自保——有可能演化成独立运动的政治异动，为什么最终未能实现，实在颇有疑问之处。

如此种种，康氏庚子勤王运动面目逐一揭开，由此可深入之处甚多。一百多年后，我们以为已经对近代史了解，或许离事实尚远。

《三十三年之梦》

[日]宫崎滔天/著　佚名/初译　林启彦/改译、注释　花城出版社、三联书店香港分店/1981.8

从相当的意义上，孙中山为中国人尤其是留学日本的中国学生所知，始自这本《三十三年之梦》。清廷“逆贼”孙文，在后置历史叙述里，其早期革命经历颇为传奇，但在当年对中国真正的影响来看，其实有限。孙中山领导的惠州起义失败后，宫崎滔天写了这本书，恰逢中国留学日本已成潮流，而且俄国欲占我东三省又箭在弦上，机缘巧合，此书出版，革命家孙中山不再只是清廷通缉的人物，而是众多新知识分子重新认识并向往的领袖。

现今读之，曾经让中国人认识的那个全新的孙中山价值的功用，已渐失效。但宫崎滔天的志向与选择，却颇能另开角度，让我们理解当年的日本。吉野作造在其《宫崎滔天著〈三十三年之梦〉解说》里解释得很明白：生在明治初期的人，究竟受过些什么样的教养呢？这在他的自传里写得很清楚。当时有为的青年对时势作如何的看法呢？他们见识的渊源是什么？滔天的自传皆有清楚的交代。有人不在国内展其志而求友于邻邦，并从东洋的大局来着眼这个事实，应该怎样说明呢？本书有明确的解释。当时青年思想的原动力是什么？当年的时势跟它有什么关系呢？这些在历史研究上非常重要的问题，它都有详细的叙说。我认为，本书最大的历史价值，乃在于它是没有虚饰的实实在在的记录。

所以，当我们以此书而知孙中山之于中国革命价值，在孙中山研究已成大潮，已不再新颖的时候；更深刻的价值，则是我们在理解日本之现代化挑战，以及由此演化而成的各种路径，它们之间的竞争，并最终导致的日本种种战争选择。现代化日本的内在机理的形成，当然在与中国比较之中，更能作为一种坐标而重新认识中国。由此而看宫崎滔天此著，或许他提供了一种真实而个别性的历史现场——尤其这种历史现场与中日双方重量级人物都有交集。至今来读，穿越时空的是，我们可以从感性层面理解曾经中日两国各自的现代化起步。

一位33岁日本青年的自传，自然不会尝试去建立后世读史者所去理解与体会的“时代”，尽记一己之事实与经历而已。也因此体例，此书读来颇为亲切。作者文笔之妙，实非一般。

《军事近代化与中国革命》

[澳]冯兆基/著　郭太风/译　上海人民出版社/1994.4

此著出版于1978年，是一本较早开始研究新军（新建陆军）之于辛亥革命价值的论著。从时间上看，有一定的原创性。公允而论，此著对新军的源流及组织安排与运作种种，所考详尽而清晰；但若论与辛亥革命建立恰当的因果关系，尚嫌不足。

新军之于辛亥革命，或广而推论之于现代化中国的价值，实在是一项需要智力与胆识的研究活动。它的挑战在于，“新军”以及晚清军人集团的再次勃兴，是源自清廷内部的现代化努力的一种。这种努力，看上去是纯粹技术性的制度变迁；在清廷角度来看，可能实情也就是如此，但它演变的结果，却是种瓜得豆。新军成了推翻帝制的重要力量。当我们将清廷定性为腐朽统治之后，这项发源自内部的变革，如何评论，成了难题。麻烦之处更在于，晚清军人集团的代表袁世凯，最终却篡权，而且恢复帝制，这又使军人集团的负面性更加显现；不惟如此，袁死后的北洋军阀混战，更是把中国弄得乱七八糟。如此种种，评论新军，虽一直有专门的研究，但总体命名皆为：北洋军阀。

但是，即使以革命史观来看中国近代史演变，军人集团之于现代化中国的价值，无论正面负面，皆难忽略。比如后来蒋介石领导的北伐，再后来毛泽东经典的“枪杆子里面出政权”，实在革命名目之下，都有军事的实质所在。而溯其源，难说与新军毫无关联。只有由此来看，中国这段历史的演化，才可能接近事实本身。

任何军事技术性的变革实则为一种政治性行动。所以，单纯以军事技术而观察新军，我们将可能失去对历史本来面目的发现与理解。

之 四

《骆宝善评点袁世凯函牍》

袁世凯 / 原著 骆宝善 / 点评　岳麓书社 /2005.8

袁世凯、孙中山谁能当民国的大总统？因素很多，但后人却常常忘了当国者最重要的一款：谁能有钱维系国家运转。古人说，治国本于理财。道理人人都懂，却未必尽能理会。

孙中山先生为什么会只做临时大总统？或者换言，在什么情况下，他可以坚持不放权、不让权给袁世凯？若取财政一项观察，或会有答案。

在袁世凯之前，孙中山先生主持的南京临时政府维系运转一策，是举借外债。这在当时，几近通例。只是南京临时政府不顺。当时南京临时政府拟用汉冶萍公司为抵押，向日本借款500万元，此举随即遭到参议院和独立、光复各省，以及公司股东大会的一致反对，实业部部长张謇以辞职抗议。民国元年二月中，孙中山于一周之内两次致临时参议院咨文，并写信给政要章太炎等，说明情况，及有损主权，不顾声誉的不得已之苦衷。最终仍然未获成功。其间矛盾在于，一些独立、光复的省份，一方面反对南京临时政府举借外债，另一方面他们也不得不用举借外债来解决各自的财政困难，手段亦同样以路、矿权为抵押。比如江西就打算以南浔铁路作抵押举借外债，南京临时政府则以划拨使用若干份额给中央为条件，批准他们举借外债，只是最后未成功而已。

革命不容易，建国更不容易。

此书提供事实：以汉冶萍公司抵押贷款未成之后，孙中山又转而以整个东北权益作抵押，谋求向日本贷款。日方提出以接管满蒙（即东北各省和蒙古）为条件，借款支持南京临时政府。看来此案有成功可能。孙中山向日方代表森恪表示："当此次举事之初，余等即拟将满洲委之于日本，以此希望日本援助中国革命。"日本政府如能"火速提供资金援助"，"余或黄兴中之一人，可赴日本会见桂公（日本内阁总理桂太郎），就满洲问题与革命政府之前途，共商大计"。"如能在汉冶萍之公司500万元借款之外，再借与1000万，则孙等与袁世凯之和议即可中止，孙文或黄兴即可赴日订立关于满洲之密约"。

可惜此案最终仍告失败，否则循此之论，袁世凯能否轻易当上大总统，还真未可知。

在相当意义上，这就是民国之现实。谁当权，谁就要举借外债；而举借外债，则必然得拿国家利益作担保与抵押，因而又遭到举国上下的反对——反对者包括那些曾想举借外债的势力。梁启超结束逃亡回国，即向袁世凯献策"借外债"，而当袁世凯以盐税、海关税以及直隶等四省中央税为担保，商谈"善后大借款"时，舆论当然大哗。

此书虽是函牍点评，所蕴史实绝对不可小觑。以上种种，官修历史或不言或一言而带过，不得要领。函牍点评体例，虽以函牍为结构要素，未见著作建构功底；但一函一牍，却方便史实的索证、串联与解释。

作者研读袁世凯，当今史界，甚为领先。只是，作者与传主，拉开的距离不够，近了些。

《袁氏当国》

唐德刚 / 著　广西师范大学出版社 /2004.11

《晚清七十年》

唐德刚 / 著　岳麓书社 /1999.9

唐德刚先生以口述历史起家，是另一种史实重建的代表。一般而言，回忆录是一种史料来源，而口述历史，经受专业训练的第三方记录的历史，自在史实方面有过校正，似较单纯的回忆录，更进一步。可以说，中国读史者因唐德刚，而知有口述历史。

对于现代化的中国历程，唐先生一言以蔽之：仍行进在历史的三峡之中。

这种说法当然大而划之，唐自己也说，所谓读史，最后结论也不过半张纸而已。这大概就是他“半张纸”里的经典。偶尔，用这个比喻来理解曾经风云人物，竟也精妙。——根据这几十年的历史实例，历史学家盖可断言，民初那个烂摊子是任何政治家也收拾不了的，任何当政者必然落个悲剧的结局。语云形势比人强，在那个形势之下，任何了不起的人，也无能为力也。袁世凯这个人的悲剧，便是他卷入了这个他所改变不了的形势。孙中山的幸运，便是他始终没有卷入这个形势，搞了一生的“革命尚未成功”，有心为国为民而道不得行，就会引起全民族甚至全世界的同情了。

按此逻辑来看清亡之后，各色人等粉墨登场及其退场，无论当国时多么权倾一时不可一世，退场后不是“负谤在身”，即为藉藉无名。

唐氏解释，对此现象竟也能说得通，这当然可视为方法论了。虽然从历史研究的专业角度看，这种结论稍稍粗枝大叶。

唐德刚本人似乎也偏好历史八卦，且行文有传统说书之起承转合风格，所以其书好读，但见识如上述者，所见就有限了。尤其《晚清七十年》，行文之随意，议论之飞扬，虽为大众读物所撰稿，如此，也稍过。

《八十三天皇帝梦》

文史资料出版社 /1983.12

这本书收集了袁世凯的子女、同僚、部下……种种人对他的回忆。袁世凯的负面形象，是基本的定调，当然读史者也未必必须在意这种结论设置。穿越结论，寻觅事实，由此完成读史者对史对人的基本认识，当是本义。只是，除了前三位记录者，袁静雪、袁克齐与唐在礼之外，其他人所述，多非亲见，难以当真。还好的是，就是这三位的篇幅，已近全书一半。如此，也算值。

《清末民初政情内幕》

——《泰晤士报》驻北京记者、袁世凯政治顾问乔·厄·莫理循书信集

[澳]骆惠敏 / 编 刘桂梁等 / 译 知识出版社 /1986.11

莫理循在北京做《泰晤士报》驻站记者的时间——1895 至 1912 年，正是甲午战争、戊戌变法、庚子拳乱、新政、辛亥革命一连串密集事件发生之际；之后，1912 至 1920 年，莫理循做袁世凯政治顾问，最后辞世。一位外国记者的中国观察，能跨越二十五年的长度，实属少见。而且，当年的英国也算最强大之帝国，莫理循虽为记者，站在英国国家利益角度参与中国事务，可谓不少。同时，这上下两卷所集，却是他的书信集，而非公开报道，至少其坦率程度，尚未多加修饰。

所以，这段中国历史的英国人的参与和观察，价值珍贵。

与多数媒体记者与编辑之关系一般，莫理循与《泰晤士报》国际版主编姬乐尔之间，也有紧张，充满较量。作为莫理循的同行，能够理解他对所报道的国家的同情，以及同情之下的不客观——情感使然。当然，时间过去接近百年，反观他的编辑姬乐尔所言，因为距离缘故，其冷静所见，似更接近事实。这实为悖论。

比如姬乐尔之论其时中国：

> 关于财政状况，在我看来，虽然在无能的政府之下中国依然很繁荣，但国库却是空虚的，而你对此中的差异没有足够的认识。关于国库的情况，事实和数字已经充分证明。没有人怀疑中国拥有丰富的自然资源，但是，在政府机构实行彻底改革之前——依我看，这既无迹象，也很少希望——这些资源无助于使她摆脱日益加重的外债负担。我认为，你指责我敌视中国是不公平的，我当然对中国人没有敌意。中国人民具有值得称赞的品质，但这些是个人的品质，而非国家的品质。我也没有在任何地方看到成立立宪政府。要使立宪体制与现存于中国的那种权力极大而又腐朽透顶的官僚机构协调一致，是极其困难的。

这种观察，其深刻性，至今读来，未觉过时。

如果就此而论莫理循对中国“友好”，也失片面。我们必须认识到，莫理循是英国人，他的行为根本，是为着大不列颠的国家利益。对中国的判断，其目的仍是为英国利益服务。

莫理循作为袁世凯的政治顾问的经历，当然有趣。只是他的作用，当他由可被利用的英国第一大报的记者、经常能够影响英国国策的制定的身份，转换成袁总统的人马后，先前各方在意的权力在这种转换中，随着记者身份的消失而消失了，其作用与价值当然大打折扣。

莫理循书信的编者，澳大利亚学者骆惠敏论述这个时候的莫理循：

> 1911年革命初期莫理循在写给他的伦敦上司的信中曾称赞《泰晤士报》支持袁世凯而反对他的共和派敌手，是“赌注押对了”。莫理循在海内外宣扬一种迷信，把袁世凯说成是中国的唯一希望和唯一能够防止外国干预中国革命的人，甚至使相当大一部分共和派人士也相信了这种说法。然后，形势急转直下，1916年，袁世凯这匹参加障碍赛马会的夺标马，在试图跳越帝制这道高栅栏时，意外而“及时地”死去了；而莫理循这位职业骑师至少曾试图驾驭他胯下的骏马向另一个方向奔驰，但没有成功。这时莫理循成了一位更加显而易见的领干薪而无所事事的人物了。即使作为一名公共关系联络人员，他也再没有需要加以颂扬或为之辩护的对象了。只是由于他的坚忍不拔的意志和财务上的考虑，他才继续呆下去。然而，就在袁世凯去世以前很久，他也早已不再是一位必不可少的人物了……不知道这段故事的人，是无法充分理解充满在莫理循的日记里和不时出现在他信札里的愤懑和辛酸。

将在媒体积累的信誉资源，转化成一种为曾经采访对象的当事人服务的资本时，这种资本从来都不那么等价。这是莫理循的教训。只是，在那个时代，媒体从业者在媒体所在国与报道对象国之间，利益倾向还不太成为困扰记者的问题；因而，有另种解释同是，莫理循选择服务弱国而短暂的总统，不太是个好主意。尤其那个时代，袁世凯所面临的国内问题，要大大超过国际问题。“领干薪”于莫理循，便成必然。

把历史人物的书信编辑成书，无论写作书信时，当事人已计划发表还是从未有此种考虑，后世读者读之，仍难免有窥视之嫌。只是，莫理循的书信，儿女之私情几乎没有，把它当作当年历史的隐秘事实与私下之见，更合适。由此观，以求真为价值依归的历史研究，当然不容放过这种史料。即使普通读史人，跟随莫理循的脚步，一步步深入晚清与民国的历史，由这扇门而观历史，也别有洞天。

《清帝逊位与列强（1908—1912）》

[美] 李约翰 / 著　孙瑞芹、陈泽宪 / 译　中华书局 /1982.8

这位作者，“一生曾在中国呆过 23 年之久。他是 1900 年义和团包围北京外国使馆区的时候，幸得无恙的美国人当中年纪最小的一个”——这是李约翰的自述。作者的父亲是美国传教士李佳白，长期在中国传教；因而儿子李约翰在中国生长，“他的背景可能有助于使他重新叙述这段极为复杂的政治时期”。自然这也是作者的自状。

这本书建立了一个特别有价值的叙述框架，中国的变化，即最后一位皇帝溥仪的逊位，在李约翰的结构里，只是，“（第一次世界大战）战前外交的一段插曲”。中国人论述清室之亡，多以皇权社会内部矛盾激化，或者以内轻外重、满轻汉重，以及戊戌变法失败、孙中山革命成功种种予以解释，当然也有列强的因素掺杂其间。而此书其基本观察方式，则是根据宣统皇帝（溥仪）在位时间，即 1908 年 11 月至 1912 年 2 月，列强战前外交活动所引起的影响，作一个编年式的叙述。其所含要旨，意即清室之亡，只不过是战前列强外交下的一个不幸的产物而已。严格地讲，这种分析框架固然有片面之弊，但将清朝嵌进世界关系史里描述，确实另开新面，极有力地揭示了列强对晚清现代化走向的影响，特别是展示了影响的强度。所以，他的结论，溥仪逊位只不过是“一段插曲”。可能，这个结论未必令中国人愉快。

将中国作为一种观察与研究的对象，中国人本能会以身份认同、情感依傍为潜在思维出发点，这自是建构“我者”之关键；但，“他者”之观察，仿佛绕到中国人身后，从自身未必可见，即使可见也未必肯承认的角度的观察，别有另番价值与趣味。不可轻视。

《一个日本记者笔下的袁世凯》

［日］佐藤铁治郎／著　孔祥吉、［日］村田雄二郎／整理　天津古籍出版社 /2005.5

佐藤铁治郎是日本人无疑，只是这本《袁世凯》，是这位日本人用中文写出来的。这个不易。作者是日本驻中国的记者，大约在 1909 年写出此书。当时，正是袁世凯被逐，回到河南洹上假扮成“钓翁”之际。书已经印刷完毕，正待装订成册，袁世凯知道了，派大儿子袁克定与天津海关道官员找到日本有关方面人士，要求停止出版。这个跟现时代要求媒体撤稿之类很相似。袁家的理由是：如果出版将会影响清朝与日本的关系。

如何理解这个说法？此书的整理者孔祥吉与日本学者村田雄二郎解释：答案似乎应该从该书内容来寻找。佐藤式在该书中直言不讳地批评了当时北洋及天津府一些高官，对他们的丑陋行为予以揭露。如唐绍仪、凌福彭等许多官僚的贪污受贿，贪赃枉法之行为。而这些官僚在京津政界颇有势力，朝廷上下都有支持者，倘若佐藤氏之著作出版，可以预料定会给袁世凯之前途造成十分不利的影响。再有，佐藤氏在书中，还揭露了从李莲英到慈禧及紫禁城内外的许多贪赃枉法等肮脏行为，这无疑会给袁世凯带来另一场灾难。

相反，此书对袁世凯评价之高，也出乎后人意料。正因为如此，袁氏家人才竭力阻止。可见，洹上“钓翁”，对自己后来再起之势，早有打算。

日本驻天津领事馆总领事将此书此事详呈日本外务大臣，决定全部焚烧。袁家的代价是：由袁克定以现金购买本书的全部印刷物，首先将费用交给佐藤铁治郎，然后印刷物在两三天中送交租界警察署，最后，在两三天之内由袁的代理人作证烧毁全部印刷物。——袁家的功夫没有白费，书是全部烧毁了。相信袁世凯出价不菲，否则作者何以肯毁。

这事事实上就这样过去了。接近此书写成近百年后，日本学者发现此书。不是全部烧毁了吗？书从何来？那位日本领事写给国内的报告时，还随信附上此书，“以俟检阅之用”，于是得以保留一本。这真有点传奇的意味了。

此书分为四篇，其中有价值的是第三篇：袁世凯与支那种种关系及东西古今人物之比较。佐藤氏在关系一章里，论及袁世凯与西太后（慈禧）、光绪帝、摄政王、庆亲王、铁良、李莲英等人的关系，颇能展示当时消息人士的一般信息与见解；在与古今东西人物之比较一章里，将袁世凯与刘裕、曹操，伊藤博文、毕斯马克，曾国藩、李鸿章，张之洞、岑春煊进行比较。循此对比结构，时人之重视袁世凯可见一斑。

之 五

《中国近百年政治史》

李剑农 / 著　湖南教育出版社 /2008.10

这是一本老书。作者 1930 年写成《最近三十年中国政治史（1898—1928）》，此书刊行，立获广泛赞誉。后来作者又补写了四章，成《中国近百年政治史》，1946 年出版。

作者李剑农（1880—1963），湖南邵阳苏塘乡人（今隆回县）。因为这段政治史，作者与之同行，差不多是同时代的观察，所以写起来不隔。比如后世历史教科书一般将清朝 1861—1894 年称为“自强运动”，这一概念现已成定论。但李剑农先生此书将这一时期定义为“西法模仿时代”，看起来似乎更准确。当然，若从政治正确的角度看，“自强”更有国家主体性隐含其内，而“模仿”则稍显轻薄。虽然这更接近事实本来面目。

老派历史学家，如李剑农、郭廷以等，看待历史的特征，是将历史作为一种连续性的过程来对待，这与后世研究者讲究学术规范，历史遂成断片不同。从读史的角度，连续性的历史，当然更能让人进入历史本身，而不是冷静远观。在维新运动的篇目下，李剑农先生将康有为与孙中山并列而论，这种并列或许是当时历史研究者的一般概念，也更接近真相面貌。只是后来革命成功，成功的结果返回去重构历史流向，其轻重自又被重新建构成另种面目的历史了。比如康有为，便因此极其边缘化了。历史若以求真为价值依归，这种结果导向，或许值得细思。所以，有李剑农这一老派历史学家的体系存在，也是解惑的一种来源。

认真说来，此书最具价值部分，是辛亥革命（1911）至1928年国民党北伐胜利部分，这段历史过于纷繁复杂，各路人马真是各领风骚三五年，要说清楚其间变化，不容易。基本上，李剑农先生对此段历史梳理最为精当，其见识，至今仍然卓越。

比如他说到民国肇始，政府组织的“总统制”与“内阁制”之变化与反复，批评同盟会当时因让渡临时大总统一位予袁世凯，将“总统制”改易为“内阁制”，其坦言：这种拘于一时环境的立法精神，是所谓“对人立法”的精神；对人立法，在理论上是不能赞许的。——这种批判，公允而深刻。确实是历史之教训。可惜，后来袁世凯以及北洋军阀皆成过眼烟云，后置叙述，以结果导前因，便有意无意忽略此节。历史之本来面目，遂由此模糊。

再比如他写到梁启超：（梁启超的）研究系勾通军阀以威胁本身所托命的机关，借以制伏敌党，尤为越出政治常轨的举动。……故在研究系召集临时参议院的主张，是因为要贯彻改造国会的目的，与煽动督军团干宪的目的前后是一致的，谁知这个问题是一具不能开的死锁。后来国会虽然被他们在北方强迫改造了，却又被安福系所盘踞；安福系的骄横恶劣，竟超过他们所目为暴徒的无数倍。——安福系大概是民国初期最为荒唐怪诞的一个产物，而梁启超间接直接促成，尤为可恶。但是，你去看看梁氏传记，谁又论述过此节呢？这岂止是为尊者讳，几乎是对历史的不负责任。可恶，不仅当年，也在后世著世者之讳言与不良。

如此种种卓越之见，相信后世治史者学力的超越或当不是难事，公正著史之心的缺乏才是问题。

曾国藩后的湖南，尤其是辛亥之后此地的激荡，值得注意。可见的结果是1949年众多湘籍领袖，但这个过程如何？似乎未有深入论述。只取北洋政府时期以观，湖南为南北中国之要冲，历代争战，湖南鲜能置身事外，因而“独立”是其基本倾向，也是军阀混乱时期，最为可取的自保策略。比如李剑农，即曾为当时湖南省长兼总司令的赵恒惕起草湖南省“宪法”，之后又出任省务院院长兼教育司长。这种经历，当然也非一般书斋学者可比。有种极端之论：湘人再造中国。此虽一般观感，但未必虚言。所以，此地所产历史著者，有超越众人之上，也不太意外了。

《宋教仁传》

吴相湘 / 著　中国大百科全书出版社 /2010.1

吴相湘先生解释他为什么会为宋教仁作一传记，很温暖：回忆童年就读湖南私立楚怡小学，在其实行道尔顿设计教学法的环境中，开始对历史课程产生较多兴趣。课余又尝至同学蔡端生、黄一寰两兄家，瞻仰开国元勋蔡锷、黄兴遗像遗物；端生兄且扬言长大后必为其父撰一传记。高山仰止及私心羡慕之余，亦窃有意为建国伟人撰一传记。先严汉声府君（讳其林，1878—1937）因训示：我常德郡宋教仁先生之丰功伟绩亦与黄、蔡齐名；并为言与宋公交往以及同旅日本时之若干照片……

虽有如此情感底蕴，但历史学者的操守与识见，吴相湘先生之表现，令人景仰。

有两处史论，吴先生与众不同。

其一，袁世凯不肯南下南京就任临时大总统，一般史论称，当时迎袁之士遭遇北京兵变，是促使南京中央政府同意袁在北京就任临时大总统的关键因素；而此次兵变，则由袁世凯自导而成。吴先生对兵变系阴谋之论，未有认可。吴论述：

> 论者以为袁氏不愿远离北洋老巢，故用此苦肉计。自表面观之，此论似言之成理。然稍一深思，则破绽甚多。盖若如此推理，袁既留恋老巢，则更加巩固之，比较唆使兵变以破坏之，要为得计，且北京、天津、保定等地经1900年拳乱及八国联军大破坏，疮痍满目元气迄今未恢复，黄台之瓜岂堪再摘？抑袁在民间之信仰，即由于1900年拳乱时能独肩维持治安之责任。南北和议之成功，民间对此种信赖尤为重要因素。英国之促成和议，亦因体认袁强有力可以控制局势不致发生扰乱，是则无论对内对外，袁及袁之谋臣于此均不应忽视或违背，若谓小试其技可资借口即适可而止，则未免视袁若神能放能收，而不知星星之火可以燎原，兵犹火也，能轻试乎？

兵变的结果促使袁未能南下，这个结果当然袁是最主要的受益人，而以结果推想这就是袁氏的阴谋，则未必。至少吴相湘先生分析不可能如此。但是，后来的历史叙述，多取阴谋论的解释，是轻信，还是不智？复原历史，当然也是智力挑战。

其二，谁杀了宋教仁？这是民国初年最为显赫的一件公案。一般史论，亦多推论为袁世凯。简单看，这跟兵变相似，这个结果最获益者是袁世凯。而且，后来被认为主谋者赵秉钧暴死，更使袁嫌疑加重。只是，历史学本为求真。如果单以结果导前因，未免简单粗暴。

吴先生引北京国务院档案里袁方对宋教仁的声明，对凶手的指呈，则为陈其美：

> 宋在南方主张袁为总统，而己任内阁，陈其美一派深忌之，黄（兴）亦恶其不举己为总统，且疑其为亲袁派也，亦欲排而去之。陈于是乘其隙，日嗾其徒，唱为举黄之说，以离间黄、宋之交，而使他日内阁总理之庶归之于己。宋、陈之间暗潮已极激烈，应（应桂馨，刺客）本陈旧部，武（武士英，刺客）又黄之私人，适洪述祖因宋争内阁，恐赵（赵秉钧，内阁总理）不能安于其位，欲败宋之名誉，以全赵之位置，托应求宋之劣迹，应以之告陈，陈乃利用此时机，假应、武之手以杀宋，而归罪于中央，其用心之狠毒，实为意料所不及。其破案之速，亦由于陈者，盖应、武初不料，主使之人忽为反陷之举，遂毫不设备，亦不遁逃，而陈事前既为间接唆使之人，故一索即得也。既获之后，武士英在法公堂已经供出，陈以二十余万之巨款贿通法公堂，将供词全数抽改，复以威吓应谓能诬赵、洪则其罪决不至死，且能以巨资相赠，若直供不讳必置之死地而后已，及移交检察厅后，陈虑武仍如前供乃毒杀之以灭口，而以巨金贿西医剖验以为病死。于是应益有所惮而不敢言，此皆应亲告其所延之律师，且谓非转移他处不在若辈范围以内，则此案真相，必不可得，渠在监内日夜防护，以巨金赂典狱者，每食必与人共座，俟人先尝，然后下箸，否则不食，其危险之状已可想见，黄克强前此主张组织特别法庭，实欲以一手掩尽天下目也。既为法部所扼，计不得逞，则以暗杀之说要挟厅长，必欲其入赵以罪，日前竟有要求审判官下缺席裁判，宣布赵、洪死刑之请，幸厅长尚未允诺，然

闻若辈之意，非办到此层不可，裁判所移转之事，不知是否为法律所许，若能办到，但移湖北，则此案不难水落石出矣。

宋教仁是袁世凯还是陈其美所杀，至今难有确凿结论。只是，吴相湘先生的这两处疑问，宋案之复杂性，或可能陈其美为谋杀主谋，逐渐被传播接受；而袁世凯主导北京兵变，则后世史家，仍取拒绝姿态。

这本传记，是传统历史学家标准的史著，求史索实。只是，于后世读史人看来，传主所处时代之复杂性，虽并未展开，但却颇能拨动情感。

求学日本之际，宋教仁利用日本帝国图书馆里朝鲜王室之材料与书籍，证明图们江之北的间岛，实为中国之领土——当时日本欲取此岛，极其迫切。此书写成，即有日本学者说服宋教仁，劝他将版权让售日本政府，借以所得补革命活动之费用。捍卫中国领土与反清革命，这是宋教仁所面临的艰难选择之一。之后，宋拒绝日本之请，将书稿寄呈袁世凯，清廷因此材料，交涉终获成功。清廷交涉之际，想请宋回国助阵，宋教仁也有心相帮。但这时，宋又收到日本留学的中国同学来信说：你既回国做官，请讲点情面，将来我等回国做革命工作，如被你拿获，请勿用刑讯。这是宋教仁面临的另一重艰难选择。后来宋教仁放弃了回国，而且以断然拒绝清廷驻日本公使李家驹、胡惟德予他公费的资格，并将经费交回，以证明自己反清之志。再后来，袁世凯因宋教仁著书有功，命驻日公使送酬金2000元，宋虽然接受这笔酬款，但迅速将其分送留学生中的“困乏者”。这种种，断非后人可以想见。

历史中人，之所以在后世史书里变得枯燥乏味，实为著史人之过。比如宋教仁先生这个间岛故事，吴先生寥寥数笔，一代人的困顿，可以立显。这才是述史人最可被称道之处。

《宋教仁与中国民主宪政》

迟云飞 / 著　湖南师范大学出版社 /2008.7

从吴相湘先生的《宋教仁传》到传主与中国民主宪政，即从标题变化，亦可见宋作为历史人物的一般价值，在后世潮流变化里，被放大的部分——“民主宪政”。这是宋教仁的事功关键，也显然是后世急需破解的时代命题。

民主宪政，在民国初年的运行，实则由三方力量左右，一为同盟会内部的争议与选择；二为袁世凯的被掣肘与反弹；三为原立宪派人士的竞争与妥协。如此观，方可纲举目张，否则，单纯的时间线性叙述，不得要领。此著在这三种政治力量博弈上，显然面目未必清晰。不过，就材料梳理而论，以民主宪政为结构要素，此著还是值得一读。

《中国民主政治的困境：1909—1949 晚清以来历届议会选举述论》

张朋园 / 著　吉林出版集团有限责任公司 /2008.1

张朋园先生 80 岁之际，出版此著，讨论“民主政治的困境”，初读之下，当然期待满怀。不过，此著副题：“议会选举述论”——或许是更准确的概括。

将张先生的“述论”视为史实重建，更接近此著之本义。此著较多用到统计学的方法论，这相比于其他中国史家的方法，颇为新颖。若论史料重建，不免又令人感叹。百年前的选举，无论是清末的谘议局选举，还是民初的第一届国会选举，都当称得上中国政治生活里的重大事件吧，可惜，即使如此，张先生却需要去地方史志里找寻相关材料；曾经的潮流，竟然如此泯然，能不叹乎？

比如第一届国会选举，都认为国民党大获全胜，但宋教仁组合六党而成的国民党，究竟占国会比例多少，却一直是此段历史研究者反复讨论，也未必有确凿数据的“史实”。这当然跟当年政治人物多有跨党，一人兼有数党的党员资格相关。由此以观，将当时政治中人的政治选择，视为一种业向，不如视为一种生存道路选择更合适。有研究者提供的数据表明：清末有功名的士绅达 145 万人，而朝廷能够提供的实际权位只有 15 万，这意味着接近 130 万的有功名的士绅，实际上没有“就业”岗位，这种力量，当然重要。循此推论，当年的政治运动，固有“立宪”与“共和”种种名目，但基础性力量来源，则是解决士绅阶层“就业”问题的因素，至少可视为关键性因素之一。再比较当年各党政纲，国民党与其他党派略有差异之处只是，国民党强调“男女平等”，即使这一点，在后来六党合并的时候，也取消了。所以，好玩的事也出来了。在合并之前的同盟会会议上，女同盟会会员唐群英、沈慕贞即对此极为不满，“大闹会场，甚至扭打宋教仁”；之后，国民党成立大会（1912 年 8 月 25 日），唐群英等再次大闹会场，再次殴击宋教仁，“以致宋不能主持会议”。火爆吧！此情此景，孙中山先生解围：“男女平权当暂缓提出，俟国家巩固，务要达到目的。如不同心协力巩固民国，男子亦将无参政权，何况女子，何论平权？”

其实，无论“立宪”还是“共和”，都是一种外源性制度资源，将其移至中国，如何与传统中国政治土壤相适合，才是真挑战。清末民初种种政治动荡，将其置之中外两种政治制度的碰撞，以及相互的适合，当为合适。

张先生此著，有个长的“绪论”——“议会思想之进入中国”，可视为外源性政治制度资源，进入中国并适应中国条件的论述。其间有两处颇有意思：

其一，福建巡抚徐继畬（1795—1873）在 1848 年出版的《瀛寰志略》里，对英国的上下议院有极传神的翻译：上院，“爵房”；下院，“乡绅房”。至今读之，仍觉精彩。

其二，英国人傅兰雅（1839—1928）曾长期在江南制造局担任编译工作，虽然他推崇“（议会制度）为各国政令第一良法”，但他观察这一制度如果进入中国，“（君主）一人为害有限，终不如民乱之骚扰无穷也”。中国近百年来的民主政治的曲折历史，是不是在一定程度上印证这位外国人的观察与预见呢？

平情而论，弃政治领袖之进退，而择基础制度的运作来研究民主政治的中国实践，实为理解中国政治另一新途，而且更有深入的空间。在这种角度下，张先生的此著，可谓破题。

《立宪派与辛亥革命》

张朋园 / 著　吉林出版集团有限责任公司 /2007.1

现代化的中国发生与演进史，由阶级的视角观察，当然意味着不同的阶级的兴起，与另外的阶级的消亡。那么，消亡的是什么阶级呢？士绅则为其间重要一层。

若取此论，那么我们观察清末的政治运行，士绅阶层之兴与亡，则为建构理解当年政治的一种方法论。简言，政治是由不同利益集团（或称政治集团）之相互运动构成的，那么，清亡与民国兴起，构成者是什么样的政治力量呢？后置逻辑的历史叙述，多以结果导前因，在此逻辑之下，孙中山、同盟会以及国民党，则为那段历史主导性叙述来源。但历史现场的本来面目，果然如此？当可质疑。

清亡，实由三种政治力量合力促成：由清廷“立宪”运动演化而来的“立宪派”；反清的同盟会；完成“临门一脚”劝服清帝逊位的袁世凯。如果失去对他们之间的合作与博弈的观察，历史并无可能建立基本的理解。当然，将历史写成党派史，则是另一路，此处不论。

像“立宪派”这种由庞大的士绅为背景及政治资源来源的力量，它的兴与衰，一则可视为传统中国，比如清朝衰亡的象征；再则，观察其清亡之后“立宪派”的变化，则可理解现代化的中国之途，其扬弃过程如何。这将是更具价值、亦更具超越性的对中国之理解。

比较而言，张朋园先生的历史研究，更具外源性方法论的框架，这个有价值。同时，新输入的观察框架，如何提供有分量的判断，则为挑战。

《新政革命与日本：中国，1898—1912》

[美]任达/著　李仲贤/译　凤凰出版传媒集团、江苏人民出版社/2006.9

任达（Douglas R.Reynolds），美国佐治亚州立大学历史系教授，兼治中国与日本现代史。正因为这一“中国与日本”的“联合”性研究，任达的观察与判断，有出乎意料之处。

1898—1907年，亦即中国的戊戌变法与慈禧辞世之前，任达称之为“黄金十年”。他的判断是，这十年，在中日关系史上，“确曾存在着出人意料的融洽而有建设性的十年”。当然，即使任达的美国同行，也未必认可他的这一判断。但是，我们回到历史现场呢？

任达的史观，基本而论，是将历史视为一种连续性的变动，并非将其割裂；即使断裂，任达也尝试寻找其内在的逻辑延续性。这种说法，需稍加解释。一般中国现代史史论，将辛亥革命视为一种重大的历史性转折时刻，或论中国由此进入现代社会与现代国家体系。这当然不错。但以此断代，史论的建立与史实的叙述自然方便，但真实历史果如叙述者这么武断而干净利落？未必吧！同时，这种断裂的史观，核心的问题仍是，将现代化视为一种必然，是世界潮流，中国的变化只是这种潮流中的个案而已；但如果我们换种思考位置呢？将世界种种潮流，放置于中国自身的演化过程之中，那么，显然主客关系立变。种种的外部的因素与条件，在传统与古老中国如何被选择、被改造，则为需要观察的关键所在了。如此，主体与客体当然移位。在“中国发现历史”，价值自然重大。

任达此著，将外源性资源的输入，转换成清廷自我拯救的一部分来观察，研究视角，由此立变。这是他建构的关键要素。

简单讲，义和拳运动之后，无论主动与被动，真诚与虚伪，清廷开始尝试运转“新政”——中国史家一般对此负评多多，实为断裂史观使然。这种尝试，若取主动一面观察，清廷选择日本为学习模板，则为任达“黄金十年”里的主要内容了。那么，这十年为清朝中国带来了什么呢？当然，辛亥革命，是中国史家一般认同的结果；仅此结果？任达认为，如果“革命”不单单指政治革命，而是一种全面性的变革，那么，“新政”带来的结果，就远远不止一个推翻王朝那么简单了。这当然就是历史连续性的观察。

在我看来，此种史观，颇有价值。历史叙述的主客体关系的建立，不仅关乎历史叙述本身，也是历史叙述对象自身价值的构造。所以，重要。

不过，以此标准来看任达此著，也只可论为开始而已。

之 六

《军绅政权——近代中国的军阀时期》

陈志让 / 著　广西师范大学出版社 /2008.8

陈志让先生此著，颇有方法论意义上的价值。他将1860—1895年定为绅—军时期，1895—1949年定为军—绅时期。若从曾国藩、李鸿章以及袁世凯一路读来，但见此论，不免豁然开朗。在社会经济史与政治军事史的细目之下，陈志让研究近代中国的两者轮换，其求索的是解释传统中国进入现代国家为何不易。在军—绅结构之下，陈志让论述：无论绅—军还是军—绅政权都有一个共同点，即派系的分裂和无限制的斗争。而这个特点后来在国民党中继续发展。两种政权的权力基础都是土地，由控制土地掌握资源来养兵。两种政权也就因此要保卫中国的文化传统。但他们对近代文化最大的让步不过是“中学为体，西学为用”。

传统中国社会的中坚力量士绅阶层，在中国走向现代国家的过程衰亡了，于是中华文化的传承由此中断。如何理解这一历史变动？在为《三联生活周刊》写辛亥革命系列封面故事之时，曾有计划讨论这一问题，后来裁减一个封面，于是拿下这一议题。一般解释，张之洞主导的“新政”，尤其是“废科举、兴学堂、奖游学”，使中国有了进入现代国家的新型知识分子这一群体，但却中断了传统的承续，士绅阶层，基础消失；之后，1927年，蒋介石北伐，解散各省谘议局，士绅有形的政治组织框架，亦由此消失，传统遂不复存在。这当然都是原因，不过，士绅作为一个极其庞大的群体，在晚清的演变，断不会如此简单，就干净利落地解体了。陈志让先生的“军绅”考察，颇开新面，可以洞悉这一历史过程的起与伏。

晚清新军的建立，其旨在保卫清廷，但经1911年辛亥革命，军队反正，清廷倾覆。之后，军人集团将如何演进呢？陈志让论述：

> 1912—1937年中国的军队，既不反对侵蚀中国领土主权的“外敌”以保卫国家的主权（十九路军上海之战是例外），而又自己决定了谁是“内敌”。即使有中央政府来讨论决定谁是“内敌”，那个中央政府也常为军人所操纵。一个军人集团所操纵的中央政府，也常常受到另一个军人集团的反抗。许多大小军事领袖的行动不受最高政治领导人或领导机关的指挥。这时期中国没有统一的军队，没有统一的指挥系统，也没有统一的军队管理系统。这样一来，各个军事领袖必须在不同的程度上自筹军饷，于是不得不干涉民政。这是私人军队形成的基础。私人军队和私人企业有些相同的地方。军官的主要考虑是筹饷来养兵，士兵和低级军官的主要考虑是当兵

> 来找一条出路。能干的军官好像能干的企业家，能多找钱使军队的粮饷充足装备精良。钱多半来自农业，所以土地和农民变成了私人军队必须控制必须争夺的对象。私人的军队也必须控制一个区域中的民政系统，才能从那个区域取得养兵所需的资源。

基础格局如此，所以陈志让研究的不是军阀史，而是军阀时期的中国史。这段历史里的中国士绅，若求自保，当然必须依附军人集团；同时，军人集团养兵，也当借助士绅之力，否则任你军事领袖是天才“企业家”，也将会无米可炊。传统文化，制度保障既已瓦解，又轮至军阀时代，两者结合，只可能是传统文化里最为恶劣部分。陈志让秉进步史观，他看到的恶劣部分是：派系斗争。——“派系斗争又与中国传统的文化有着不解之缘。如果保存中国的文化必须保存派系斗争的传统，我以为那样的传统还是送进博物馆、研究室、寺院、庙宇里去保存的好。”陈的态度很决绝。

作为中国四川成都人，也作为《剑桥中华民国史》的撰稿人之一，陈志让先生先执教于英国利兹大学，后又成为加拿大约克大学名誉教授。因此身份，他有着另种境外中国研究的身份敏感，他的说法既幽雅也中肯：

> 在中国以外研究中国问题，不能不考虑中国人尤其是当时的中国人，对他们自己问题的看法。那是他们对他们的问题的了解，那样的了解对问题和问题的处理显然有很重要的影响。如果不考虑这一点，中国问题会变成外国人所了解的中国问题，会多多少少地失去了问题的真实性。但这只是真假的问题，不一定是对错的问题。如果中国人对自己的问题了解得既真实又正确，那么我们这些外国人又何必对中国问题插嘴呢？

《北洋军阀史》（上下）

来新夏等 / 著　南开大学出版社 /2000.12

来新夏先生在 1957 年完成《北洋军阀史略》，这是新中国第一部系统论述北洋军阀史的专著，由此可见著者进入这一领域之早。在这部著作的代序里，来新夏回忆当年他在范文澜先生领导下，做研究生的工作：主要工作是对入城后从一些北洋军阀人物家中和某些单位收缴移送来的藏档进行清理和分类。这批档案有百余麻袋，整理的场所先是在东厂胡同旧黎元洪府第花园的八角亭，有七八个人参加整理工作。每次从库房运来几袋就往地下一倒，尘土飞扬，呛人几近窒息。当时条件很差，只能穿一身旧紫花布制服，戴着口罩，蹲在地上按档案形式如私人信札、公文批件、电报电稿、密报、图片和杂类等分别检放到书架上。因为每件档案都有脏污之物，要抖干净就扬起尘土，整天都在爆土扬尘中过日子，直到下班，不仅外衣一层土，连眼镜片都被灰尘蒙得模糊不清，鼻孔下面一条黑杠……如此实况，极具画面感，颇似传奇研究者的形象。所以，开一领域之先河者，皆有旁人所不及的机缘。

北洋军阀之史，来新夏先生取起止时间为 1895—1928 年，所以这与陈志让研究军阀时期的国家史不同，它是专门的军阀通史。资料详备，爬梳精细，是此著的特点，因为材料多得自原始档案，所以颇可信赖。

《五四运动史》

[美] 周策纵 / 著　岳麓书社 /1999.8

这是一部值得细读与精读的著作，即使作为非专门研究人士的普通读史者，能碰见这样的著作，机会也未必很多。

在英文版初版的自序里，周策纵先生自述：写这本书的时候，我还抱有一个很坚强的信念，就是：经济条件和意识形态的交互关系，虽然是构成像“五四运动”这一类重大事件的主要因素；其他的因素如：历史背景、政治状况、社会组织、社会心态、领导人和参与运动的人物，以及看来微小却也许深具关键性的偶发事件，凡此种种，都对“五四运动”有不同程度的影响。——如此说法，虽似轻松，却也需下硬功夫才能找出两三行文字，甚或只是注释。也正是这种一等一的功夫，接近百科全书似的通透所有材料，然后化为结构与论述，才是读史者景仰的来源。也因此，可以随着著作真正深入那场事件以及那段历史。

书已经在这里，无须饶舌多言，去读即知其价值。但作者的志向仍可一记：

> 回忆本书英文初版之前，我在哈佛大学的同事和好友杨联陞教授见我不断修改，催我赶快出版。他说：“我们现在著书，只求五十年内还能站得住，就了不起了。我看你这书应该可以达到这个标准，还担心什么呢？”我说：“我固然不敢存这种奢望。不过像‘五四运动’这件重要而可引起争论的历史事件，多年来只见成千成万的官方或党派解释和评论，外国人又漠视不提。我现在必须弄清事实，不能只做一时应景的摇旗呐喊。我认为，中国史家有两个优良传统：一个是临文不讳，秉笔直书；另一个是不求得宠于当时，却待了解于后世。”

这样的著史心态，真是令人感叹。“五四运动”已经过去九十多年，目前格局仍如周策纵当年所言：官方或党派解释评论成千成万。但是，与真实有多远呢？好在，我们有周策纵先生的这本《五四运动史》。

《中国共产党成立史》

[日] 石川祯浩 / 著　袁广泉 / 译　中国社会科学出版社 /2006.2

石川祯浩有个单纯的疑问：根据中国共产党的正式见解，中共的成立是“马克思列宁主义同中国工人运动相结合的产物”。这个见解，由大处观之的确如此。可共产党在东亚成立，为什么循着朝鲜、中国、日本这样一个顺序？如果共产党在东亚成立仅仅是马克思列宁主义同工人运动相结合的产物，那么，共产党在东亚成立的顺序应该是日本、中国、朝鲜，但是，为什么事实却恰恰相反呢？

这是一个极具价值的好奇。似乎，也只有置身局外，才易生发这般疑问。而比如在中国无论研究者，还是读史者，对此判断，基本视为常识，而不可能在无疑处设问。

读此书是个愉快的阅读过程，日本研究者穷尽材料之功力，实堪敬佩。史料既然充分，叙述自是从容不迫。此书在中国翻译出版，看起来颇为中共党史研究者重视。金冲及在其《二十世纪中国史纲》论述中国共产党成立，所引材料与结论，来自此书不少。

有趣味的是那个细节。当年陈独秀逃离北平，经天津去上海，李大钊护送他到天津，所说两人在路上“相约建党”——南陈北李，相约建党，由此遂成中共起源之说。石川祯浩考证发现，此说来源自高一涵，高的回忆虽然是孤证，但如果当时他在场，这个说法当然有力。高对此的回忆，也强调他当时在北京，并协助陈独秀逃离北京。仿佛就在现场，也正因为如此，他所提供的“相约建党”一说，被广泛采信。做学问尤其是这种考据功夫的学问，确如侦探查案，精妙处往往令人叫绝。石川祯浩考证：当时高一涵并不在北京，陈独秀逃离北京那段时间，他正在日本。所以，他当时既不知道陈独秀逃亡一事，更不可能知道亲耳听闻他们商议建党。石川在此时评论：“因此，（高一涵）对他们逃离北京的过程小说般生动逼真的描述，不客气地讲是捏造，善意的解释则完全是道听途说。”

以考据功夫做学问，从现代学术考察，其建构理论的能力是其短，但在事实求真的角度，却是其长。那些宏大立论，往往经不起考据家精心循证的结果，所以理论建构者的高楼大厦，往往被他们一戳即破。考据者与理论建构者，两者短长之间，也算是互为“天敌”。读学问之书，经常会从考据学者那里发现八卦，获得愉快。

那么，我们再来看看中国有关党史的研究者是如何回应这一考证的呢？显然金冲及先生亦深究过这一细节，在《二十世纪中国史纲》里，他如此论述：高一涵在七年后说他们（陈独秀、李大钊）“在途中则计划组织中国共产党事”。这件事虽有学者质疑，但高一涵同陈、李都是好友，交往密切，非一般道听途说可比；他的话是在 1927 年 5 月所说，也非多年后的回忆可比，似难轻易否定。

很难忽视回应者金冲及先生的智慧，“似难轻易否定”，反过来，也可以说不可轻易肯定。甚妙。这一回应，精巧地回避了直接的是与否的答案。那么，究竟这一史实是否成立，回应提供了由读史者自己判断的空间。做学问，有此精彩的较量，当然是读史人的乐趣。

在中国作为读史者，往往会稍有感叹，比如“五四运动”，也比如中国共产党的成立，只是我们在读到周策纵与石川祯浩的著作之后，才得以在史实层面获悉接近本来面目的那种事实。这当然让人感慨。

《联合政府与一党训政　1944—1946 年间国共政争》

邓野 / 著　社会科学文献出版社 /2003.11

1944—1946 年两年，正值抗战结束，未来中国有无可能在国共合作的基础上重新建立一个全新中国？这是自辛亥革命以来，又一个历史性的节点。看上去至少美国有强烈的愿望，乐见其成，而且美国也以空前的努力，力促此事。那么，如果说我们曾经由北洋军阀期间发现并建立的一种观察历史走向的“民国逻辑”——军事即政治，以军事手段解决政治问题。这一历史逻辑是否成立，实则观察这两年国共两党的政争最终以什么方式解决，是最好检验。很遗憾，结果蒋介石仍然遵循着“民国逻辑”，以战而定国家权力分配。曾经，袁世凯与宋教仁的制度之争，以力决之；现在，未来国家之形态，还是不脱旧窠，以战决之。历史中人，终究难逃历史逻辑的约束。

邓野此著，以叙述两年的“政争”着手，实则可以窥破中国近代史里实力政治的本相，如此，非有高超见识，实难构建这一论述框架。

后　记

从武汉到北京，来《三联生活周刊》做记者，竟然有机会让我去写一写历史，这是一个很有趣的人生际遇。

这个故事的开始，很偶然。2004 年，周刊要做一期邓小平的封面，我决定选择 1979 年，来做个年份史，或者说断代史。这一年对邓小平很重要，对中国更重要。让中国这艘航空母舰在一枚一圆的硬币上，来个 180 度转圈（《时代》周刊评论），邓小平如何破题？或者说，中国的改革开放如何发生？这是标准的记者的好奇心。

现在回忆七年前的那篇稿件，仍有一个细节让我想起来就可乐。曾出任联邦德国驻中国大使（1976—1980 年）的埃尔维因·魏克德，记录了一个他亲历的故事，“对方谈话很单调，他（邓小平）按捺不住了。他常常看他的手表，大家都注视着他，客人还未意识到，他就冲着茶几前面的痰盂吐两口痰，最后用食指敲打他的表壳。”这是普遍人能够想象的那个邓小平吗？这太个性了。结果呢？面对这种性格与风格，处于同一阶层的前联邦德国总理赫尔穆特·施密特说：“不错，我从一开始就喜欢邓小平。”

我那个年代的中学历史教育，是要背一大堆时间以及年表。某某事件，比如中美建交，那个上海公报发布于何年何月何日，这其实不是历史课而更像算术课。现代教育难道就是把过去的背诗背经，变成记忆年月日吗？所以，一旦脱离考试的约束，迅速忘记，便是自然。

只是，当你偶然与“冲着茶几前面的痰盂吐两口痰”这样的细节相遇时，历史原本由活生生的人创造，这种本能“史观”，才会由心底涌现。虽然说，朝闻道夕死可矣，但直至三十多岁，才回归正道，毕竟还是晚了些。

晚虽晚了点，还是比没有开始强。寻找邓小平的材料，并以此来观察研究那一年的中国，实在是一个有意思的过程。1979 年，我还在读初中，一天早上，本来是早锻炼的时间，很意外，全校没有早锻炼却全部集合在大操场，教导主任很严肃地宣读了一份中国对越南“自卫反击”的公告。打仗了！对一个十多岁的小男生，虽然一直生活在没有战争的环境里，但战争，真正已经开战的战争，仍然还是会引发男孩本能的激动。那一天，打仗，是班上男同学的话题。不过，当时资讯远没有现在这样发达。小男生的热情，也持续不了几天。略有例外的是，当时我哥哥在河南当兵，他们部队已经进入备战状态。对我哥哥那样的大男生，战争或许更能让他激动吧。后来，很戏剧，他转业后告诉我，他们部队已经收拾停当、准备开拔了，这个时候，中国宣布战争结束。他失去了真正战争的经历。

战争，其实跟每个人相关；历史，何尝不如此。

当我成年，回过头来看 1979 年那段历史之际，中国的改革开放起始，还真是非常有意思。中美两个大国建交，同时伴随一场局部战争——一个中学生最初的、也可能最直接的战争记忆，中国这艘“航空母舰”就开始转身了。那场战争，跟中国的转身究竟关系何在？这当然是好问题，但它不再彰显。未有亲历者的记忆，它便隐入深幕。

历史，你能看到多少？换言，你有什么样的视野与格局，便能接近多少“真相”。所谓视野与格局，何处着手如何建立？去理解邓小平的那一年，自是良好开端。以记录为己任的新闻记者，观察、理解并分析大人物，当然是进入探索“真相”一途。前白宫记者团团长海伦·托马斯的职业骄傲是，她对每任美国总统都做过专访，面对面，盯着他的眼睛，倾听他的解释……政治记者在这一过程中，当然可以自诩记录的是历史的第一部草稿。距离1979年已经二十五年后，我们再来追索那一年的邓小平，我们还可以说自己是“第一部草稿”吗？这是挑战。新闻的片断性以及时效性，在这个时候已经失效，你能写出什么，才是重点。

传统新闻教育，以如何写导语，怎样采访，还有如何选择角度进行评论种种为基本框架，作为培养新闻“工种”这一从业者基础性的训练，当然不错。但当我们转换一种观察视角，把新闻工作当作认知世界的一种手段之时，这种种技术训练便显不足。从武汉来到北京，对用来认知世界手段的新闻，我自己理解的资源积累，分三个层次：人脉资源、技术资源、思想资源。勉强说，新闻教育只是在技术资源上进行了一点培植而已，它还需要往两头延伸，去打通人脉资源以及思想资源。

这是长久的坚持，才稍有所获的过程。后来我经常感叹，一个强大记者的成长，时间成本非常昂贵。不过，做那行不都需要时间成本？比如历史研究，从史料入手，寻觅史实，然后若有天分，建立自己的史识。不都极其漫长？

有意思的是，从2004年做邓小平的专题开始，历史题材成为周刊一种内容生产的品种。第二年，我们集中相当的人力，去完成了一个系列的抗战胜利六十周年的封面报道。这一系列报道，于杂志有两个方面的价值：其一，这一年，《三联生活周刊》的发行开始极其快速的增长，很多同行在跟我讨论这种变化原因时，多会提及这组报道的贡献。此时，网络新闻传播已经迅速兴起，如何在以一周为传播频率的“慢节奏”的周刊里，找到自处之道，才是难题。当周刊转过身去，放松对时效性的追逐，而选择与受众情绪节奏相吻合的、重大的、甚至是历史事件时，新的生机似乎就出现了。这很有趣，恐须专文加以深入讨论。有意思的是第二个价值，利用新闻手段，找到了一条书写历史的路径。即：回归历史现场，寻找现场里丰富而未必为人所知的细节。历史不是那些活生生的人创造的吗？在历史现场里，那些创造历史的人，在如何创造呢？

那一系列的抗战胜利六十周年报道，其主体的结构，即以一周为单元，在一周时间里，又以一天为文章结构要素；比如“九·一八”事件，以这天为基点，前三天后三天加起来，每一天发生了什么，是一个独立的主题与单独的文章，加起来，这一周时间里又发生了什么，则形成了一种连续性的历史现场结构。历史在传播过程中，不是被讥为碎片化吗？我们就从碎片着手，去完成一个丰富性的过程。这个起步很有意思，邓小平是年代史，抗战系列，则为以每天为单元的“历史”，这可视为传播要素对历史叙述的一种强加，但同时也可视为新闻方法论介入历史叙述的一种有价值的探索。这一组报道后来被追捧，证明这种尝试有价值。

后来，我自己也稍有疑惑，我们这种探索，是丰富了历史的叙述，还是以历史为实验样本丰富了新闻的方法论。毕竟，历史研究成果众多，按新闻从业者的角度观察，即信息已经极其丰富，如何寻找叙述结构才是重点。比如史景迁写的中国历史，那个“王氏之死”，是多好看的故事，他胜在何处？叙述结构而已。真正的新闻采访，令人苦恼的是你能采访到什么样的信息，而往往，关键的重要人物却是很难采访得到。这是影响一个好的新闻故事的关键所在，同时这种现实也制约了新闻手段与叙述方法的多样性。

当我们有机会不太犯愁信息的丰富的时候，比如史料俱在，那么，叙述历史之际，可供寻找新闻方法论的条件将无比充分。如此来看，新闻与历史写作，是一种互为促进的过程，对一份杂志，对一个团队，这很有趣。

历史写作，史料都有，找书总是容易的，这就相当于省略了采访过程中繁琐寻找采访对象这一程序；但同时，它提出了对你阅读能力的考验。很意外，这个过程我发现我的阅读能力足够强大。当然，不能说我以前就不读书，但有分别的是，现在的阅读，功利性更强。你需要迅速而大量的阅读，然后形成判断与框架，完成叙述。你是要交稿的啊！作为谋生手段的阅读与怡情的阅读，是不同的。简单地讲，这种功利性阅读，实则要求你充满着疑问地进入，无数的问题引领着你进入那无数的书籍。比如邓小平如何破题？中国改革开放如何发生？这是核心问题，它又会分解成若干小问题，那些书籍，你去寻找事实寻找答案而已。这是不是跟传统读书人所描绘的“红袖添香”式的阅读略有差别？当然。

或者，记者写史，仅仅止于埋头故纸堆即可？那这又跟历史研究者分别何在呢？

新闻现场，是这一行关键要素所在。如果稍加解释，这一现场，实则为“冲突”而已。没有冲突，如何建立叙述？人咬狗，当然是“冲突”——不仅与物理现实冲突，也与你的心理现实冲突吧！去做“那一天”的抗战历史，自是寻找一连串事件中最冲突的一天的故事。这个故事从那里找起呢？

还是我在《长江日报》的时候，长沙发现竹简，我赶过去做一报道。看着那些浸泡在特制药水里，两千多年前写着的我们现在都还认识的汉字的时候。很本能，我有小小的感叹，穿越时空，能留下来的，竟然是这些小竹片，特别是它上面的那些隶字。什么才是恒久的呢？钻石？一颗永流传？感叹之外，我找不到可以说服自己所谓“恒久”。什么是相对恒定的因素？这个问题困惑我不短时间。直到后来我来到北京，开始阅读布罗代尔，那个长时间段的要素：地理。——此际，我找到了我想要的那个答案。

如果说，所谓新闻现场，或者历史现场，原本是为着凭借一种冲突来结构叙述的话，那么，现场实在也是一种地理要素啊！在做抗战系列报道之前，这种种，虽然不够清晰，但也已经隐然形成。好，我们来试试吧！

现场／冲突

人物

地理／舞台

通过新闻来认知世界，我们必须从这三种要素着手。非此，无可把握事实，遑论真相。这就是我的新闻方法论。因为历史报道，终于有了机会可以相对全面地来实践了。由邓小平的封面报道开始，一系列的历史报道，当然还有新闻报道，我们可以组合这种种要素来结构安排我们的叙述，甚至规定我们好奇的方向了。像我这样，以为记者才是传媒的核心，是球场上的球员的这种人，有了这般认识，信心自然高涨。

这种种，皆为前因。其间思考与实践，颇为曲折，只是稍繁，此处无须赘述。回到这个系列——辛亥革命报道。这是自抗战系列封面报道之后，周刊第三次连续性的大型的历史题材封面故事。抗战系列之后，我们还做过一次建国六十周年的系列历史报道，我的同事朱文轶主导报道。看上去，历史报道已成为周刊的常规报道类型了。所以，去年年底讨论的时候，并没有什么深入，略有不同，我有机会来担当这一系列报道的主文撰写。

新闻的方法论已经成熟，那么，挑战何在？我的期待是：能不能贡献一点自己的“史识”。或者，换言之，能够在记者的“思想”库里挖掘一些“资源”。

当然，每一种事后的叙述，都不免会将所有故事的开头设计成一个宏大的目标。这或许不假，但真实的工作不是由宏大的想象与目标构成的。正如 2004 年我好奇邓小平如何破局一样，辛亥，我的好奇只有一个：革命为什么发生。结果用了十个月的时间，以五个封面故事的篇幅，解答了这个好奇心。你有什么样的好奇心，能不能正确的提出问题、并正确地建立寻找答案的路径，比宏大目标更考验人。

这个封面最初的设计，是由那些关键人物作为载体，来寻找革命何以发生的答案。经过讨论，确定的那些影响历史的人物分别为：

袁世凯／载沣／梁启超／宋教仁／黎元洪／孙中山

周刊的封面故事，当然不可以由我一个人独力完成全部，我的工作只是提供一个主文，描述这个人物，并通过这个人物理解并解释那个时代。将袁世凯设计为这一系列的开篇，自是周刊为着这一连续报道能够吸引人的策略。但它对我的挑战在于，如果我们将这一系列综合起来考虑，那么，袁世凯何以获权？他以及他所代表的军人集团对传统中国进入现代国家，究竟意义何在？尤其他后来何以恢复帝制？才是应当寻找答案的重点，也是我们理解那个时代的关键。如此一来，作为整个系列的开篇，这种叙述结构与问题纵深，便无法为整个封面故事建立叙事框架了。平衡整个报道系列与寻找“史识”，亦即平衡传播与历史逻辑，并不容易，但是必须有所取舍与妥协。最终，我的选择，是将袁世凯这一封面故事处理成对辛亥年间中国政治格局的叙述，这是一个大的场景，各色人等由此出场，那个时代的故事，就在这种格局上展开了！当然，为着集成此书，后来我还是将此篇重新改写，在政治格局里强化上述问题的纵深，这样更符合历史自身逻辑。

袁世凯开了头，接下来的工作，便进入我自己的轨道。

载沣：这个人物在历史格局里实在无足轻重，但他却是促成清亡关键之人，有戏剧性。戏剧性不能承载历史纵深，所以，他只是我用来串联把持权柄四十八年的慈禧的过渡人物。在集成此书时，很方便，载沣便被慈禧取代。慈禧的故事，难道我们只是去讲一个女人的权谋？当然不是。其实她也是载体，用来说明清一朝两重结构性矛盾：进入现代国家的挑战与民族矛盾。这才是清何以亡，革命何以发生的历史“舞台”。

梁启超：梁启超与他的老师康有为，在晚清政治舞台上最光彩的是戊戌变法那一百多天。但这实在是康有为的光彩，后来，梁启超作为开启民智的先进人士，使人们的记忆逐渐淡化了康有为以及他那失败的变法，反而梁启超更具声望。作为传统士人参政行权的典型，康有为与梁启起实在太有意思，有评论说：康以戊戌变法而亡清，梁以第二次国会选举（“安福系”获权）而亡民国，并不是完全没有道理。所以，看清这段历史，而能对这对师徒增添好感，并不容易。只是，在我自己的逻辑里，经慈禧为载体而论清一朝结构性矛盾之后，戊戌变法，特别是“百日维新”这一事件，正好是说明结构性矛盾如何演化，变法之下，慈禧与光绪双权力结构如何形成冲突，最终变法期待的制度再造又重回人事纠缠最好的样本。所以，梁启超的故事，我又将梁的主角虚置，而实写真正主角康有为，更着重叙述百日维新这一“事件”。这个故事太精彩，皇权的母子关系、君臣关系、政治理想与权力实操、制度结构与人事纠缠、甚至忠诚与背叛……都在这个事件之中。它其实是中国政治游戏高度的浓缩，岂可轻轻放过。如果我们取历史的连续史观，而非以断裂来看那段历史，实际上戊戌变法之后随之而起的义和拳运动，其结果，清此际实质已亡国，只是列强代理人而已。

宋教仁：事实上，民国建立，袁世凯真正的对手只是宋教仁。这是武夫与书生之战，或者说是传统政治与民主政治的较量。民国初创，仅仅一年，彼此便火光四射，当然是这段历史制度安排选择与竞争里最精彩的故事。但是，我们只看到宋教仁与袁世凯之冲突，或许也只是表面，它内部的演化，实为推翻清朝三种政治力量，在清亡之后政治制度选择与安排上，彼消此长的一种过程。看清这种政治力量的竞争，可以了解袁世凯何以恢复帝制的部分原因，也可理解后来军阀何以混战十二年，最终为蒋介石所一统。

黎元洪：这是我希望用来讨论传统中国士大夫何以消亡的载体。一般而论，张之洞的“新政”政策——“废科举、兴学堂、将游学”，已使传统中国读书人失去了根基，而新式知识分子也由此形成社会集团，并对革命以及中国进入现代国家起着决定性的作用。传统士人之消亡，外部原因固然如此，但在此外部因素之下，内部的演化如何，未必明朗。晚清岁月，尤其是太平天国的长期战争，士人由“绅”而“军”(以曾国藩为代表)，后来又演化成由“军”统“绅”(袁世凯以及北洋军阀为代表)，其士人作为保存传统的力量，当然其价值需要重估；但他们在意识形态上，作为现代国家一种对抗性因素，亦不可轻视。所以，士人之亡，机理颇为复杂，相对清晰的描述，认清传统国家的现代转型，其成本与代价，也很重要。很可惜，由于版面因素，这一人物最终取消。其实，当初在设计系列人物之际，我还曾想将赫德列入，这位在大清海关掌权四十五年的税务官，是另种观察晚清历史最好的载体。一般而论，现代中国的发生史，是以列强的暴戾与压迫为主要表现。但具体到个体的洋人在中国的行径，则又表现出整体粗暴下的个别性差异，以及他们对晚清转型的价值与贡献，理解这种复杂情势，才是认识晚清中国的关键。很遗憾，这个人物，最终也没有机会去完成。

孙中山：革命何以发生？最能够完成这一答案的，当然是孙中山先生。只是，如果我们只将这一答案叙述成孙先生的革命行略，当然不智。孙中山作为革命以及共和制度的倡导人，它是引领清朝中国进入现代中国的关键人物关键政治力量之一。以他为载体，我们可以更清楚的认知，在促成传统中国现代化的过程中，孙中山的革命派、康有为的文人集团以及袁世凯的军人集团，这三种政治力量，他们如何彼此竞争以及共同作用——清因此而亡，同时又将付出后来颇为长时间的成本，比如军阀混战，再比如革命路径的依赖种种。在这种认识之下，革命何以发生，我们将可能获得接近真相的答案。

上面这种顺序，是为周刊撰写主文的顺序。其实当时只确定了一头一尾两个人物的顺序，即开头为袁世凯，结尾则为孙中山，这是遵循传播原则的结果。当然，传播原则未必一定吻合于历史逻辑，所以当我可以将这些文章集合成一本小书的时候，也有条件重新按更合乎历史逻辑的结构予以重新安排，结果遂成下面的顺序：

慈禧／康有为／孙中山／袁世凯／宋教仁

这样，可能更近历史逻辑本身。有意思的是，在完成这一组稿件的同时，我还为周刊做了篇1921年中国共产党成立的历史，这其实提供了从时间的后点来回看辛亥何以革命，分析革命的成本，以及它演化而成的路径的机会。军人集团，以及由军人集团决定性力量而生发的“枪杆子里面出政权”，实为民国逻辑之根本。这多少将与传统述史，略有分别。

革命何以发生？一个小小的疑问，竟衍生出如此篇幅，这多少也说明满足自己的好奇心，弄清楚一段历史，实为一个漫长的过程。认真想想，这种求解的过程，问题感其实是一种推动力，驱赶着我去寻找一个个的事实，理解它并解释它。它的终点，当然是满足了自己的好奇，但同时，这个过程真正的有价值的收获是对那段历史的认识，这点“史识”，虽然菲薄，却也是自己努力所得。

在为周刊写完每个封面文章之后，我也有心将我所读历史著作有所选择地作了一些读书笔记，这些笔记也已集在书中，无须多说。只是，在这个过程里，历史学家桑兵坦述自己的治史心得，很打动我。他说：“读书不必与人较，起码应与古人较，因为古人已经留了下来，今人却未必留得下去。与今人较，如何取法乎上？”这当然是一种境界。

记者去写一段历史，与他去写一个新闻当然不同。当我决定开始工作之时，我的领导潘振平先生，一位清史专家将他自己有关这段历史的四十多本藏书搬来，借我阅读。嗨！这真好。还是以新闻工作来形容，当你准备采访时，已经众多信息源（书籍）等着你去采访（阅读）。有过真正职业新闻工作经历者，相信会有深深的感谢在内心。潘先生是一位极其温和的人，当我刚刚从武汉来到北京之时，那时周刊还在净土胡同，他第一次见我，笑笑，说你就是李鸿谷啊！不久他带来一瓶自己酿制的肉酱，送给我，让我尝尝。这样的温暖，在每个人的人生里未必会经常遇见。这一系列封面故事，我与潘先生讨论最多，也获益最多。思考、求解与写作，其实是一项孤独的事业，它需要你有强大的自我。只是，在你独自行路的时候，有人能够知晓你的脚步，并能够跟你一并讨论，这岂止幸福一词可以形容。

我还需要感谢我的主编朱伟，他当然知道我的挑战，也知道我企图达至的目标，所以，他抱以宽容的态度对待我的“篡改”——比如载沣名下的慈禧，以及梁启超之名的康有为之实。在平衡封面报道的传播逻辑与寻找历史逻辑之间，若无有视野的编辑以及宽容的心态，平衡谈何容易。

当然，我还得感谢周刊的实习记者张冉，她为我寻找了不少的信息源（书籍与资料）。她的理解力，以及理解之下的行动能力，实在出色。同时，我的朋友李建敏，他在促使我理解一本书的社会效应方式上，颇能启发我。另外，此书责任编辑张荷女士，在对将一组文稿如何建立体例编辑成一本书上，也予我甚多帮助，在此也一并感谢。

1991 年，我和妻子来北京旅游，当时我们跑到三联书店那间极小的门面里，找寻出那本大书《泰晤士历史地图集》。我的北京同学看到这本书，不免诧异。他的解释很有趣：你挺像做学问的。二十年后，似乎有点接近了。